D1148240

LE GESTIONNAIRE
ET LES ÉTATS FINANCIERS

NORMES INTERNATIONALES (IFRS)

Sixième édition

LE GESTIONNAIRE ET LES ÉTATS FINANCIERS

NORMES INTERNATIONALES (IFRS)

D.-Claude Laroche

Louise Martel

Johanne Turbide

www.erpi.com/laroche.site

E RPi

ÉDITIONS DU RENOUVEAU PÉDAGOGIQUE INC.

5757, RUE CYPIHOT, SAINT-LAURENT (QUÉBEC) H4S 1R3

TÉLÉPHONE : 514 334-2690   TÉLÉCOPIEUR : 514 334-4720

erpidlm@erpi.com   **w w w . e r p i . c o m**

D.-Claude Laroche (M.B.A., C.A.)
Professeur agrégé, HEC Montréal
Associé universitaire, Mazars Harel Drouin

Louise Martel (M. Sc., F.C.A.)
Professeure titulaire, HEC Montréal

Johanne Turbide (Ph.D., M. Sc., C.A.)
Professeure titulaire, HEC Montréal

Pour la protection des forêts,
cet ouvrage a été imprimé sur
du papier recyclé

• contenant 100 % de fibres
  postconsommation;
• certifié Éco-Logo;
• traité selon un procédé sans chlore;
• certifié FSC;
• fabriqué à partir d'énergie biogaz.

Sources mixtes
Groupe de produits issu de forêts bien
gérées, de sources contrôlées et de bois
ou fibres recyclés
www.fsc.org Cert no. SW-COC-000952
© 1996 Forest Stewardship Council

Développement de produits: Micheline Laurin
Supervision éditoriale: Sophie Breton Tran
Révision linguistique: Nicolas Calvé
Index: Serge Alary

Direction artistique: Hélène Cousineau
Supervision de la production: Muriel Normand
Conception graphique de l'intérieur: Marie-Hélène Martel
Conception graphique de la couverture: Martin Tremblay
Édition électronique: Infoscan Collette

Dans cet ouvrage, le générique masculin est utilisé sans aucune discrimination
et uniquement pour alléger le texte.

Dépôt légal: 2009
Bibliothèque et Archives nationales du Québec
Bibliothèque et Archives Canada

Imprimé au Canada

ISBN 978-2-7613-3245-3

34567890 IG 12 11 10
20554 ABCD   ENV94

Simplifier n'est pas toujours aisé. Pourtant, c'est l'objectif que nous avons cherché à atteindre tout au long de la rédaction de cet ouvrage.

Au cours du processus de prise de décision, le gestionnaire s'appuie, en particulier, sur son expérience, sa compétence, sa formation ainsi que sur de nombreuses données provenant de l'intérieur et de l'extérieur de l'entreprise. Parmi ces données essentielles, on trouve les états financiers et l'information provenant du système comptable.

Les états financiers constituent des tableaux financiers sommaires qui obéissent à certaines règles fondamentales ; l'un des buts de ces règles est d'en uniformiser la présentation, pour autant qu'il soit possible de le faire, afin de faciliter la comparaison et l'analyse. Mais un lecteur non averti aura parfois l'impression d'être en présence d'un langage hermétique, que seuls les comptables peuvent comprendre. Sans compter que, si l'on ne connaît pas les principales caractéristiques de cette source d'information, on risque de ne pas prendre les décisions les plus judicieuses.

De même, ce volume se fonde sur les tout derniers développements en matière de normes comptables en y décrivant les IFRS (*International Financial Reporting Standards*). Ces normes internationales ont été choisies par le Canada, ainsi que par de nombreux pays, comme référentiel comptable obligatoire pour les sociétés ouvertes. Leur interprétation dans ce volume permet aux gestionnaires de saisir les grands enjeux entourant leur adoption au Canada. Ce livre présente à la fois les notions reliées aux IFRS ainsi que le contexte d'internationalisation et les éléments conceptuels à la base des IFRS.

En utilisant cette toile de fond, nous présentons, dans le premier chapitre, la comptabilité dans son contexte économique et social. Après avoir étudié les formes juridiques et économiques des entreprises, puisqu'elles influent sur certains aspects de la présentation de l'information financière, nous nous attardons sur le rôle économique des états financiers.

Dans le deuxième chapitre, nous examinons l'état de la situation financière, l'état du résultat global et l'état des variations des capitaux propres. Nous soulignons les principales composantes de ces documents et démontrons qu'ils reposent sur une hypothèse de base en comptabilité, soit l'identité fondamentale.

Dans le troisième chapitre, nous exposons le contexte du développement des normes comptables ainsi que le cadre conceptuel permettant d'en saisir le sens.

Il existe un autre état financier, le tableau des flux de trésorerie, qui se situe dans une catégorie distincte et dont l'interprétation comporte parfois certaines difficultés. En effet, le tableau porte plus sur les mouvements de liquidités que sur le résultat de l'exercice. Malgré tout, il existe des liens très étroits entre ce document et les autres états financiers. C'est pourquoi nous lui avons consacré le quatrième chapitre.

Cette connaissance fondamentale étant acquise, nous abordons, dans le cinquième chapitre, l'analyse des états financiers. Nous avons surtout cherché à permettre au gestionnaire de comprendre les différents enjeux reliés à l'analyse des états financiers, et nous suggérons quelques techniques d'analyse.

À la fin du livre, dans l'appendice, nous présentons de manière plus détaillée la notion de l'identité fondamentale qui se concrétise par le jeu des débits et des crédits.

Au manuel s'ajoute un outil donnant des informations complémentaires, le site Internet www.erpi.com/laroche.site. On y trouvera, par exemple, le didacticiel DÉFI (*Didacticiel d'apprentissage des États financiers avec Interactivité*) pour ceux qui aimeraient retrouver les normes comptables canadiennes qui ne seront cependant en vigueur que jusqu'en 2010.

REMERCIEMENTS

Notre intérêt pour les besoins des personnes qui n'ont pas de formation poussée en comptabilité – en particulier les gestionnaires qui utilisent l'information financière dans l'exercice de leurs fonctions – nous a amenés à organiser des séminaires, à faire des présentations à des associations et à d'autres groupes, ainsi qu'à rédiger des textes. La publication du présent manuel se situe dans la continuité de ces efforts pour aplanir les difficultés qu'éprouvent les gestionnaires face aux états financiers.

Avec les années, cet ouvrage a évolué, et ce, grâce à des collaborateurs chevronnés. Nous désirons donc remercier : pour la première édition, Mme Diane Paul ; pour la deuxième édition, M. François Richer ; pour la troisième édition, Mme Sylvie Héroux ; pour la quatrième et sixième édition, Mme Suzanne Drouin. Marie-France Forgues et Pascale Chevrefils ont également collaboré au matériel complémentaire du site Internet ainsi qu'au développement du cas du chapitre cinq.

Un remerciement particulier revient à Jean-Guy Rousseau pour sa collaboration aux cinq premières éditions de ce livre. Sans lui, un des initiateurs clefs du projet, peut-être n'y aurait-il pas eu de livre.

Nos remerciements vont également à la Direction de HEC Montréal pour son appui financier, ainsi qu'à son Service audiovisuel.

Enfin, nous remercions nos collègues pour leurs commentaires lors de l'élaboration de la présente édition.

Finalement, un merci tout spécial à l'équipe de ERPI pour son soutien et sa collaboration au cours de ce projet.

TABLE DES MATIÈRES

AVANT-PROPOS V

CHAPITRE 1

La comptabilité et l'entreprise 1

1.1 La comptabilité : un système d'information financière 2
    1.1.1 L'utilisation de l'information financière 4
        A. Le rapport annuel 5
        B. Les états financiers intermédiaires 6
        C. Les communiqués 6
    1.1.2 La lecture des états financiers 6

1.2 Les états financiers, leur utilité et le processus inhérent à leur publication 7
    1.2.1 La présentation des états financiers 7
        A. Les sociétés ouvertes 8
        B. Les sociétés fermées 9
    1.2.2 L'utilité des états financiers 9
    1.2.3 Le processus de publication et ses intervenants 9
        A. La direction et sa responsabilité à l'égard des états financiers 10
        B. Le conseil d'administration 11
        C. Le comité d'audit 12
        D. L'auditeur externe 12
        E. Les marchés financiers et les parties prenantes 13
    1.2.4 La technologie comme support de publication 13
    1.2.5 Ce que les états financiers sont et ce qu'ils ne sont pas 13

1.3 Les types et les formes d'entreprise 14
    1.3.1 Les types d'entreprises 14
        A. Les organismes à but non lucratif 14
        B. Les entités publiques 14
        C. Les entreprises à but lucratif 15
    1.3.2 Les formes juridiques de l'entreprise à but lucratif 16
        A. L'entreprise personnelle 16
        B. La société de personnes 16
        C. La société par actions 17

D. La coopérative...18

E. Les nouvelles formes d'entreprises s'offrant aux professionnels...........19

1.3.3 Les formes économiques de l'entreprise à but lucratif........................20

A. Les secteurs d'activité...20

B. La nature des activités..21

C. La prédominance du capital physique ou de la main-d'œuvre...........22

Conclusion **23**

CHAPITRE 2

Les états financiers...**25**

2.1 Un aperçu des états financiers...**26**

2.1.1 L'état de la situation financière...27

2.1.2 L'état du résultat global...38

2.1.3 L'état des variations des capitaux propres...40

2.2 Les composantes de l'état de la situation financière...**41**

2.2.1 La nature des actifs...45

2.2.2 L'actif courant...46

A. La trésorerie...46

B. Les clients et autres débiteurs...48

C. Les stocks...52

D. Les autres actifs courants...59

2.2.3 L'actif non courant...60

A. Les placements...60

B. Les immobilisations corporelles...66

C. Les immobilisations incorporelles et le goodwill...73

D. La dépréciation d'actifs à long terme...74

2.2.4 Le passif courant...76

A. Les découverts bancaires...76

B. Les emprunts bancaires...77

C. Les fournisseurs et charges à payer...77

D. Les effets à payer...78

E. Les intérêts à payer...79

F. Les dividendes à payer...79

G. Les impôts sur les bénéfices à payer...79

H. Les produits reportés...79

        I. Les provisions...79

        J. La partie courante de la dette 81

  2.2.5 Le passif non courant...81

        A. Les emprunts hypothécaires..............................81

        B. Les emprunts obligataires.................................82

        C. Les obligations découlant de contrats de location-financement..........82

        D. Les impôts sur les bénéfices et les impôts différés.....................82

2.3 Les composantes des capitaux propres................................**83**

        A. Le capital-actions..83

        B. Les résultats non distribués................................83

        C. Le surplus d'apport..84

        D. Les composantes cumulées des autres éléments du résultat global 85

        E. Les intérêts minoritaires....................................85

2.4 Les composantes de l'état du résultat global........................**85**

  2.4.1 La méthode des charges par nature......................88

  2.4.2 La méthode des charges par fonction....................88

  2.4.3 Les produits des activités ordinaires......................89

  2.4.4 Les autres produits...90

  2.4.5 Le coût des ventes...90

  2.4.6 La marge brute..91

  2.4.7 Les coûts commerciaux......................................91

  2.4.8 Les charges administratives................................91

  2.4.9 Les charges financières......................................92

  2.4.10 L'impôt sur le résultat......................................92

  2.4.11 Les activités abandonnées 92

  2.4.12 La quote-part dans le résultat des entreprises associées et des coentreprises comptabilisées selon la méthode de la mise en équivalence...................92

2.5 Les notes complémentaires aux états financiers....................**93**

  2.5.1 Les engagements contractuels non comptabilisés............................93

  2.5.2 Les événements postérieurs à la période de reporting......................93

  2.5.3 L'information relative aux parties liées....................94

Conclusion **94**

ANNEXE 2-1
La comptabilisation de certains postes particuliers................................**95**

A.1 Les contrats de location...**96**
    A.1.1 Le contrat de location-financement...97
    A.1.2 Le contrat de location simple..97
    A.1.3 Des exemples...98

A.2 L'impôt sur le résultat..**101**

A.3 Les avantages du personnel...**107**
    A.3.1 Les prestations de retraite...108
        A. Les régimes à cotisations définies......................................108
        B. Les régimes à prestations définies......................................109

A.4 Les participations dans d'autres entités................................**111**
    A.4.1 La comptabilisation d'une participation dans des entreprises associées......112
    A.4.2 La comptabilisation d'une participation dans une filiale....................113
    A.4.3 L'état du résultat global consolidé.......................................114
    A.4.4 L'état de la situation financière consolidée...............................115
    A.4.5 La comptabilisation d'une participation dans une coentreprise..............115

A.5 Les effets des variations des cours des monnaies étrangères..............**117**
    A.5.1 La conversion de transactions effectuées en monnaies étrangères...........117
    A.5.2 La conversion d'états financiers en monnaies étrangères...................119

A.6 La rémunération fondée sur des actions..................................**119**

A.7 Les frais de recherche et de développement..............................**121**

A.8 Les secteurs opérationnels..**122**

CHAPITRE 3

Le processus de normalisation internationale et le cadre conceptuel ... 125

3.1 La raison d'être des normes internationales............................**126**

3.2 Le cadre conceptuel international.......................................**130**

3.3 Les états financiers : le concept d'entité **132**

3.4 Les hypothèses de base **133**
    3.4.1 La continuité d'exploitation 133
    3.4.2 La comptabilité d'engagement (et la notion de spécialisation des exercices) . . . 134

3.5 Les caractéristiques qualitatives **135**
    3.5.1 L'intelligibilité 135
    3.5.2 La pertinence 135
        A. La valeur prédictive et rétrospective 136
        B. L'importance relative 136
    3.5.3 La fiabilité 137
        A. L'image fidèle 137
        B. La prééminence de la substance sur la forme 137
        C. La vérifiabilité 138
        D. La neutralité 139
        E. La prudence 140
        F. L'exhaustivité 140
    3.5.4 La comparabilité 141

3.6 Les contraintes **141**
    3.6.1 La célérité 141
    3.6.2 Le rapport avantage/coût 142

3.7 L'évaluation **142**
    3.7.1 Le coût historique 142
    3.7.2 Le coût actuel 143
    3.7.3 La valeur de réalisation 143
    3.7.4 La valeur actuelle 143
    3.7.5 La juste valeur 143
    3.7.6 Que conclure de ces diverses méthodes ? 143

3.8 La comptabilisation (ou constatation) **144**
    3.8.1 Les critères généraux 144
    3.8.2 Les actifs et les passifs 145
    3.8.3 Les produits 145
        A. La vente de biens 147
        B. La prestation de services 148
        C. Les incertitudes 149

3.8.4 Les charges (et le rattachement des charges aux produits)..................150

3.9 Le jugement et les considérations éthiques..................................**150**

CHAPITRE 4

Le tableau des flux de trésorerie...........................**153**

4.1 Le lien entre les divers états financiers et les flux de trésorerie..................**155**
   4.1.1 Les flux de trésorerie..155
   4.1.2 La comptabilité d'engagement (et la notion de spécialisation
       ou d'indépendance des exercices)..................................155
   4.1.3 La conversion des divers états financiers en flux de trésorerie..............160
   4.1.4 Les composantes du tableau des flux de trésorerie..........................160
   4.1.5 Les flux de trésorerie liés aux activités d'exploitation......................161
       La méthode directe 162
       A. Les ventes et les débiteurs.....................................162
       B. Les achats, les stocks et les créditeurs..........................163
       C. Les autres charges, les charges payées d'avance et les autres créditeurs...164
       D. Les intérêts débiteurs...166
       E. L'impôt sur les bénéfices..166
       F. Le résultat net...167
   4.1.6 Les flux de trésorerie liés aux activités d'investissement et de financement...169
       A. Les immobilisations corporelles 169
       B. La dette non courante 171
       C. Le capital-actions..172
       D. Les résultats non distribués.....................................172

4.2 L'utilité et le contenu du tableau des flux de trésorerie..........................**173**
   4.2.1 La trésorerie..174
   4.2.2 La présentation du tableau des flux de trésorerie..........................175
       A. Les activités d'exploitation......................................175
       Application de la méthode indirecte..............................177
       B. Les activités de financement.....................................180
       C. Les activités d'investissement..................................181

Conclusion **181**

CHAPITRE 5

L'analyse des états financiers **183**

5.1 Les interrogations suscitées par l'analyse **184**

5.2 Les sources d'information **186**
    5.2.1 Les communiqués de presse, les déclarations de la direction,
            le rapport annuel et les prospectus 186
    5.2.2 Les états financiers trimestriels et annuels 187
    5.2.3 Le rapport de l'auditeur 188
    5.2.4 Les bases de données statistiques 189
    5.2.5 Les analyses spécialisées et les articles de journaux 190

5.3 La démarche d'analyse **190**

5.4 L'examen des états financiers et des activités de l'entité **191**

5.5 L'analyse horizontale et l'analyse verticale **199**

5.6 Les ratios : analyse approfondie **204**
    5.6.1 L'analyse des résultats 208
        A. La marge bénéficiaire nette 208
        B. La marge bénéficiaire brute 209
        C. La marge bénéficiaire d'exploitation 209
        D. La structure des postes du compte de résultat 210
        E. Les éléments inhabituels : effets sur les ratios 210
    5.6.2 L'analyse de l'actif 211
        A. Le rendement de l'actif 211
        B. La rotation de l'actif 212
        C. La structure de l'actif 213
        D. Le fonds de roulement 213
        E. Les liquidités 215
        F. La rotation des stocks 216
        G. Le délai de recouvrement des clients (ou débiteurs) 218
        H. Le délai de règlement des fournisseurs (ou comptes créditeurs) 219
        I. Le besoin de fonds de roulement d'exploitation 219
    5.6.3 L'analyse du financement 220
        Les capitaux propres 220
        A. Le rendement des capitaux propres 220

B. Le résultat (bénéfice) par action..222
C. Le ratio cours/bénéfice...222
D. La valeur comptable d'une action......................................223
L'endettement...223
E. Le ratio d'endettement..224
F. La couverture du remboursement du capital et des intérêts............225
G. Le rendement brut de l'actif total et l'effet de levier...................226

5.6.4 L'analyse des flux de trésorerie..228
A. Les flux de trésorerie et l'investissement (actif)......................228
B. Les flux de trésorerie et les ventes...................................229

5.6.5 La synthèse des ratios...229
Aux quatre vents inc....230
A. La performance générale...230
B. L'exploitation..231
C. Le financement..232
D. La liquidité-solvabilité...232
E. Les faits marquants de l'analyse.......................................233

5.7 L'incertitude inhérente à la présentation des états financiers......**234**

5.7.1 Les limites de l'analyse..234

5.7.2 Les limites inhérentes aux états financiers...........................234
A. La terminologie..234
B. Le classement et le regroupement.....................................234
C. Les ajustements apportés au résultat.................................235
D. L'inflation et les «valeurs marchandes»..............................235
E. Les conventions comptables..235
F. La nature des états financiers..236

APPENDICE

L'application de l'identité fondamentale: les débits et les crédits......**239**

A.1 Les deux conventions de consignation des opérations...........**240**

A.1.1 La première convention...241

A.1.2 La deuxième convention...242

A.2 Le grand livre général et le journal général........................**243**

A.3 Les journaux spécialisés..**249**

    A.3.1 Le journal des ventes...249

    A.3.2 Le journal des achats...250

    A.3.3 Le journal des encaissements...251

    A.3.4 Le journal des décaissements...251

    A.3.5 Le journal des salaires...252

A.4 Les grands livres auxiliaires...**252**

    A.4.1 Le grand livre des clients...253

    A.4.2 Le grand livre des fournisseurs..254

INDEX...**255**

LISTE DES TABLEAUX ET DES FIGURES

Chapitre 1

Figure 1-1 • La comptabilité: un système d'information financière.....................3

Figure 1-2 • Le processus comptable..3

Figure 1-3 • L'entité économique...5

Figure 1-4 • Le processus de publication des états financiers........................10

Tableau 1-1 • Les formes juridiques de l'entreprise 15

Tableau 1-2 • Les formes économiques de l'entreprise................................21

Chapitre 2

Tableau 2-1 • Les différents états financiers et ce qu'ils révèlent 26

Figure 2-1 • Les états financiers et le cycle comptable...............................27

Tableau 2-2 • L'état de la situation financière 28

Tableau 2-3 • Présentation des états financiers à la suite de ces opérations 38

Tableau 2-4 • Présentation de l'état de la situation financière 44

Tableau 2-5 • Catégories de placements désignés comme étant des actifs financiers..61

Tableau 2-6 • Comparaison de l'amortissement selon les différents modes 71

Tableau 2-7 • La dépréciation des immobilisations corporelles et incorporelles
et du goodwill 76

Annexe 2-1

Tableau A-1 • Comparaison entre la comptabilisation des différents contrats
de location..100

Tableau A-2 • Comparaison entre les charges relatives aux contrats de location
(en dollars)...101

Tableau A-3 • Comparaison entre l'amortissement comptable
et l'amortissement fiscal..103

Chapitre 3

Tableau 3-1 • Arguments pour l'adoption des normes IFRS.........................127

Figure 3-1 • Classement des pays selon l'approche comptable préconisée 128

Figure 3-2 • Le cadre conceptuel international 131

Tableau 3-2 • Les caractéristiques d'un actif et d'un passif 145

Tableau 3-3 • Les critères de l'IAS 18...146

Tableau 3-4 • Le cycle d'exploitation..146

Chapitre 4

Tableau 4-1 • Compte de résultat des Entreprises P.L. 157

Tableau 4-2 • État de la situation financière des Entreprises P.L. 158

Tableau 4-3 • La conversion du résultat net en flux de trésorerie 168

Tableau 4-4 • État des variations des capitaux propres 173

Tableau 4-5 • Le rapprochement des variations de l'encaisse des Entreprises P.L. ... 176

Tableau 4-6 • Flux de trésorerie des Entreprises P.L. établi selon
la méthode directe 176

Tableau 4-7 • Flux de trésorerie des Entreprises P.L. établi selon
la méthode indirecte 177

Tableau 4-8 • Ajustement du résultat net des éléments reliés à l'exploitation :
variation nette des éléments hors caisse du fonds de roulement
liés à l'exploitation 179

Tableau 4-9 • Flux de trésorerie : comparaison entre la méthode directe
et la méthode indirecte 180

Chapitre 5

Tableau 5-1 • Les divers utilisateurs des états financiers et leurs besoins 186

Tableau 5-2 • Exemples de questions posées lors de l'analyse 187

Figure 5-1 • Les sources d'information 186

Tableau 5-3 • Exemples de bases de données 189

Tableau 5-4 • Illustration 196

Tableau 5-5 • Illustration 201

Figure 5-2 • Schéma général des ratios 205

Tableau 5-6 • Modèles d'analyse par les ratios 206

CHAPITRE 1

La comptabilité et l'entreprise

1.1 La comptabilité : un système d'information financière............2

    1.1.1   L'utilisation de l'information financière.......................4

    1.1.2   La lecture des états financiers.................................6

1.2 Les états financiers, leur utilité et le processus inhérent à leur publication...7

    1.2.1   La présentation des états financiers...........................7

    1.2.2   L'utilité des états financiers...................................9

    1.2.3   Le processus de publication et ses intervenants............9

    1.2.4   La technologie comme support de publication............13

    1.2.5   Ce que les états financiers sont et ce qu'ils ne sont pas...13

1.3 Les types et les formes d'entreprise....................................14

    1.3.1   Les types d'entreprises..14

    1.3.2   Les formes juridiques de l'entreprise à but lucratif........16

    1.3.3   Les formes économiques de l'entreprise à but lucratif....20

Conclusion...23

La comptabilité constitue le système d'information financière de l'entreprise, c'est-à-dire qu'il vise à fournir de l'information sur les opérations financières qu'effectue cette entité économique[1].

Dans le présent chapitre, nous étudierons la manière dont ce système traduit les opérations économiques de l'entreprise (l'entité économique) sous forme d'information financière. Par ailleurs, comme l'entreprise peut prendre différentes formes juridiques et économiques, nous examinerons les caractéristiques des formes d'entreprises les plus courantes.

Enfin, nous essaierons de situer le rôle que joue l'information financière dans l'entreprise et dans l'économie en général, en décrivant le processus de reddition de comptes et les principes de gouvernance de l'entreprise.

Le présent volume couvrira les principales entités commerciales présentes dans l'économie canadienne, mais s'attardera aussi à la réalité économique et comptable des sociétés par actions, qui ont l'obligation publique de rendre des comptes (OPRC), c'est-à-dire celles qui échangent leurs actions sur les marchés boursiers. En 2007, le Conseil des normes comptables (CNC) du Canada, sous la responsabilité de l'Institut canadien des comptables agréés (ICCA), a adopté des normes comptables internationales, les International Financial Reporting Standards (IFRS), pour les sociétés cotées en bourse. Ce nouveau cadre comptable, qui entre en vigueur en 2011, changera sensiblement la présentation des états financiers, et nous croyons pertinent de sensibiliser les utilisateurs à ce nouveau cadre de référence.

Nous verrons plus loin pourquoi les normalisateurs ont fait ce choix pour les sociétés ayant l'obligation publique de rendre des comptes, et comment les autres types de sociétés devront composer avec ce choix.

1.1 LA COMPTABILITÉ : UN SYSTÈME D'INFORMATION FINANCIÈRE

L'entreprise effectue diverses opérations à caractère commercial : elle achète et vend des biens ou des services, elle contracte des emprunts, elle paie ses employés pour le travail qu'ils accomplissent, etc. Pour mener à bien toutes ces opérations, elle entretient des relations avec les divers intervenants que sont les employés, les clients, les fournisseurs, les banques, les gouvernements et toute autre partie prenante. Pour sa part, la comptabilité constitue un système d'information qui sert à traduire toutes ces opérations en un langage compré-hensible, permettant aux utilisateurs avertis de se renseigner sur les activités de l'entreprise. Pour ce faire, la comptabilité doit tout d'abord déterminer les informations à communiquer. Ensuite, elle doit les recueillir minutieusement afin de pouvoir les communiquer clairement.

---

1. Voir à ce sujet la section 3.3 : « Les états financiers : le concept d'entité », p. 132.

En somme, la comptabilité est essentiellement un processus de transformation de l'information financière qui vise à saisir, à mesurer et à présenter les activités économiques de l'entreprise dans une forme utile à la prise de décision, afin de répondre aux besoins des différents intervenants avec qui celle-ci fait affaire. La **figure 1-1** illustre l'interaction entre l'entreprise, la comptabilité et les utilisateurs de l'information financière.

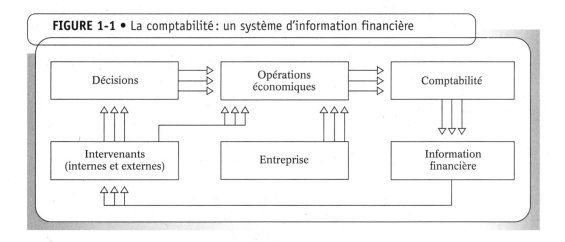

FIGURE 1-1 • La comptabilité : un système d'information financière

Tout processus de transformation comporte au moins trois éléments : un intrant (une donnée d'entrée), le traitement (les procédés et les règles à suivre pour transformer cette donnée) et un extrant (la donnée sous sa forme finale). La **figure 1-2** répertorie les éléments du processus comptable.

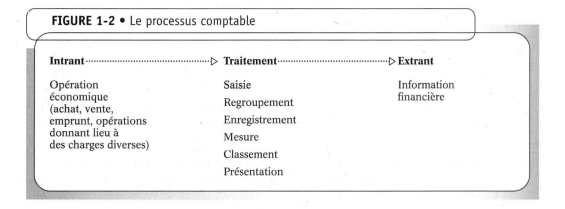

FIGURE 1-2 • Le processus comptable

1.1.1 L'utilisation de l'information financière

La direction et les partenaires de l'entreprise ont besoin de renseignements sur sa situation financière et sur les résultats de son exploitation. Par exemple, les gestionnaires et les membres du conseil d'administration s'appuient sur ces renseignements pour estimer la position concurrentielle de l'entreprise ou prendre des décisions concernant l'achat de biens ou de services, la réalisation d'investissements, l'approbation de demandes de crédit, l'embauche de personnel ou la diversification des activités. Placés au sein même de l'entreprise, les dirigeants disposent souvent de beaucoup plus de renseignements ou bénéficient d'informations plus détaillées que ne peuvent en trouver les autres lecteurs des états financiers. L'expression « utilisation interne » signifie donc l'utilisation de l'information financière par les dirigeants d'une entreprise dans le but de prendre les meilleures décisions en matière de gestion. Les sous-systèmes qui produisent des données financières pour une utilisation interne sont fréquemment appelés « systèmes de comptabilité de management ». Par exemple, les budgets et l'analyse du coût de fabrication d'un produit représentent des données financières générées par le système de comptabilité de management de l'entreprise.

Quant à l'utilisation externe, elle se définit comme l'utilisation de l'information financière par les partenaires (ou parties prenantes) qui désirent évaluer la rentabilité, la solvabilité, la croissance ou d'autres aspects de l'entreprise. Par exemple, les états financiers annuels et les tableaux annexés au rapport annuel sont des données financières produites par le système de comptabilité externe, aussi appelé « système de comptabilité financière » de l'entreprise. Ces états financiers visent à répondre aux besoins de tous les partenaires externes, mais vu l'importance de leur rôle, ils s'adressent surtout aux actionnaires et aux créanciers. Cet ouvrage portera principalement sur l'utilisation externe de l'information financière, notamment sur l'information contenue dans les états financiers annuels de la société par actions.

De nombreux utilisateurs externes s'intéressent de près aux états financiers. Parmi eux, mentionnons d'abord les **actionnaires**, c'est-à-dire les personnes physiques ou morales qui ont confié des fonds à l'entreprise pour qu'elle puisse réaliser ses opérations. Les actionnaires actuels et potentiels analysent les renseignements contenus dans les états financiers afin de porter un jugement sur la façon dont les dirigeants de l'entreprise utilisent cet argent. Autrement dit, les investisseurs désirent être en mesure d'évaluer la rentabilité de leur placement et de décider s'ils doivent acheter des actions ou vendre celles qu'ils détiennent.

Les employés, de même que les syndicats, s'appuient sur les états financiers pour négocier les salaires et les conditions de travail ; les gouvernements s'en servent pour percevoir les impôts et verser des subventions, tandis que les fournisseurs et les autres créanciers les analysent pour fixer les conditions de crédit et évaluer la sécurité de leurs créances. Quant aux clients, ils souhaitent s'assurer d'un approvisionnement constant et du respect des garanties.

La **figure 1-3** résume les relations d'affaires que l'entreprise entretient avec ses partenaires.

FIGURE 1-3 • L'entité économique

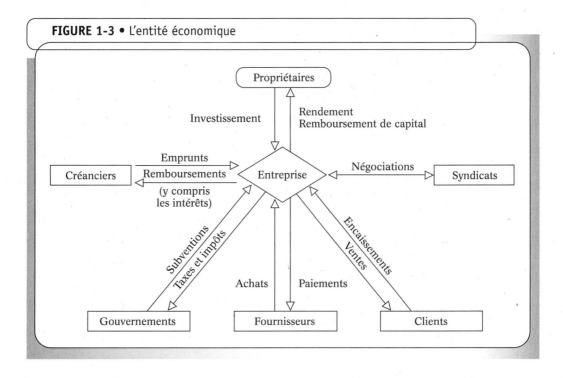

Bien que les états financiers soient utiles, voire indispensables, pour prendre des décisions, ces documents s'inscrivent dans un processus de reddition de comptes ou d'information continue beaucoup plus complet. En effet, pour les sociétés cotées, ce processus comprend le rapport annuel, les états financiers intermédiaires et les communiqués de presse ou de résultats.

A. **LE RAPPORT ANNUEL**

Le rapport annuel est un document d'information publié par les administrateurs et les dirigeants d'une entreprise afin d'informer les personnes intéressées, principalement les investisseurs actuels et potentiels. Il contient généralement une description de la société, un message aux actionnaires, une analyse de la direction, également intitulée rapport de gestion, ainsi qu'une section financière comprenant le rapport de la direction relativement aux états financiers, le rapport de l'auditeur (vérificateur) et les états financiers proprement dits. Il arrive aussi que le rapport annuel contienne une section portant sur le conseil d'administration et la gouvernance.

La description de l'entreprise permet aux lecteurs de connaître le secteur dans lequel œuvre l'entreprise, les produits ou les services qu'elle fournit, son marché, sa main-d'œuvre, ses projets ou toute autre information que la direction juge utile de communiquer.

Signé par le président du conseil d'administration et par le président de l'entreprise, le message aux actionnaires expose succinctement ce que l'entreprise a accompli au cours de la dernière année et ce qu'elle entend faire à l'avenir.

Le rapport de gestion constitue une partie importante du rapport annuel. Il sert à expliquer le point de vue de la direction sur les performances passées et futures de l'entreprise. Il complète les états financiers, car il contient une analyse détaillée des activités économiques de l'entreprise, de ses secteurs opérationnels, des risques et des incertitudes auxquels elle fait face, etc. Parfois, il présente des informations sur les enjeux stratégiques et financiers du prochain exercice. Dans la section 1.2 (voir page suivante), nous expliquerons la section financière du rapport annuel.

B. LES ÉTATS FINANCIERS INTERMÉDIAIRES

Pour être pertinente, l'information financière doit être communiquée au moment opportun. Ainsi, la plupart des entreprises publient des états financiers sur une base trimestrielle afin d'informer régulièrement les utilisateurs de leur évolution.

C. LES COMMUNIQUÉS

L'entreprise informe souvent le grand public par voie de communiqués. Ces bulletins résument l'information financière relative aux résultats de l'exercice récemment terminé ou à ceux du trimestre qui vient de s'écouler. Les communiqués de presse servent également à informer le public de toute nouvelle susceptible d'intéresser les utilisateurs désireux de prendre certaines décisions.

1.1.2 La lecture des états financiers

La comptabilité est un langage en soi dont les règles sont souvent complexes. On ne peut donc écarter la possibilité que des gens les comprennent erronément, ou qu'ils cherchent à les interpréter à leur avantage, que ce soit au détriment de tierces personnes ou non. À ce propos, citons le professeur Yuji Ijiri : « Les règles [comptables] sont destinées à servir les gens, mais ceux-ci doivent les accepter comme contraintes. Le public est le maître et, en même temps, le serviteur de la comptabilité. La comptabilité doit donc assumer une responsabilité sociale[2]. »

On constate l'importance de se familiariser avec la comptabilité, pas forcément pour devenir spécialiste en la matière, mais pour mieux comprendre le langage des experts et être en mesure de poser des questions pertinentes. D'ailleurs, comment peut-on sérieusement interpréter l'information comptable si l'on ne connaît pas les principales règles sur lesquelles elle repose ? Comment analyser des états financiers si l'on ignore la façon dont ils ont été préparés ?

Pour se convaincre de l'importance de la comptabilité, il suffit de songer aux conséquences d'une comptabilité inadéquate : pertes économiques et sociales, non-respect de clauses contractuelles, erreurs dans le calcul de loyers en fonction du chiffre d'affaires ou dans l'octroi de subventions, interruption imprévue des activités d'une entreprise, etc. Cette notion d'importance de l'information comptable nous mène d'ailleurs tout droit à l'examen des états financiers et de leur utilité.

1.2 LES ÉTATS FINANCIERS, LEUR UTILITÉ ET LE PROCESSUS INHÉRENT À LEUR PUBLICATION

1.2.1 La présentation des états financiers

L'information provenant du système comptable prend la forme de tableaux appelés « états financiers ». Les principaux d'entre eux, à savoir l'état de la situation financière, l'état du résultat global, l'état des variations des capitaux propres et le tableau des flux de trésorerie, seront étudiés dans le chapitre suivant pour les trois premiers, alors que le tableau des flux de trésorerie fera l'objet du chapitre 4.

Des notes complémentaires accompagnent les états financiers afin de renseigner le lecteur sur un certain nombre de points. Celles-ci indiquent par exemple les principales conventions comptables suivies par l'entreprise (méthode de comptabilisation des divers types de revenus, modes d'amortissement des immobilisations, etc.). Elles apportent des précisions au sujet de certains postes (Stocks, Tableau des immobilisations, Détails sur les créances

---

2. Yuji Ijiri, « Logic and sanctions in accounting », dans Robert R. Sterling et William F. Bentz (dir.), *Accounting in Perspective*, Cincinnati, South-Western Publishing, 1971, p. 3. Traduction libre.

en cours) ce qui permet d'en alléger la présentation dans l'état de la situation financière. Elles fournissent également aux lecteurs les informations requises par les règles ou normes comptables, mais qui ne sont pas comptabilisées dans les états financiers (par exemple, certains passifs éventuels et événements postérieurs à la période de *reporting*[3]). Ces notes complémentaires font partie intégrante des états financiers.

La présentation générale des états financiers, tout en demeurant sensiblement la même, variera en fonction du contexte d'affaires de l'entité et des attentes de ses utilisateurs. Récemment, les normalisateurs comptables ont choisi de se référer à plus d'un référentiel comptable selon que l'entité a l'obligation publique de rendre des comptes ou non. Voyons brièvement les motifs qui ont mené à ce choix.

A. LES SOCIÉTÉS OUVERTES

Lorsque l'on dit qu'une société a l'obligation publique de rendre des comptes, on évoque généralement une société qui négocie ses actions sur les marchés boursiers. Ces sociétés, appelées aussi « sociétés ouvertes », ont connu un essor important au cours des dernières années grâce à la mondialisation des marchés des capitaux. Les multinationales s'installent sur tous les continents, et il n'est pas rare qu'un investisseur canadien négocie en temps réel avec, par exemple, des entités de la Chine, de l'Inde ou de l'Australie. Cette nouvelle façon de faire des affaires a créé chez les investisseurs et les créanciers de ces grandes sociétés un besoin accru d'informations financières comparables, c'est-à-dire basées sur un même référentiel comptable.

Or, c'est en 2001 qu'a été créé l'International Accounting Standard Board (IASB), dont l'objectif est de définir les normes comptables internationales utilisées par plus d'une centaine de pays, dont l'ensemble des membres de l'Union européenne. En 2007, le Canada adhérait aux normes internationales, ce qui contraindra toutes les sociétés ayant l'obligation publique de rendre des comptes à les respecter. Ainsi, l'Institut canadien des comptables agréés (ICCA) a statué que les International Financial Reporting Standards (IFRS) devront avoir été adoptés pour les exercices financiers qui s'ouvriront à partir du 1er janvier 2011.

---

3. Le terme « période de *reporting* » renvoie à la période qui se termine à la fin de l'exercice financier.

B. **LES SOCIÉTÉS FERMÉES**

Le contexte d'affaires et les besoins des utilisateurs étant fort différents au sein des sociétés qui appartiennent à des intérêts privés, l'ICCA élabore actuellement des règles comptables canadiennes pour les sociétés à capital fermé, soit les entreprises dont les actions ne sont pas négociées en bourse. Ce référentiel a été publié au début de l'année 2010.

1.2.2 L'utilité des états financiers

Les règles comptables sont souvent complexes, notamment celles qui concernent le moment où doivent être constatés les revenus, ou encore celles qui déterminent la façon dont sont comptabilisés les outils de financement plus difficiles à comprendre comme les contrats à terme ou les placements. Leur complexité risque de donner lieu à des situations anormales par suite d'interprétations erronées, illégales ou frauduleuses. Dès lors, on comprend la nécessité de disposer de principes supérieurs pour en chapeauter l'application. D'ordre moral et déontologique, ces principes font appel au jugement professionnel et commandent une formation adéquate.

1.2.3 Le processus de publication et ses intervenants

Les entreprises exercent leurs activités grâce à des capitaux fournis par des tierces parties ou par des actionnaires. Ces bailleurs de fonds n'étant pas forcément à leur emploi, ils ont besoin de données pertinentes et fiables pour évaluer l'utilisation de leur argent. Comme nous l'avons dit précédemment, c'est notamment par la publication des états financiers que la direction d'une entreprise rend compte de ses décisions et de ses actes. D'ailleurs, les états financiers sont fréquemment considérés comme l'élément le plus important de la reddition de comptes. La transparence et la responsabilité à l'égard de l'information financière sont ainsi primordiales.

La préparation des états financiers et leur publication sont le fruit d'un processus faisant intervenir diverses parties prenantes. Celui-ci s'amorce à la tête de l'entreprise, à qui incombe justement la responsabilité des états financiers. Le conseil d'administration, qui représente les actionnaires ou les membres (selon la forme juridique de l'entreprise), prend ensuite le relais. Il confie les travaux à un comité de vérification qu'il aura lui-même nommé, lequel collabore enfin avec les vérificateurs externes, mandatés en raison de l'indépendance dont ils jouissent par rapport à l'entreprise.

La **figure 1-4** résume la relation qui unit les différents intervenants du processus de publication des états financiers.

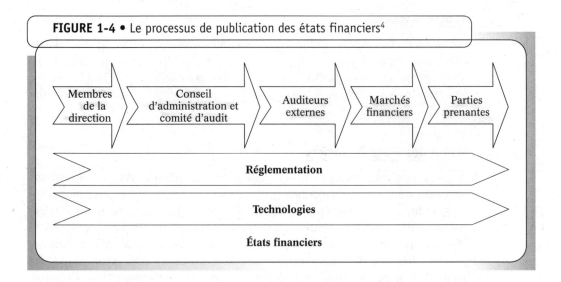

FIGURE 1-4 • Le processus de publication des états financiers[4]

A. LA DIRECTION ET SA RESPONSABILITÉ À L'ÉGARD DES ÉTATS FINANCIERS

La responsabilité des états financiers revient à la direction de l'entreprise. La direction, ou « management », est formée de l'ensemble des personnes qui disposent du pouvoir et de la responsabilité de gérer une entreprise ou un organisme. Toutefois, particulièrement dans les textes de loi, le terme direction fait généralement référence au chef de la direction (directeur général) et au responsable des finances (directeur financier).

Au sein des sociétés ouvertes, soit celles qui échangent leurs actions sur les marchés, le président et chef de la direction ainsi que le responsable des services financiers sont désormais soumis à de nouvelles obligations. Ces dernières résultent des dispositions législatives publiées en janvier 2004 au Canada par les Autorités canadiennes des valeurs mobilières ; elles sont similaires à celles de l'article 302 de la loi Sarbanes-Oxley adoptée aux États-Unis sous le nom de *Corporate Responsibility for Financial Reports*. En effet, avant de signer les états financiers intermédiaires et annuels, le chef de la direction et le responsable des finances doivent attester qu'ils les ont examinés et qu'ils les estiment fiables et raisonnablement représentatifs de la situation financière et des résultats d'exploitation de la société qu'ils dirigent.

---

4. Inspirée d'Andrée Lafortune et Louise Martel, « Rétablir la confiance : les enjeux auxquels font face les acteurs de l'information financière », *La Revue du financier*, janvier 2003, p. 91-98.

Le rôle du gestionnaire s'en est trouvé élargi, puisqu'il comprend maintenant tout ce qui relève de la qualité, de la pertinence et de l'intégralité de l'information utile à la prise de décision. Certes, les administrateurs sont responsables de l'aspect de la reddition de comptes, mais on reconnaît qu'ils doivent en même temps se fier à l'information fournie par les gestionnaires. Ces derniers doivent notamment se montrer extrêmement rigoureux dans le choix des traitements comptables, et faire preuve de transparence dans la divulgation des résultats de l'entreprise.

La direction doit s'assurer que les informations présentées dans les états financiers sont fiables. Pour ce faire, elle conçoit des procédures de contrôle et de communication de l'information, en instaurant des contrôles internes adéquats et en respectant les normes comptables en vigueur. Elle doit aussi veiller à l'intégralité, à l'exactitude, à la rapidité de publication et à la fiabilité de l'information contenue dans les états financiers. Cette responsabilité de la direction est décrite dans le « rapport » qui accompagne les états financiers, et les informations financières supplémentaires sont présentées dans le rapport annuel que les sociétés ouvertes[5] sont tenues de publier.

La direction y mentionne entre autres que, pour assurer la fidélité et l'intégralité des états financiers, elle s'est dotée d'un mécanisme de contrôle interne imposant à ses employés un code de déontologie en matière de conduite des affaires. Enfin, ce rapport fait également allusion à l'existence d'un comité d'audit[6], formé par le conseil d'administration, et dont les fonctions en font un organe important en ce qui touche notamment le contrôle interne, le travail des auditeurs et la qualité des échanges entre eux et la direction.

B. LE CONSEIL D'ADMINISTRATION

Notons que les attestations ne sont pas la seule responsabilité du chef de la direction et du responsable des finances. En effet, le conseil d'administration[7], qui représente officiellement les actionnaires, et le comité d'audit ont aussi un rôle à jouer quant à la fiabilité des états financiers et à l'efficacité des contrôles internes relatifs à l'information financière. Les membres de ces instances doivent s'assurer que les sommes investies par les actionnaires sont utilisées de manière efficiente et rentable. Comme le conseil d'administration assume la gouvernance

---

5. Une société est dite ouverte si ses actions sont inscrites à une cote officielle.

6. Les IFRS utilisent les termes « audit » et « auditeur » plutôt que « vérification » et « vérificateur ».

7. Selon Louis Ménard, le conseil d'administration désigne l'« ensemble des personnes élues par les associés, les actionnaires ou les membres d'une entreprise [...] pour en gérer les affaires ». *Dictionnaire de la comptabilité et de la gestion financière*, Toronto, Institut canadien des comptables agréés, 1994.

de l'entreprise, ses responsabilités englobent la supervision du processus de reddition de comptes, c'est-à-dire l'intégrité et la qualité de l'information divulguée, l'efficacité des contrôles internes, l'évaluation et la gestion des risques propres aux états financiers, la surveillance de la conformité des états financiers aux principes éthiques et juridiques, ainsi que la compétence et l'indépendance des auditeurs.

C. LE COMITÉ D'AUDIT

C'est souvent au comité d'audit, qui est un sous-comité du conseil d'administration, qu'est déléguée la responsabilité de s'assurer que les états financiers représentent fidèlement la situation financière de l'entreprise. En effet, dans le cadre de son rôle de surveillant du processus d'audit de l'information financière, le comité d'audit s'intéresse plus particulièrement à l'intégrité des systèmes et aux risques qu'ils comportent. Il doit en outre approuver le rapport de gestion préparé par la direction.

D. L'AUDITEUR EXTERNE

L'auditeur externe est un professionnel indépendant, expert de la comptabilité, qui est en mesure de donner aux utilisateurs son opinion sur la fiabilité des états financiers produits par la direction. En effet, les actionnaires et leurs représentants (c'est-à-dire les membres du conseil d'administration) ne peuvent s'assurer personnellement de la fiabilité des renseignements transmis par la direction dans les états financiers, d'abord parce qu'ils ne participent pas aux activités quotidiennes de l'entreprise, ensuite parce que la direction, qui est la première responsable de la préparation des états financiers, rend compte d'activités qu'elle a elle-même réalisées.

Le rôle de l'auditeur est d'ajouter de la crédibilité aux états financiers. Au terme de son travail, qu'il a effectué conformément aux normes d'audit reconnues par la profession (les Normes canadiennes d'audit, les NCA), cet expert présente aux actionnaires un rapport dans lequel il exprime son opinion sur le fait que les états financiers donnent, à tous les égards importants, une image fidèle de la situation financière de l'entreprise ainsi que des résultats de son exploitation selon les normes comptables internationales.

E. | **LES MARCHÉS FINANCIERS ET LES PARTIES PRENANTES**

La présence des marchés financiers facilite l'échange de ressources limitées entre les entreprises et les investisseurs. Ceux-ci s'en remettent, en bonne partie, aux données financières pour éclairer leurs décisions en matière de placement. C'est en publiant de l'information sur leur situation financière que les entreprises peuvent obtenir le financement nécessaire à leur exploitation. Dans ce contexte, on ne peut nier l'utilité de l'information financière pour les deux parties.

1.2.4 | La technologie comme support de publication

La technologie est le véhicule utilisé pour faciliter le processus de diffusion de l'information. Elle permet de transmettre rapidement un maximum d'informations au plus grand nombre de personnes intéressées. Elle favorise ce qu'il convient d'appeler l'« information continue ».

L'émergence de nouveaux langages informatiques laisse entrevoir des occasions de normalisation des états financiers en ligne, dotés de gabarits d'analyse financière et de calculs de ratios qui faciliteront la comparaison des informations fournies par les entreprises. Ainsi, le langage XBRL, présenté comme le « langage numérique par excellence de la communication d'information de l'entreprise[8] », permettrait d'échanger des données de façon plus efficace et à moindre coût.

1.2.5 | Ce que les états financiers sont et ce qu'ils ne sont pas

Précisons que les états financiers n'ont pas pour objectif de mesurer la valeur de l'entreprise, sauf dans des cas particuliers, comme une liquidation éventuelle. Si les états financiers avaient pour fonction de mesurer la valeur d'une entreprise, ils seraient coûteux, subjectifs et incomplets (en raison des éléments impossibles à mesurer), et risqueraient de perdre en partie de leur utilité, surtout si l'on tient compte des nombreuses méthodes d'évaluation d'un même actif. La détermination de la valeur marchande d'une propriété immobilière en est d'ailleurs un exemple courant. Il n'existe à vrai dire aucun instrument de mesure suffisamment précis pour comptabiliser certains éléments clés d'une entreprise, notamment la valeur des actifs incorporels, comme le capital humain.

Les états financiers servent plutôt à évaluer dans quelle mesure, d'un point de vue financier, une entreprise a atteint son objectif global. L'interprétation des états financiers ne saurait donc être prise à la légère ; elle exige de l'utilisateur des états financiers un certain niveau de connaissance de la comptabilité, que les prochains chapitres visent à transmettre.

---

8. « *The digital language of business reporting* », dans Charles Hoffman et Carolyn Strand, *XBRL Essentials*, American Institute of Certified Public Accountants, 2001, p. 1. Traduction libre.

1.3 LES TYPES ET LES FORMES D'ENTREPRISES

Comme nous l'avons vu plus haut, le référentiel comptable varie selon le statut de l'entité. Les normes internationales s'appliquent aux sociétés par actions ouvertes. Quant aux sociétés fermées, il semble qu'elles auront le choix entre les normes IFRS et le référentiel présentement élaboré pour les sociétés fermées. On peut aussi catégoriser les formes d'entreprises selon les produits qu'elles offrent, ce qui renvoie à la forme économique de l'entité : entreprise industrielle (produits fabriqués et vendus), entreprise commerciale (produits vendus) ou entreprise de services (services vendus)[9]. Les informations présentées dans les états financiers sont aussi tributaires du secteur d'activités de l'entité et du type de biens qu'elle vend, selon ce qui s'avère le plus utile à la prise de décision par les utilisateurs. Enfin, une entité possède l'un ou l'autre de divers statuts juridiques.

1.3.1 Les types d'entreprises

Dans cette section, nous présentons brièvement les principales caractéristiques des différentes formes juridiques et économiques d'entreprises.

A. LES ORGANISMES À BUT NON LUCRATIF

Les organismes à but non lucratif (OBNL), également appelés « organismes sans but lucratif (OSBL) », sont constitués à des fins sociales, éducatives, religieuses, professionnelles, philanthropiques ou de santé. Ces organismes n'émettent pas de titres de propriété transférables et ne procurent aucun rendement financier direct aux pourvoyeurs de fonds. La plupart du temps, ils sont financés par des dons et des subventions. Ils doivent par ailleurs produire des états financiers selon des règles très similaires à celles qui régissent les entreprises à but lucratif pour rendre des comptes, principalement à leurs bailleurs de fonds et à leur conseil d'administration.

B. LES ENTITÉS PUBLIQUES

Les entités publiques sont constituées par les gouvernements ou en relèvent. Ces entités, par exemple les ministères, les organismes gouvernementaux, les sociétés d'État et les entreprises de services publics de l'État, produisent des états financiers selon des règles différentes de celles qui s'appliquent aux autres entreprises. Ces règles sont issues des recommandations comptables destinées au secteur public.

---

9. Pour plus de détails, voir le tableau 1-2 • Les formes économiques de l'entrepise, p. 21.

C. LES ENTREPRISES À BUT LUCRATIF

Au Canada, d'un point de vue juridique, une entreprise à but lucratif peut prendre l'une des quatre formes principales qui suivent :

- l'entreprise personnelle (à propriétaire unique) ;
- la société de personnes ;
- la société par actions ;
- la coopérative.

La principale mission de ces quatre formes juridiques est de réaliser un bénéfice qui pourra être distribué aux propriétaires (ou aux membres, dans le cas de la coopérative) ou réinvesti dans les avoirs de l'entreprise pour en assurer la croissance. Comme l'illustre le **tableau 1-1**, ces différentes formes juridiques se caractérisent principalement par le degré de responsabilité juridique dévolu à leurs propriétaires.

TABLEAU 1-1 • Les formes juridiques de l'entreprise

Forme	L'entreprise personnelle	La société de personnes				La société par actions		La coopérative
Propriété	Propriétaire unique	Au moins deux propriétaires appelés *associés*				Un ou plusieurs propriétaires appelés *actionnaires*		Au moins trois propriétaires appelés *membres* ou *coopérateurs*
Catégorie		Société en nom collectif	Société en commandite		Société en participation	Société ouverte	Société fermée	
			Associés comman- ditaires	Associés comman- dités				
Responsabilité légale des propriétaires	Illimitée	Illimitée conjointe	Limitée à leur mise de fonds	Illimitée conjointe solidaire	Illimitée conjointe solidaire	Limitée au paiement du prix de leurs actions	Limitée au paiement du prix de leurs actions	Limitée au paiement du prix de leurs parts sociales

1.3.2 Les formes juridiques de l'entreprise à but lucratif

Selon la forme qu'elle revêt, l'entreprise à but lucratif est assujettie à des procédés et à des conditions qui régissent notamment sa création, sa structure interne, le partage de ses bénéfices, la formule d'imposition de son revenu et, surtout, comme nous le décrivons plus loin, la responsabilité de ses propriétaires. Voyons brièvement chacune d'entre elles.

A. L'ENTREPRISE PERSONNELLE

La première forme juridique d'entreprise à but lucratif est l'entreprise personnelle ou à propriétaire unique. Le propriétaire d'une entreprise personnelle est pleinement responsable des actes accomplis dans le cadre de l'exploitation de son entreprise et des conséquences de ces actes ; il peut notamment s'agir du paiement ou du non-paiement de dettes de l'entreprise en question. Il découle de cette responsabilité que, en cas de liquidation, les biens de l'entreprise et ceux de son propriétaire se confondent, de sorte que les créanciers peuvent saisir les biens de l'un comme de l'autre. Elle suppose que le propriétaire qui calcule son impôt personnel doit ajouter le bénéfice de son entreprise à ses autres sources de revenus. L'entreprise à propriétaire unique peut être convertie en société par actions si son propriétaire exploitant choisit de modifier sa forme juridique pour profiter des avantages de la société par actions, que nous décrirons plus loin.

B. LA SOCIÉTÉ DE PERSONNES

La deuxième forme juridique d'une entreprise à but lucratif est la société de personnes. Celle-ci présente des caractéristiques juridiques similaires à celles de l'entreprise personnelle, à la différence qu'on y compte plusieurs propriétaires appelés « associés », dont la responsabilité est illimitée. La société de personnes peut prendre l'une des formes suivantes :

- société en nom collectif (SENC) ;
- société en participation ;
- société en commandite.

En vertu du *Code civil du Québec* (C.c.Q), la responsabilité des associés d'une société en nom collectif (SENC) est illimitée et conjointe, c'est-à-dire que les associés sont tenus responsables en parts égales envers leurs créanciers (notons que cette responsabilité diffère légèrement du cas dont il est question ci-dessous, dans la sous-section E). En ce qui concerne la société en participation, le *Code civil du Québec* prévoit que la responsabilité des associés est illimitée, conjointe et solidaire. Par responsabilité solidaire, on entend que la responsabilité n'est pas divisée entre les divers associés. Chaque associé peut donc, en dernier ressort, être reconnu responsable de la totalité des dettes de la société en participation. La loi confère un statut particulier à la société en commandite, qui est généralement constituée pour atteindre un but précis durant une période limitée. La société en commandite distingue deux catégories d'associés :

■ les « commanditaires », dont la responsabilité est limitée à leur mise de fonds ;

■ les « commandités », dont la responsabilité est illimitée et solidaire, car ils administrent la société.

C. | LA SOCIÉTÉ PAR ACTIONS

La troisième forme juridique d'entreprise à but lucratif est la société par actions, couramment appelée « compagnie » ou « société ». La société par actions est la forme la plus usuelle, car elle limite la responsabilité juridique des propriétaires, appelés ici « actionnaires », au paiement du prix de leurs actions (les titres de propriété indivise des sociétés par actions), sans égard aux actes accomplis par la société ou aux réclamations dont elle fait l'objet (l'étendue de cette responsabilité diffère toutefois dans le cas que nous verrons plus loin, dans la sous-section E, p.19).

Au sens de la loi, la société par actions constitue une personne morale distincte des actionnaires, ayant les mêmes droits et devoirs civils qu'un citoyen à part entière. Elle doit, par exemple, respecter les lois et payer des impôts sur son revenu. La société par actions est cependant assujettie à des règles particulières en matière d'impôts sur le revenu. Elle peut être constituée d'un ou de plusieurs actionnaires. Le fait qu'elle bénéficie de taux d'imposition nettement inférieurs à ceux des particuliers explique le nombre important d'entreprises personnelles et de sociétés commerciales constituées en sociétés par actions.

Une société par actions peut être ouverte ou fermée. La société ouverte émet des actions ou des titres de créance (par exemple, des obligations) sur le marché public (la Bourse), alors que la société fermée n'a pas le droit de faire appel à l'épargne publique. Au sein des sociétés ouvertes, les actionnaires élisent des « administrateurs ». La loi confère aux administrateurs certains pouvoirs et devoirs pour qu'ils servent au mieux les intérêts de l'entreprise, des actionnaires et des tiers. Bien que les administrateurs des sociétés ouvertes puissent aussi être actionnaires, ils proviennent généralement de l'extérieur de l'entreprise[10],

---

10. ÉDILEX, « Le Maître des contrats d'affaires – 2003 », *Guide sur l'exercice de la profession de CA en société*, mai 2003.

c'est-à-dire qu'ils ne sont ni employés ni dirigeants. Le fait de ne pas participer à la gestion quotidienne de l'entreprise donne au conseil d'administration une certaine indépendance par rapport à la direction, ce qui lui permet de remplir ses fonctions avec plus d'impartialité. Précisons que la direction de l'entreprise englobe tous les gestionnaires (dirigeants) chargés de prendre les décisions en matière d'exploitation de l'entreprise. Si, au départ, les dirigeants peuvent aussi être les fondateurs de l'entreprise, des personnes engagées par le conseil d'administration peuvent se joindre à eux par la suite.

D. LA COOPÉRATIVE

La quatrième forme juridique d'entreprise à but lucratif est la coopérative. La création d'une coopérative répond normalement à un besoin précis de ses propriétaires, appelés «membres» ou «coopérateurs», et relève de la *Loi sur les coopératives du Québec*. La coopérative est astreinte aux mêmes droits et devoirs civils que tout citoyen, d'autant plus que son objectif est de rendre service à ses membres. Par exemple, une coopérative n'a pas le pouvoir d'octroyer un prêt ni de cautionner un particulier, sauf en faveur d'un de ses membres et dans le cadre des affaires qu'elle négocie avec lui. Le but premier de la création d'une coopérative est de subvenir à un besoin des membres (sous forme de biens ou de services) au moindre coût possible. Les membres se verront octroyer soit des rabais à l'achat des biens vendus, soit une ristourne sur les trop-perçus de l'année.

Comme dans le cas de la société par actions, la responsabilité des coopérateurs est limitée. Ceux-ci sont responsables jusqu'à concurrence du montant des parts sociales qu'ils ont souscrites. Contrairement à la société par actions, la coopérative peut fixer par règlement interne le nombre minimal de parts sociales que doit détenir une personne pour devenir coopératrice. De plus, le montant de ces parts sociales est déterminé par la *Loi sur les coopératives du Québec*.

Enfin, la coopérative est dirigée par un conseil d'administration composé d'au moins cinq personnes (à l'exception des coopératives de travailleurs). Ces administrateurs doivent généralement être membres de la coopérative.

E. LES NOUVELLES FORMES D'ENTREPRISES S'OFFRANT AUX PROFESSIONNELS

Avant le 21 juin 2001, les membres (au moins deux) d'un ordre professionnel voulant exercer leur profession en association devaient, à quelques exceptions près, le faire au sein d'une société en nom collectif (SENC) ou d'une société en participation. L'entrée en vigueur de la *Loi modifiant le Code des professions et d'autres dispositions législatives concernant l'exercice des activités professionnelles au sein d'une société* permet désormais à ces professionnels d'exercer leurs activités professionnelles au sein d'une société en nom collectif à responsabilité limitée (SENCRL) ou d'une société par actions.

La SENCRL est une variante de la société en nom collectif. En effet, lorsqu'un professionnel exerce ses activités au sein d'une société en nom collectif, la loi prévoit que les actes qu'il y accomplit lient la société, et que chacun des associés a une responsabilité solidaire envers les dettes découlant de ces actes. Dans le cadre d'une SENCRL, la responsabilité des membres se limite à leurs propres actes professionnels ou à ceux des personnes qu'ils contrôlent. Les professionnels n'assument donc plus solidairement la responsabilité des actes professionnels de leurs associés s'ils n'y ont pas participé. Toutefois, la limitation de responsabilité ne s'applique qu'aux activités professionnelles.

Par ailleurs, au sein d'une société par actions regroupant des professionnels, qui est une personne morale, les actionnaires sont responsables des actes de la société ou des réclamations déposées contre elle seulement jusqu'à concurrence de la mise de fonds qu'ils ont investie. Le *Code des professions* a toutefois modifié en partie cette définition, puisque la responsabilité de la société peut désormais être engagée au même titre que celle du professionnel. En effet, si le professionnel demeure responsable de sa faute ou de celle de personnes placées sous son contrôle, la société, en sa qualité d'employeur ou de mandant, peut également être tenue responsable des actes fautifs commis par ses employés ou par les mandataires qui agissent en son nom.

En outre, la société par actions doit se conformer aux lois et règlements qui en encadrent la constitution et l'organisation. En effet, elle doit d'abord adopter le libellé de la loi constitutive choisie, soit la *Loi des compagnies du Québec* (L.C.Q.) ou la *Loi canadienne sur les sociétés par actions* (L.C.S.A.), puis respecter les différents règlements promulgués par les ordres professionnels qui régissent ses activités professionnelles.

1.3.3 Les formes économiques de l'entreprise à but lucratif

A. LES SECTEURS D'ACTIVITÉ

L'activité économique se répartit en trois grands secteurs : le secteur primaire, le secteur secondaire et le secteur tertiaire. Le secteur primaire regroupe, d'une part, les activités productrices de matières non transformées, comme l'agriculture, la pêche et la sylviculture et, d'autre part, les industries extractives comme l'exploitation minière et l'extraction de pétrole ou de gaz naturel. Le secteur secondaire comprend les activités productrices de matières transformées en biens de production ou de consommation. On y trouve notamment les industries métallurgiques, manufacturières et de raffinage du pétrole. Enfin, le commerce de produits et la prestation de services, comme l'administration, la vente et les transports, forment les activités du secteur tertiaire.

Notons qu'une industrie peut fort bien couvrir ces trois secteurs d'activité. L'industrie pétrolière en est un bon exemple : l'extraction du pétrole brut relève du secteur primaire, le raffinage et la transformation du brut en combustible, en lubrifiants, en carburants ou en matières premières pour l'industrie chimique font partie du secteur secondaire, tandis que le transport, la distribution et la vente des produits appartiennent au secteur tertiaire. Ces activités peuvent être assurées par une seule et même entreprise, soit directement, soit par l'intermédiaire de sociétés affiliées.

Dans une perspective comptable, il est également possible de distinguer trois grandes catégories d'entreprises : les entreprises industrielles, les entreprises commerciales et les entreprises de services. Le **tableau 1-2** illustre le lien comptable qui unit la forme économique des entreprises et le secteur d'activité auquel elles se rattachent. Comme on peut le constater, les principaux éléments déterminants de la forme économique d'une entreprise sont la nature de ses activités, la prédominance de son capital physique ou de sa main-d'œuvre, le degré de contrôle qu'elle requiert et la complexité de son système d'information financière.

TABLEAU 1-2 • Les formes économiques de l'entreprise

Secteurs d'activité économique	Primaire	Secondaire	Tertiaire	
	Production de matières premières	Transformation de matières premières	Commerce de produits	Prestation de services
Formes économiques	Entreprise industrielle		Entreprise commerciale	Entreprise de services
Nature des activités	■ Extraction de ressources naturelles ■ Transformation de matières premières ■ Fabrication (en usine)		Vente de produits	Prestation de services
Prédominance du capital physique ou de la main-d'œuvre	■ Inventaire de biens à différents stades de transformation ■ Installations de production (industrie capitalistique)		Inventaire de produits	Ressources humaines (industrie travaillistique)
Degré de contrôle requis	■ Contrôle des actifs immobilisés et de l'activité de production ■ Recherche et développement		Contrôle des mouvements de produits en stock	Contrôle des ressources humaines
Complexité du système d'information financière	■ Contrôle des coûts de production, de recherche et développement, d'exploration et de mise en valeur ■ Évaluation des ressources humaines ■ Évaluation des stocks : matières premières produits semi-finis produits finis sous-produits		■ Contrôle des coûts d'approvisionnement, d'entreposage, de manutention, d'expédition ■ Évaluation des stocks	Contrôle de la masse salariale

B. LA NATURE DES ACTIVITÉS

Comme son nom l'indique, l'entreprise de services offre des services au public. Ces services peuvent être d'ordre professionnel (services juridiques ou comptables, conseils en gestion, courtage immobilier, etc.), d'ordre technique (traitement de données, entretien mécanique, installation électronique, etc.), d'ordre matériel (télécommunications, transport, etc.) ou d'ordre financier (services de placement, courtage de valeurs, etc.).

L'entreprise commerciale se livre au commerce de produits. Elle est en quelque sorte un intermédiaire entre le fabricant et le consommateur. Que ce soit en qualité de grossiste ou de détaillant, sa fonction est de distribuer des produits.

L'entreprise industrielle concentre ses activités dans l'extraction (mines, pétrole, pêcheries, etc.), l'exploitation (agriculture, forêts, etc.), la transformation (cuir, métaux, bois, pétrole, etc.) et la fabrication (textiles, automobiles, produits chimiques, construction, etc.).

C. LA PRÉDOMINANCE DU CAPITAL PHYSIQUE OU DE LA MAIN-D'ŒUVRE

Selon son activité économique, une entreprise peut reposer principalement sur du capital physique (immobilisations, stocks de produits, matériel et installations de production) ou sur de la main-d'œuvre.

Quoique cruciales pour toutes les formes économiques d'entreprises, les ressources humaines occupent une place prépondérante dans l'entreprise de services et constituent généralement sa principale source de coûts. Dès lors, on dit de cette entreprise qu'elle est « travaillistique ».

Pour sa part, l'entreprise commerciale doit maintenir un stock de biens suffisant pour répondre à la demande. Le commerce de produits nécessite l'investissement de ressources et la mise en place de contrôles visant d'abord l'approvisionnement en biens et en services ainsi que l'entreposage, la manutention et l'expédition de ceux-ci ; ces mesures s'ajoutent à celles qui sont liées aux ressources humaines et aux coûts. La direction doit pouvoir connaître les coûts inhérents à chaque activité ; ce besoin complexifie le système comptable de l'entreprise. Enfin, l'entreprise commerciale calcule et indique la valeur des produits en stock dans ses états financiers.

De son côté, l'entreprise industrielle investit notamment des capitaux permanents dans ses installations de production, dans la recherche et le développement de nouveaux produits et procédés, ainsi que dans l'exploration et la mise en valeur des ressources naturelles. En raison de la prédominance du capital, ce type d'industrie est dit « capitalistique ». En outre, les stocks de l'entreprise industrielle comprennent des biens parvenus à différents stades de transformation. La comptabilisation de ces éléments au coût de fabrication et de transformation, de même que l'évaluation des stocks, requièrent un système d'information financière sophistiqué et des méthodes de contrôle pointues.

Ces différentes caractéristiques ne se limitent pas à une seule forme d'entreprise. Prenons le cas d'une société de transport. Bien qu'appartenant à la catégorie des entreprises de services, elle doit investir de fortes sommes dans le matériel nécessaire pour assurer le transport des marchandises ou des personnes. L'importance de l'investissement varie selon le volume des affaires et le mode de transport. Il suffit de penser à des entreprises comme Canadien Pacifique ou Air Canada pour se convaincre de l'ampleur des sommes investies.

Par ailleurs, une entreprise commerciale peut fort bien n'avoir besoin que d'un minimum de main-d'œuvre. Le fameux concept suédois implanté au Canada par Ikea fournit un excellent exemple d'entreprise à la fois industrielle et commerciale, puisque le consommateur se sert directement dans l'entrepôt et assemble lui-même les meubles qu'il a achetés en prêts-à-monter.

CONCLUSION

Ces dernières années, tant au Canada qu'ailleurs dans le monde, la profession comptable a manifesté fermement sa volonté de regagner la confiance du public et de prendre les moyens pour protéger les intérêts de celui-ci. En outre, sous l'impulsion de la mondialisation, l'abolition graduelle des barrières commerciales entre les pays tend à stimuler l'uniformisation des normes comptables internationales. Le Canada a choisi cette voie, et nous assisterons à l'adoption des IFRS pour les sociétés ayant l'obligation publique de rendre des comptes. Nous souhaitons familiariser les utilisateurs des états financiers des sociétés ouvertes à ce nouveau référentiel comptable.

CHAPITRE 2

Les états financiers

2.1 **Un aperçu des états financiers** **26**
    2.1.1   L'état de la situation financière 27
    2.1.2   L'état du résultat global 38
    2.1.3   L'état des variations des capitaux propres 40

2.2 **Les composantes de l'état de la situation financière** **41**
    2.2.1   La nature des actifs..45
    2.2.2   L'actif courant..46
    2.2.3   L'actif non courant..60
    2.2.4   Le passif courant..76
    2.2.5   Le passif non courant..81

2.3 **Les composantes des capitaux propres**................................**83**

2.4 **Les composantes de l'état du résultat global** **85**
    2.4.1   La méthode des charges par nature..........................88
    2.4.2   La méthode des charges par fonction..........................88
    2.4.3   Les produits des activités ordinaires..........................89
    2.4.4   Les autres produits..90
    2.4.5   Le coût des ventes..90
    2.4.6   La marge brute..91
    2.4.7   Les coûts commerciaux..91
    2.4.8   Les charges administratives......................................91
    2.4.9   Les charges financières..92
    2.4.10 L'impôt sur le résultat..92
    2.4.11 Les activités abandonnées..92
    2.4.12 La quote-part dans le résultat des entreprises
             associées et des coentreprises comptabilisées selon
             la méthode de la mise en équivalence........................92

2.5 **Les notes complémentaires aux états financiers**..................**93**
    2.5.1   Les engagements contractuels non comptabilisés........93
    2.5.2   Les événements postérieurs à la période de reporting...93
    2.5.3   L'information relative aux parties liées......................94

Conclusion..**94**

Annexe 2-1   **La comptabilisation de certains postes particuliers**....**95**

Ce chapitre comporte cinq grandes sections, dans lesquelles nous présentons un aperçu des états financiers, suivi d'une description des composantes de ces derniers et, finalement, d'une discussion des notes aux états financiers. En annexe, nous abordons certains postes particuliers.

2.1 UN APERÇU DES ÉTATS FINANCIERS

Voici d'abord un aperçu des états financiers : l'état de la situation financière, l'état du résultat global et l'état des variations des capitaux propres[1].

Comme nous l'avons mentionné dans le chapitre 1, les états financiers servent à transmettre aux utilisateurs des informations sur la performance financière d'une entreprise. Publiées périodiquement, celles-ci les aident à prendre des décisions éclairées. Les utilisateurs souhaitent être renseignés sur la rentabilité de l'entreprise et sur sa situation financière. En d'autres mots, ils veulent connaître les avoirs qu'elle possède, savoir si elle a contracté des dettes pour les acquérir et si elle a accumulé des surplus au cours de l'exercice faisant l'objet du rapport. De plus, ils veulent analyser les mouvements de trésorerie de l'entreprise pour mieux comprendre comment elle a utilisé les ressources financières mises à sa disposition. Le **tableau 2-1** montre ce que chaque état financier est censé révéler.

TABLEAU 2-1 • Les différents états financiers et ce qu'ils révèlent

État financier	Objectif pour l'utilisateur
État de la situation financière	Situation financière
État du résultat global	Performance
État des variations des capitaux propres	Fonds investis par les propriétaires
Tableau des flux de trésorerie	Mouvements de trésorerie (liquidités) d'une période à l'autre

---

1. Norme internationale d'information financière (IFRS) du Bureau des standards comptables internationaux (IASB), norme *IAS 1 : Présentation des états financiers*.

Pour bien saisir le fonctionnement des états financiers, nous aurons recours au processus comptable appelé « identité fondamentale ». Celui-ci permet de traduire directement les opérations financières de l'entreprise dans les états financiers et de déceler les liens qui unissent l'état de la situation financière, l'état du résultat global et l'état des variations des capitaux propres[2].

Les états financiers peuvent être préparés mensuellement, trimestriellement ou à tout moment marquant la fin d'un cycle financier pour une entreprise. Le choix de la date de fin d'exercice dépend de la volonté de chaque société. Afin de prendre une telle décision, les dirigeants prennent en compte des facteurs tels que la fiscalité, les périodes de pointe ou de ralentissement des activités de la société, la date de fin d'exercice des sociétés du secteur d'activité, etc. Par ailleurs, toute entité doit présenter annuellement ses états financiers afin de permettre aux utilisateurs de connaître la performance financière réalisée au cours d'un exercice financier dont la durée normale est de 12 mois. La **figure 2-1** situe chaque état financier dans le cycle d'exploitation d'une entreprise.

FIGURE 2-1 • Les états financiers et le cycle comptable

Début du cycle	Période visée par un cycle donné	Fin de cycle
• État de la situation financière	• État du résultat global • État des variations des capitaux propres	• État de la situation financière
À une date précise	Pour une période donnée selon des dates précises	À une date précise
Exemple : au 1er janvier 2009	Exemple : du 1er janvier 2009 au 31 décembre 2009	Exemple : au 31 décembre 2009

Nous traiterons d'abord de l'état de la situation financière et de ses principales composantes, puisque cet état financier central fait ressortir toutes les activités financières de l'entreprise depuis sa création.

2.1.1 L'état de la situation financière

L'état de la situation financière exprime la position financière de l'entreprise à une date donnée, habituellement la date à laquelle l'exercice financier se termine. La situation financière est constituée des deux éléments suivants, toujours égaux :

---

2. Afin de souligner la nature particulière du tableau des flux de trésorerie, nous lui consacrerons le chapitre 4, voir p. 153.

■ les ressources que l'entreprise utilise pour tenter d'atteindre ses objectifs commerciaux ;

■ les sources de financement obtenues pour financer ces ressources.

Les ressources que l'entreprise a investies sous forme de biens corporels ou incorporels constituent le premier aspect de sa situation financière. Ces biens peuvent comprendre les espèces déposées en banque, les stocks, les immeubles ou le matériel. Ils sont présentés dans la partie de l'état de la situation financière appelée « Actif ».

À moins que les propriétaires ne fournissent la totalité des ressources nécessaires à l'exploitation, l'entreprise a recours à d'autres sources de financement. Par exemple, elle peut contracter un emprunt auprès d'une institution financière ou obtenir du crédit de ses fournisseurs. L'entreprise fait donc appel à des sources de financement internes (propriétaires) ou externes (tiers). Ces sources de financement constituent la seconde partie de l'état de la situation financière, qui se subdivise en deux sections. La section des *capitaux propres*, qui regroupe les sources internes, notamment la mise de fonds des propriétaires, et la section *passif*, qui représente les sources de fonds provenant de tiers.

L'état de la situation financière peut être présenté sous la forme d'un tableau à deux colonnes, où l'on inscrit l'actif dans la colonne de gauche et les capitaux propres et le passif dans la colonne de droite (**tableau 2-2**). L'état de la situation financière peut aussi être présenté en une seule colonne, l'actif y figurant d'abord, suivi des capitaux propres et du passif.

TABLEAU 2-2 • L'état de la situation financière

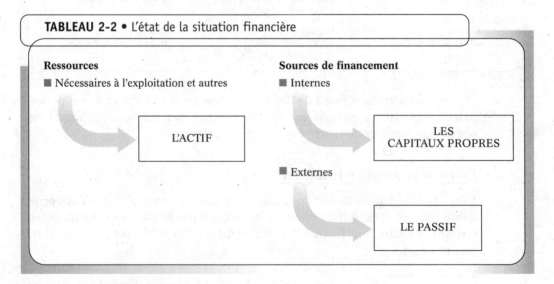

EXEMPLE 1 : Création d'une entreprise

Vous décidez de fonder une entreprise de consultation en gestion et choisissez de constituer une société par actions. Pour mener votre affaire à bien, il vous suffit de louer un local et d'acheter du mobilier de bureau pour un montant de 10 000 $. Vous investissez dans le capital-actions de votre société une somme de 3 000 $, dont vous gardez 1 000 $ en liquidités pour payer les charges d'exploitation. Vous empruntez donc à la banque 8 000 $ pour financer l'achat du mobilier (10 000 $ – 2 000 $).

À la date d'ouverture de votre entreprise, soit le 1er janvier 2009, l'état de la situation financière se présente comme suit :

ACTIF		CAPITAUX PROPRES	
Mobilier	10 000 $	Capital-actions	3 000 $
Encaisse	1 000		
		PASSIF	
		Emprunt bancaire	8 000
	11 000 $		11 000 $

Durant son existence, l'entreprise effectuera des opérations qui viendront modifier son profil. L'état de la situation financière est en quelque sorte l'outil qui permet d'en suivre l'évolution au fil du temps. Les exemples qui suivent illustrent de quelle manière le processus comptable traduit la substance économique des opérations dans l'état de la situation financière. Nous étudierons d'abord les opérations qui ont pour effet de modifier uniquement l'actif et le passif de l'entreprise, puis nous aborderons celles qui se répercutent sur ses capitaux propres.

Les données financières de l'exemple 1 nous permettent de dresser le bilan d'ouverture. Nous constatons que le total de l'actif (11 000 $) est égal au total des capitaux propres (3 000 $) et du passif (8 000 $). Il en sera toujours ainsi, car les biens d'une entreprise proviennent de l'utilisation des ressources dont elle dispose. Cet équilibre des biens et des ressources (internes et externes) constitue le fondement du processus comptable appelé « identité fondamentale ». C'est l'équation de base en comptabilité.

ACTIF	=	CAPITAUX PROPRES	+	PASSIF
11 000 $	=	3 000 $	+	8 000 $

EXEMPLE 2 : Emprunt bancaire additionnel

Vous avez un urgent besoin de liquidités pour exploiter votre entreprise. Vous obtenez de la banque un prêt additionnel de 20 000 $. Après cette opération, l'état de la situation financière de votre entreprise est le suivant :

ACTIF		CAPITAUX PROPRES	
Mobilier	10 000 $	Capital-actions	3 000 $
Encaisse	21 000		
		PASSIF	
		Emprunt bancaire	28 000
	31 000 $		31 000 $

L'équilibre des ressources et des sources de financement est préservé puisqu'en augmentant l'actif de 20 000 $ on a également augmenté le passif de 20 000 $.

ACTIF	=	CAPITAUX PROPRES	+	PASSIF
11 000 $	=	3 000 $	+	8 000 $
+ 20 000			+	20 000
31 000 $	=	3 000 $	+	28 000 $

EXEMPLE 3 : Achat de matériel informatique

Vous achetez au comptant un ordinateur dont le coût est de 7 000 $. Voici l'état de la situation financière de votre entreprise après cette acquisition :

ACTIF		CAPITAUX PROPRES	
Mobilier	10 000 $	Capital-actions	3 000 $
Matériel informatique	7 000		
Encaisse	14 000	**PASSIF**	
		Emprunt bancaire	28 000
	31 000 $		31 000 $

• • • ▶

• • • ▶

Cette opération n'a pas modifié le total de l'actif, ni le total des capitaux propres et du passif, puisqu'un actif (l'argent déposé en banque) a servi à l'acquisition d'un autre actif (le matériel informatique).

ACTIF	=	CAPITAUX PROPRES	+	PASSIF
31 000 $	=	3 000 $	+	28 000 $
– 7 000				
+ 7 000				
31 000 $	=	3 000 $	+	28 000 $

EXEMPLE 4 : Remboursement de l'emprunt bancaire

Disposant d'un surplus d'encaisse, vous remboursez une partie de votre emprunt, soit 5 000 $. L'état de la situation financière devient le suivant :

ACTIF		**CAPITAUX PROPRES**	
Mobilier	10 000 $	Capital-actions	3 000 $
Matériel informatique	7 000		
Encaisse	9 000	**PASSIF**	
		Emprunt bancaire	23 000
	26 000 $		26 000 $

Cette opération a pour effet de réduire l'actif de 5 000 $ et, d'un montant équivalent, le passif.

ACTIF	=	CAPITAUX PROPRES	+	PASSIF
31 000 $	=	3 000 $	+	28 000 $
– 5 000				– 5 000
26 000 $	=	3 000 $	+	23 000 $

Pour le moment, les opérations ont seulement touché deux éléments de l'identité fondamentale, soit l'actif et le passif. Nous pouvons maintenant faire une autre constatation : les capitaux propres (ou l'avoir de l'actionnaire) représentent la différence entre l'actif et le passif, c'est-à-dire ce qui vous reviendrait, en tant qu'actionnaire (propriétaire), si on vendait les biens de l'entreprise (à leur valeur indiquée dans les états financiers), après paiement des dettes. C'est pour cette raison que les capitaux propres sont souvent désignés par l'expression « actif net ». De ce constat, on déduit que toute variation qui ne s'annule pas à l'intérieur des blocs actif ou passif (ou les deux à la fois) modifiera le total des capitaux propres. Illustrons ce principe.

EXEMPLE 5 : Encaissement d'honoraires

Vous encaissez 30 000 $ d'honoraires pour des services de consultation. Comme cette opération ne donne pas lieu à une augmentation du passif ni à une diminution de l'actif, l'entreprise s'enrichit de 30 000 $.

ACTIF		CAPITAUX PROPRES	
Mobilier	10 000 $	Capital-actions	3 000 $
Matériel informatique	7 000	Résultats non distribués	30 000
Encaisse	39 000		
		PASSIF	
		Emprunt bancaire	23 000
	56 000 $		56 000 $

L'augmentation des capitaux propres (ou de l'avoir de l'actionnaire) correspond alors à l'augmentation de l'actif.

ACTIF	=	CAPITAUX PROPRES	+	PASSIF
26 000 $	=	3 000 $	+	23 000 $
+ 30 000		+ 30 000		
56 000 $	=	33 000 $	+	23 000 $

Notons que cette augmentation est inscrite à un poste distinct des capitaux propres de l'actionnaire, nommé **Résultats non distribués**. Les résultats non distribués représentent les bénéfices que l'entreprise n'a pas distribués aux actionnaires sous forme de dividendes.

Pour sa part, le capital-actions représente les montants encaissés par l'entreprise lors de l'émission des actions, soit l'investissement de l'actionnaire, en contrepartie desquels la société émet des titres de propriété.

On peut donc subdiviser l'identité fondamentale de la manière suivante :

$$\text{Actif} \quad = \qquad \text{Capitaux propres} \qquad + \quad \text{Passif}$$

$$\text{Actif} \quad = \quad \text{Capital-actions} + \text{Résultats non distribués} \quad + \quad \text{Passif}$$

L'exemple 5 montre que l'entreprise s'est enrichie de 30 000 $, somme ajoutée aux résultats non distribués et à l'encaisse. Cependant, l'entreprise a dû engager des frais pour percevoir ces honoraires, de sorte que son bénéfice réel est inférieur à 30 000 $. L'exemple 6 traite de cette question.

EXEMPLE 6 : Paiements divers en espèces

Supposons que vous effectuez les paiements suivants :

Fournitures diverses	800 $
Intérêts bancaires	1 500
Salaire de votre adjointe	1 000
Votre salaire	3 800
	7 100 $

L'état de la situation financière devient le suivant :

ACTIF		CAPITAUX PROPRES	
Mobilier	10 000 $	Capital-actions	3 000 $
Matériel informatique	7 000	Résultats non distribués	22 900
Encaisse	31 900		25 900
		PASSIF	
		Emprunt bancaire	23 000
	48 900 $		48 900 $

• • • ▶

• • • ▶

Nous observons que les capitaux propres ont diminué de 7 100 $, diminution nette équivalente à celle de l'actif.

ACTIF	=	CAPITAUX PROPRES	+	PASSIF
56 000 $	=	33 000 $	+	23 000 $
− 7 100		− 7 100		
48 900 $	=	25 900 $	+	23 000 $

Dans les faits, les produits tirés de la vente de services (les honoraires) et les charges (les salaires et les autres frais) ne sont pas directement inscrits dans le poste Résultats non distribués. C'est dans le compte de résultat qu'on retrouve la vente de services et les charges, et c'est le solde net obtenu en soustrayant les charges des ventes qui correspond au résultat net (ou perte nette). Le terme « produits » est recommandé pour désigner les revenus, et le terme « charges » pour les dépenses ; dorénavant, nous utiliserons donc ces deux termes.

Nous pouvons, une fois de plus, subdiviser l'identité fondamentale de la manière suivante :

Actif =   Capitaux propres   +   Passif

Actif = Capital-actions + Résultats non distribués   +   Passif

Actif = Capital-actions + Compte de résultat   +   Passif
            (Produits *Revenu − dépense* Charges)
            ex honoraire Résultat net *salaire autre frais*

Dans les exemples 5 et 6 précédents, l'identité fondamentale se présenterait alors comme suit :

ACTIF	=	CAPITAUX PROPRES	+	PASSIF
Mobilier + Matériel + Encaisse	=	Capital-actions + Produits − Charges	+	Emprunt bancaire
10 000 $ + 7 000 $ + 31 900 $	=	3 000 $ + (30 000 $ − 7 100 $)	+	23 000 $
48 900 $	=	25 900 $	+	23 000 $

EXEMPLE 7 : Acquisition d'un placement

Le propriétaire croit que son entreprise n'aura pas besoin de toutes ces liquidités pour au moins quelques années. Il décide donc d'acheter des actions dans une société prometteuse pour un montant de 5 000 $.

Cette opération ne modifie pas le total de l'actif ni le total des capitaux propres et du passif puisqu'encore ici un actif (l'argent) a servi à l'acquisition d'un placement.

ACTIF	=	CAPITAUX PROPRES	+	PASSIF
48 900 $				
− 5 000				
+ 5 000				
48 900 $	=	25 900 $	+	23 000 $

Où l'actif se présente ainsi :

Mobilier	10 000 $
Matériel informatique	7 000
Placement disponible à la vente	5 000
Encaisse	26 900
	48 900 $

L'exemple suivant montre l'effet du changement de valeur de ce placement sur la situation financière de l'entreprise.

EXEMPLE 8 : Changement de valeur du placement disponible
à la vente

Le placement détenu par la société (que nous appellerons placement disponible à la vente)
vaut 4 000 $ sur le marché boursier.

Cette situation (perte de valeur boursière) se reflétera dans les capitaux propres et
sera également présentée comme une des composantes dans l'état des variations des
capitaux propres, nommée *perte latente sur placement disponible à la vente*.

ACTIF	=	CAPITAUX PROPRES	+	PASSIF
48 900 $	=	25 900 $	+	23 000 $
– 1 000	=	– 1 000		
47 900 $	=	24 900 $	+	23 000 $

Pour terminer, nous pouvons alors décomposer l'identité fondamentale en chacun
des postes figurant dans les états financiers, de manière à refléter la substance particulière
de cette dernière transaction.

Actif = Capitaux propres   + Passif
Actif = Capital-actions + Résultats non distribués + Cumul des gains/pertes
                                                                             latents sur placement
                                                                             disponible à la vente

                                    Produits – Charges   + Perte latente sur placement
                                                                             disponible à la vente

47 900 = 3 000   30 000 – 7 100   – 1 000   + 23 000

L'état de la situation financière devient le suivant :

ACTIF		CAPITAUX PROPRES	
Mobilier	10 000 $	Capital-actions	3 000 $
Matériel informatique	7 000	Résultats non distribués	22 900
Placement disponible à la vente	4 000	Cumul des gains/pertes latents sur	
Encaisse	26 900	placement disponible à la vente	– 1000
			24 900 $
		PASSIF	
		Emprunt bancaire	23 000
	47 900 $		47 900 $

> **EXEMPLE 9 :** Distribution des résultats

La société décide de distribuer un dividende de 15 000 $ à son actionnaire.

Il convient ici de faire une distinction entre cette opération et les précédentes. Le versement d'un dividende de 15 000 $ constitue une distribution partielle du résultat dégagé à la suite des opérations précédentes. On le présentera comme une des composantes d'un état financier appelé « état des variations des capitaux propres ». En effet, lorsque l'entreprise distribue une partie de ses résultats, elle déclare des « dividendes ». Ceux-ci peuvent être versés en espèces, en biens ou en services. La diminution de l'actif est alors accompagnée d'une diminution des capitaux propres.

ACTIF	=	CAPITAUX PROPRES	+	PASSIF
47 900 $	=	24 900 $	+	23 000 $
– 15 000	=	– 15 000		
32 900 $	=	9 900 $	+	23 000 $

En appliquant cette équation à ce dernier exemple, nous obtenons les montants suivants :

$$\text{Actif} = \text{Capital-actions} + \left(\text{Produits} - \text{Charges} - \begin{array}{c}\text{Perte latente}\\\text{sur placements}\\\text{disponibles}\\\text{à la vente}\end{array}\right) - \text{Dividendes} + \text{Passif}$$

$$32\ 900\ \$ = 3\ 000\ \$ + (30\ 000\ \$ - 7\ 100\ \$ - 1\ 000\ \$) - 15\ 000\ \$ + 23\ 000\ \$$$

Le **tableau 2-3** résume chacun des exemples dans les trois états financiers. La première colonne donne le détail de certaines composantes dans ce que nous appellerons le résultat global. Le détail du solde des capitaux propres apparaît dans la deuxième colonne. L'état de la situation financière (troisième colonne) présente l'actif, les capitaux propres et le passif. Voyons maintenant certains éléments de ces états.

TABLEAU 2-3 • Présentation des états financiers à la suite de ces opérations

État du résultat global		État des variations des capitaux propres		État de la situation financière	
Produits	30 000	Capital-actions au début +/– Variations	– 3 000	Actif	
– Charges	7 100	Capital-actions à la fin	**3 000**	Mobilier	10 000
				Matériel informatique	7 000
		Résultat non distribué au début + Résultat net	0 22 900	Placement disponible à la vente	4 000
Résultat net	**22 900**	– Dividendes	15 000	Encaisse	11 900
+/– Éléments du résultat global*	**– 1 000**				
= Résultat global	21 900	Résultat non distribué à la fin	**7 900**		**32 900**
		Cumul des autres éléments du résultat global, au début	0	Capitaux propres	9 900
		Autres éléments du résultat global*	– 1 000		
		Cumul des autres éléments du résultat global, à la fin*	**– 1 000**	Passif	
				Emprunt bancaire	23 000
		TOTAL	**9 900**		**32 900**

* Il s'agit, ici, de la variation de « justes valeurs » du placement disponible à la vente de l'exemple 8.

2.1.2 **L'état du résultat global**

L'état du résultat global (voir exemple) se définit comme la variation des capitaux propres résultant des transactions ou d'autres événements qui se sont produits durant une période donnée, à l'exception des transactions qui ont eu lieu avec les actionnaires, à titre de propriétaires, comme le versement de dividendes. Plus précisément, l'état du résultat global contient cinq éléments principaux, regroupés en deux grandes catégories.

La **première catégorie** représente le résultat de l'exploitation de l'entreprise au cours d'une période donnée. Souvent appelée *compte de résultat*, elle regroupe les éléments suivants :

- les produits (souvent appelés « ventes », « revenus » ou « chiffre d'affaires »), qui représentent ce que gagne l'entreprise en contrepartie de l'activité qu'elle exerce dans le cadre de son exploitation normale ;

- les charges (souvent nommées « dépenses »), qui représentent les coûts relatifs à la consommation des biens ou des services nécessaires à cette exploitation ;

- le résultat net des efforts, qui correspond à la différence entre les produits et les charges. Si les produits sont supérieurs aux charges, l'entreprise a réalisé un « bénéfice net ». Dans le cas inverse, elle a subi une « perte nette ».

La **deuxième catégorie** présente l'effet des transactions non matérialisées au cours de la période, mais qui ont tout de même un effet sur le résultat global de cette dernière. Souvent appelée *autres éléments du résultat global*, elle comprend les éléments suivants :

- les effets annuels de composantes de financement et d'investissement ayant un impact sur les résultats de la période, il s'agit, entre autres, de gains ou de pertes latents découlant des éléments suivants :

  - les variations de la juste valeur des actifs financiers disponibles à la vente (décrites plus en détail au point 2.2.3 A, p. 60) ;

  - la conversion de monnaies des états financiers de certains établissements étrangers (décrite plus en détail au point A.5 de l'annexe 2-1, p. 117).

- le résultat global, c'est-à-dire le résultat combiné du résultat net des opérations commerciales de l'entreprise et des autres éléments du résultat global.

Ainsi, l'état du résultat global sera composé d'un premier élément du résultat global, soit le résultat net (produits et charges reliés à l'exploitation), plus les autres éléments du résultat global (gains ou pertes latents sur certaines composantes des états financiers).

Les exemples 5 et 6 présentés aux pages 32 et 33 constituent des opérations ayant donné lieu à des produits ou à des charges permettant de dégager le résultat net, tandis que l'exemple 8 illustre un autre élément du résultat global. Afin de connaître la perte ou le bénéfice lié à ces opérations, on doit dresser l'état du résultat global. Présentons l'état du résultat global de notre entreprise de consultation.

EXEMPLE 10 : État du résultat global

État du résultat global

Produits		
Honoraires de consultation		30 000 $
Charges		
Fournitures diverses	800 $	
Intérêts bancaires	1 500	
Salaire de l'adjointe	1 000	
Salaire du président	3 800	7 100
Résultat net		**22 900**
Autres éléments du résultat global		
Perte latente sur placement disponible à la vente		(1 000)
Résultat global		**21 900 $**

2.1.3 L'état des variations des capitaux propres

L'état des variations des capitaux propres rend compte des opérations qui ont fait varier le solde des différentes composantes des capitaux propres durant une période donnée. Il s'agit d'un état financier qui établit le rapprochement des capitaux propres à deux dates différentes, généralement celle du début de l'exercice et celle de la fin. Il existe plusieurs types d'opérations susceptibles d'influer sur les capitaux propres, dont les principales concernent le capital-actions, les résultats non distribués et les autres éléments du résultat global. L'état des variations des capitaux propres présente donc les variations nettes imputables à ces opérations. Dans notre exemple, nous aurions les éléments suivants :

État des variations des capitaux propres

	Capital-actions	Résultats non distribués	Cumul de la variation de la juste valeur du placement disponible à la vente	TOTAL
Solde au 1er janvier	– $	– $	– $	– $
Émission de capital-actions	3 000			3 000
Résultat net de la période		22 900		22 900
Perte latente			(1 000)	(1 000)
Dividendes	–	(15 000)	–	(15 000)
Variation de l'exercice	3 000	7 900	(1 000)	9 900
Solde au 31 décembre	3 000 $	7 900 $	(1 000 $)	9 900 $

Soulignons enfin que, pour être en /mesure d'établir des états financiers, l'entreprise doit inscrire au fur et à mesure chacune des opérations dans des registres comptables. Elle doit comptabiliser les opérations suivant une méthode qui respecte l'équilibre de l'identité fondamentale (actif = capitaux propres + passif). Cette méthode est expliquée dans l'appendice, p. 239. Cette dernière donne un aperçu du travail d'enregistrement des opérations, appelé « tenue de livres ».

Abordons maintenant de manière plus détaillée chacun des états financiers.

2.2 LES COMPOSANTES DE L'ÉTAT DE LA SITUATION FINANCIÈRE

Pour mieux saisir la réalité économique des activités d'une entreprise, il est important de comprendre dans ses grandes lignes le fonctionnement propre à toute organisation commerciale. Pour être en mesure de vendre des biens, une entreprise doit d'abord acheter ces biens (ou encore les matériaux qui entrent dans leur fabrication, pour les transformer en produits finis et commercialisables). Une fois ceux-ci en sa possession, elle peut alors les vendre à ses propres clients. Or, très souvent, l'entreprise achète à crédit ses biens destinés à la vente. Elle a donc en sa possession des stocks qu'elle peut vendre, mais, en contrepartie, elle a l'obligation de payer ses achats à une date ultérieure. Dans l'état de la situation financière, cette obligation de payer le créancier s'inscrit au poste du passif Fournisseurs. De la même façon, lorsque l'entreprise vend ses biens à crédit à ses clients, elle diminue les biens en stock qu'elle possède et se retrouve plutôt avec une somme à recevoir de la part de ses clients, qu'on appelle Clients. Cette dernière transaction permet également à l'entreprise de constater un produit (une vente) et une charge (le coût d'acquisition du stock vendu) et de dégager un résultat net (un bénéfice). En comptabilité, ce type de transaction s'appelle une activité d'exploitation. Afin de pouvoir effectuer ses opérations, l'entreprise doit préalablement disposer d'un local. Elle achète donc un bâtiment pour le financement duquel elle contracte un emprunt à la banque. L'entreprise se retrouve donc propriétaire d'un bâtiment, mais elle a également l'obligation de rembourser la banque. Il s'agit de ce qu'on appelle des activités d'investissement (acquisition du bâtiment) et de financement (emprunt auprès de la banque). Les états financiers visent à rendre compte de ces opérations, en débutant par l'état de la situation financière.

Pour des raisons d'uniformité, on regroupe généralement les éléments composant les états financiers de façon à mieux renseigner les utilisateurs sur la nature de ces transactions.

Les normes internationales dressent une liste des postes que devrait contenir l'état de la situation financière. L'exemple qui suit reprend la plupart de ces postes.

EXEMPLE 11 : Présentation selon les normes internationales

Groupe XYZ
État de la situation financière au 31 décembre 2012
(en milliers d'unités monétaires)

ACTIFS

Actifs non courants	x	x
Immobilisations corporelles	x	x
Goodwill	x	x
Autres immobilisations incorporelles	x	x
Participations dans des entreprises associées	x	x
Placements disponibles à la vente	x	x
Total des actifs non courants	x	x
Actifs courants		
Stocks	x	x
Clients et autres débiteurs	x	x
Autres actifs courants	x	x
Trésorerie et équivalents de trésorerie	x	x
Total des actifs courants	x	x
Total des actifs	x	x

• • • ▶

••• ▶

CAPITAUX PROPRES ET PASSIFS

Capitaux propres attribuables aux porteurs de capitaux propres de la société mère		
Capital actions	x	x
Autres réserves	x	x
Résultats non distribués	x	x
Total (des capitaux propres attribuables aux porteurs de capitaux propres de la société mère)	x	x
Intérêts minoritaires	x	x
Total des capitaux propres	x	x
Passifs non courants		
Emprunts à long terme	x	x
Impôt différé	x	x
Provisions à long terme	x	x
Total des passifs non courants	x	x
Passifs courants		
Fournisseurs et autres créditeurs	x	x
Emprunts à court terme	x	x
Partie courante des emprunts à long terme	x	x
Impôt exigible à payer	x	x
Provisions à court terme	x	x
Total des passifs courants	x	x
Total des passifs	x	x
Total des capitaux propres et des passifs	x	x

Ainsi, les actifs sont, sauf exception, présentés dans l'état de la situation financière selon leur degré de liquidité, c'est-à-dire en fonction de la facilité et de la rapidité avec lesquelles l'entreprise peut en tirer un avantage futur. De la même façon, les passifs sont présentés d'après leur exigibilité, c'est-à-dire d'après la date à laquelle les créanciers sont en droit d'exiger de l'entreprise qu'elle rembourse ses dettes.

Certaines entreprises choisissent de présenter leurs actifs et passifs selon un degré de liquidité croissante alors que d'autres choisissent de présenter selon un degré de liquidité décroissante. Elles optent pour le mode de présentation qui représente le plus leur réalité économique (voir **tableau 2-4**). On pourrait penser qu'une entreprise du domaine de l'alimentation serait justifiée de présenter ses actifs courants en premier, puisqu'ils représentent son objet commercial. À partir du même raisonnement, on pourrait imaginer qu'une entreprise dont les immobilisations constituent un élément essentiel de son fonctionnement présente ses actifs non courants en premier.

TABLEAU 2-4 • Présentation de l'état de la situation financière

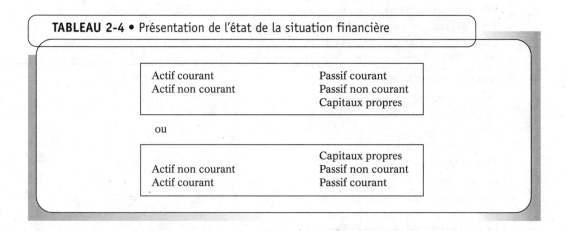

Actif courant	Passif courant
Actif non courant	Passif non courant
	Capitaux propres

ou

	Capitaux propres
Actif non courant	Passif non courant
Actif courant	Passif courant

L'actif courant comprend les postes qui sont normalement réalisables dans l'année qui suit la date de l'état de la situation financière ou au cours du cycle normal d'exploitation, s'il excède un an. L'actif non courant comprend tous les autres actifs. Le passif courant réunit les sommes à payer au cours de l'année qui suit la date de fin d'exercice ou au cours du cycle normal d'exploitation, s'il excède un an. Le passif non courant englobe tous les autres passifs.

En fait, les éléments courants constituent ceux dont l'entreprise a besoin pour ses activités d'exploitation, tandis que les éléments non courants se rapportent aux activités d'investissement et de financement.

Cette classification des composantes de l'état de la situation financière en éléments courants et non courants a pour but d'aider les utilisateurs à évaluer la solvabilité de l'entreprise. La différence entre le total de l'actif courant et le total du passif courant constitue le « fonds de roulement ». Un fonds de roulement positif indique que les ressources réalisables à court terme sont suffisantes pour couvrir les paiements exigibles à court terme. Autrement dit, le fonds de roulement est un indice de la capacité de l'entreprise à payer ses dettes courantes dans l'année qui suit la date de l'état de la situation financière et, de ce fait, de sa solvabilité à court terme (voir également le chapitre 5).

Attardons-nous maintenant à chacun des éléments de l'actif et du passif.

2.2.1 La nature des actifs

Les actifs constituent des avantages économiques dont l'entité pourra bénéficier dans l'avenir. On les répartit généralement en deux grandes classes : les actifs financiers et les actifs non financiers.

Les actifs *financiers* se définissent principalement comme suit :

- une somme d'argent disponible pour les échanges (les soldes des comptes en banque, rassemblés sous le poste Trésorerie et équivalents de trésorerie) ;

- un droit contractuel de recevoir une somme d'argent (clients, placements)

Les actifs *non financiers* regroupent des postes tels que ceux énumérés ci-dessous :

- Les immobilisations *corporelles* (ou tangibles), qui renferment des biens physiquement identifiables et dont la durée de vie s'étend au-delà du prochain exercice financier, par exemple les terrains, les bâtiments ou l'équipement ;

- Les immobilisations *incorporelles* (ou intangibles), qui désignent les ressources sans existence physique, qui procurent des avantages futurs à l'entreprise et dont la durée de vie est supérieure à celle d'un exercice financier ;

- Les stocks qui représentent les biens détenus par l'entreprise afin d'être vendus à des tiers.

Les autres actifs, tels que les charges payées d'avance, les impôts différés et les impôts à recevoir constituent aussi des actifs puisqu'ils donnent lieu à des avantages économiques futurs pour l'entité.

De plus, chacune de ces catégories d'actif est ensuite classée dans l'un des deux grands groupes suivants :

- l'actif non courant (échéance supérieure à douze mois) ;

- l'actif courant (échéance inférieure à douze mois).

2.2.2 L'actif courant

L'actif courant comprend généralement les postes suivants : Trésorerie (encaisse), Clients et autres débiteurs, Stocks, Autres actifs courants (charges payées d'avance).

A. LA TRÉSORERIE

Le poste Trésorerie représente le numéraire immédiatement disponible. Cet actif financier comprend les espèces détenues par l'entreprise, notamment l'argent contenu dans le coffre-fort ou les caisses enregistreuses, les petites caisses, les chèques (traites et mandats) reçus des clients et non encore déposés, et le solde de tous les comptes en banque. Notons que les bordereaux de cartes de crédit font également partie de la trésorerie. Ce poste peut être placé sous la rubrique Espèces et quasi espèces ou encore sous Trésorerie et équivalents de trésorerie.

Les sommes assorties de restrictions et qui, de ce fait, ne peuvent servir à régler les paiements à court terme doivent être présentées séparément de l'encaisse, sous un libellé approprié. Par exemple, si une somme doit être conservée dans le compte de banque en garantie de l'emprunt bancaire ou de la marge de crédit.

Par ailleurs, quand une entreprise possède plusieurs comptes bancaires dans différentes institutions financières, elle présente normalement le solde net dans l'actif courant, au poste Trésorerie. Inversement, si le solde est négatif, elle le présente avec le passif courant, sous le titre Découvert bancaire.

La gestion de la trésorerie

La gestion de la trésorerie s'avère un aspect crucial du travail des gestionnaires de l'entreprise. En effet, le contenu de ce poste pouvant être facilement manipulé, il est nécessaire de lui rattacher des mesures de contrôle. Puisque la trésorerie, autrement dit l'argent, est nécessaire au fonctionnement quotidien d'une entreprise, il importe que les gestionnaires implantent des outils de contrôle et de planification des mouvements de liquidités. Le meilleur outil de planification est le budget de caisse. Il s'agit d'un outil prévisionnel nécessaire au bon fonctionnement de l'entreprise.

Le budget de caisse permet aux gestionnaires de prévoir les rentrées et les sorties de fonds à venir en fonction de l'expérience passée et des prévisions reliées aux activités futures de l'entreprise. Il permet de prévoir les périodes où l'entreprise disposera d'un surplus de trésorerie et celles où, au contraire, elle manquera de liquidités. Les gestionnaires peuvent ainsi faire fructifier les surplus de trésorerie sous forme de placements temporaires et se préparer pour négocier des emprunts à court terme ou demander une augmentation de la marge de crédit de l'entreprise. Pour être utile, le budget doit établir de façon détaillée tous les encaissements (rentrées d'argent) et tous les décaissements (sorties d'argent) de l'entreprise pour chacun des mois d'un exercice donné. Lorsque le volume des opérations est très élevé, il est possible de produire un budget de caisse sur une base hebdomadaire. Plus la période budgétaire est courte, plus les informations sont précises et pertinentes. Comme il est question de prévisions, le budget doit être revu et corrigé régulièrement pour tenir compte des événements les plus récents.

Il est possible d'instaurer plusieurs mesures de contrôle interne pour protéger la trésorerie, actif volatil et convoité. Il faut commencer par s'assurer d'une séparation adéquate des tâches. En effet, une séparation adéquate des fonctions incompatibles permet d'éviter les fraudes (détournements de fonds) et améliore la fiabilité de l'enregistrement des opérations. La séparation des tâches fait en sorte qu'une même personne n'est jamais l'unique responsable d'une opération du début à la fin. Voici quelques exemples de mesures de contrôle des liquidités pouvant réduire au minimum les risques relatifs à la manipulation de la trésorerie.

- La personne qui autorise le paiement d'un fournisseur (ou un autre paiement) ne devrait pas être le signataire du chèque.

- Lorsqu'un paiement est autorisé, ses pièces justificatives devraient être identifiées comme payées afin d'éviter qu'elles servent plus d'une fois.

- Le signataire d'un chèque à l'ordre d'un fournisseur (ou d'une autre partie) ne devrait pas être la même personne que celle qui procède à l'entrée de données liées à l'enregistrement du chèque dans les registres comptables.

- La personne qui ouvre le courrier devrait établir une liste des chèques reçus des clients sur un document prévu à cet effet, puis les estampiller de la mention « pour dépôt seulement ». Cette personne devrait remettre une copie de la liste ainsi préparée au service de la comptabilité, et une autre à la personne qui s'occupe du dépôt.

- L'employé qui dépose à la banque les sommes reçues ne devrait pas avoir accès à l'enregistrement des opérations dans les registres comptables.

- Toutes les sommes reçues devraient être déposées intégralement et rapidement à la banque.

- Tous les paiements devraient être effectués par chèque ou de manière électronique. Les chèques devraient être numérotés et imprimés à l'avance au nom de l'entreprise. De plus, on devrait prévoir deux signataires.

■ Les entreprises devraient utiliser le plus souvent possible les paiements préautorisés et les virements automatiques (pour les salaires, en particulier). Elles éviteraient ainsi la manipulation d'argent.

■ Les entreprises devraient préparer un état de rapprochement bancaire (ou « conciliation bancaire ») une fois par mois, afin de comparer les écritures enregistrées dans les registres comptables avec celles de la banque. Cette mesure permet de détecter rapidement les erreurs et les irrégularités.

■ Les caisses enregistreuses ne devraient s'ouvrir que si une opération est effectuée. En cas d'erreur lors d'une opération, seul un responsable devrait pouvoir autoriser l'annulation de l'opération, procéder au remboursement ou accorder un crédit.

■ Le programmeur de l'entreprise ne devrait pas avoir accès aux ressources de l'entreprise et ne devrait pas participer à l'enregistrement des opérations.

Cette liste des mesures de contrôle qu'une entité peut mettre en place pour gérer et protéger sa trésorerie n'est pas exhaustive, mais elle mentionne les plus fréquentes. On peut aussi faire appel à d'autres mesures.

B. LES CLIENTS ET AUTRES DÉBITEURS

Les montants classés sous le poste Clients (Clients et autres débiteurs) représentent des instruments financiers puisqu'ils correspondent à des sommes à recevoir ou au droit d'exiger, d'une autre personne appelée « débiteur », une certaine somme d'argent, des biens ou la prestation d'un service. Les créances qu'une entreprise pense pouvoir recouvrer au cours du prochain exercice sont classées dans l'actif courant. Il existe deux types de créances : les créances sur ventes et les autres débiteurs.

Les clients, aussi appelés « débiteurs », « créances sur ventes » ou « clients », représentent généralement des sommes à recevoir résultant de la vente de biens ou de services rendus à crédit. En effet, lorsqu'une entreprise vend des biens ou rend des services à crédit, elle acquiert le droit de recevoir par la suite une somme d'argent en contrepartie des biens vendus ou des services rendus.

Les autres débiteurs représentent des sommes à recevoir provenant d'opérations qui ne sont pas nécessairement reliées à la vente de biens ou à la prestation de services. Cette catégorie réunit notamment les prêts consentis à des tiers, les demandes de remboursement d'impôts sur les bénéfices payés en trop et les autres sommes encaissables à court terme. Les autres débiteurs correspondent aux montants gagnés à la fin de l'exercice, mais non encore encaissés à la date de l'état de la situation financière. Font partie de cette catégorie les éléments suivants :

- les « intérêts à recevoir » (ou « revenus d'intérêt »), autrement dit les intérêts à recevoir sur des placements ou sur des prêts consentis à des tiers ; à titre d'exemple, une entreprise dont la fin d'exercice est le 31 décembre prête, le 1er octobre, 10 000 $ à un fournisseur qui doit lui rembourser le plein montant plus un intérêt de 8 % le 30 avril de l'année suivante. Au 31 décembre, dans son état de la situation financière, l'entreprise aura dans ses actifs courants, sous la rubrique Clients et autres débiteurs, une somme de 200 $ (10 000 $ × 8 % × 3/12) à titre d'intérêts à recevoir.

- les « dividendes à recevoir », c'est-à-dire les dividendes déclarés, mais non encaissés, provenant de placements en actions ; à titre d'exemple, une entreprise, dont la fin d'exercice est le 31 décembre et qui détient à cette date 100 actions de la société A, qui a déclaré un dividende de 0,50 $ par action le 31 décembre, mais dont le montant ne sera versé que dans un mois, présentera sous la rubrique Clients et autres débiteurs un montant de 50 $ à titre de dividendes à recevoir.

- les « produits tirés d'activités connexes », par exemple les loyers à recevoir lorsque l'entreprise loue des locaux pour d'autres fins que celles de son exploitation. À titre d'exemple, une entreprise loue une partie de son bâtiment pour la somme de 3 000 $ par mois payable le 15 de chaque mois. Au 31 décembre, date de sa fin d'exercice, l'entreprise présentera sous la rubrique Clients et autres débiteurs une somme de 1 500 $ à titre de loyer à recevoir (soit du 15 au 31 décembre).

Les créances douteuses

Dans l'état de la situation financière, les sommes de la rubrique Clients et autres débiteurs doivent être présentées à leur valeur recouvrable, c'est-à-dire au montant qui sera vraisemblablement encaissé. Habituellement, ce montant ne correspond pas à la somme due par les clients, indiquée dans les registres comptables sous le poste Clients. En effet, l'entreprise qui décide de négocier à crédit avec ses clients assume presque toujours le risque de ne pas être payée ; c'est le « risque de crédit ». Il faut donc, en fin d'exercice, estimer les créances qui ne seront probablement pas recouvrées. On qualifie ce processus de « dévaluation des clients ».

Il faut estimer cette perte probable afin de respecter l'une des règles de base de la comptabilité, selon laquelle toutes les charges engagées pour réaliser les produits d'un exercice donné doivent être comptabilisées durant ce même exercice. Appliquée au solde du poste Clients cette règle stipule que l'entreprise doit mesurer le risque qu'elle court de ne pas être payée (soit la provision pour créances douteuses) et le comptabiliser dans l'exercice pendant lequel la vente a eu lieu. Dans ce chapitre, nous ferons fréquemment référence à cette règle, appelée « rattachement des charges aux produits ». (Pour plus d'explications à ce sujet, voir le chapitre 3, p. 125.)

EXEMPLE 12 : Créance douteuse

À la fin de son premier exercice, le 31 décembre 2009, Martex inc. affiche un montant à recevoir de 100 000 $ sur ses ventes à crédit. Elle estime que le risque de crédit sur cette somme correspond à un montant de 5 000 $.

Le solde du poste Clients et autres débiteurs que l'entreprise présentera dans l'état de la situation financière au 31 décembre 2009 sera de 95 000 $ (100 000 $ – 5 000 $), et une charge de 5 000 $ pour créances douteuses sera inscrite au compte de résultat.

Il est donc nécessaire d'estimer le montant de la provision pour créances douteuses lors de la préparation de chaque état de la situation financière (au moins une fois, à la fin de l'exercice). Il faut ensuite l'inscrire en diminution du montant brut apparaissant au poste Clients et autres débiteurs. De plus, on inscrira une charge dans le compte de résultat, sous le poste Créances douteuses (ou Mauvaises créances).

Il existe deux grandes méthodes d'évaluation de la provision pour créances douteuses. L'entreprise peut choisir de faire une *analyse de la liste des comptes clients* à la fin de l'exercice, ou encore calculer un *pourcentage de créances à risque* (ou perte probable) sur les ventes à crédit. Dans les deux cas, le pourcentage retenu pour déterminer la provision est établi en tenant compte de l'historique en matière de recouvrement des créances, des conditions économiques et du jugement de l'analyste. L'exemple suivant permet d'illustrer le calcul de la provision selon les deux méthodes.

EXEMPLE 13 : Évaluation de la provision pour créances douteuses au moyen de l'analyse de la liste des comptes clients

Liste des soldes des comptes clients de la société Calitor

Nom	Courant	De 31 à 60 jours	De 61 à 90 jours	Plus de 90 jours	TOTAL
Entreprises T	16 000 $	4 000 $			20 000 $
Industries U	10 000	5 000			15 000 $
Placements V		12 000	15 000 $		27 000 $
Compagnie W			15 000		15 000 $
Société X			8 000	20 000 $	28 000 $
Entreprises Y			3 000	13 000	16 000 $
Total	26 000 $	21 000 $	41 000 $	33 000 $	**121 000 $**
Probabilité de non-recouvrement*	2 %	5 %	15 %	40 %	
Provision pour créances douteuses	520 $	1 050 $	6 150 $	13 200 $	**20 920 $**

* Les différents pourcentages sont établis en fonction de l'expérience passée, des conditions économiques et du jugement de l'analyste. Il serait également possible de procéder à cette analyse en examinant successivement chaque débiteur et en établissant une probabilité de non-recouvrement propre à chaque client.

Total des Clients au 31 décembre 2009 = 121 000 $

Total de la Provision pour créances douteuses = 520 $ + 1 050 $ + 6 150 $ + 13 200 $ = 20 920 $

Valeur recouvrable au 31 décembre 2009 = 121 000 $ – 20 920 $ – 100 080 $

Dans l'état de la situation financière de Calitor, le poste Clients indiquera un montant de 100 080 $, et le compte de résultat présentera une charge de 20 920 $ au poste Créances douteuses.

EXEMPLE 14 : Évaluation de la provision pour créances douteuses au moyen d'un pourcentage de perte probable sur les comptes clients

La société Miroir évalue ses créances douteuses en fonction de son expérience passée : la direction estime que la provision pour créances douteuses devrait correspondre à 5 % des ventes à crédit de l'exercice.

Les ventes à crédit de l'exercice 2009 se sont élevées à 2 000 000 $.

La provision pour l'exercice 2009 s'élève donc à 100 000 $ (2 000 000 $ × 5 %).

Le solde de la provision pour créances douteuses, avant l'ajustement de 2009, était de 28 000 $.

Puisque le solde de la provision pour créances douteuses était déjà à 28 000 $, il faut ajuster cette somme pour qu'elle totalise le montant estimé à la fin de l'exercice 2009, soit 100 000 $.

La provision sera ajustée de 72 000 $ (la différence entre les 100 000 $ estimés et les 28 000 $ déjà inscrits), et une charge de créances douteuses de 72 000 $ sera inscrite dans le compte de résultat.

La gestion des créances

Plusieurs entreprises qui effectuent des ventes à crédit reçoivent l'argent de leurs clients (débiteurs) par la poste sous forme de chèques ou par internet (système d'échange électronique de données). Comme nous l'avons vu précédemment lors de notre étude de la trésorerie, certaines mesures de contrôle interne devraient être mises en place afin de minimiser les risques d'erreur et de fraude. Dans un premier temps, il faut éviter que la personne chargée d'ouvrir le courrier ou ayant accès aux données relatives aux entrées de fonds dans le système inscrive les montants dans les registres comptables et s'occupe des dépôts à la banque. Autrement, cette personne pourrait profiter de l'occasion pour encaisser personnellement le chèque d'un client et effacer la créance des registres comptables. La direction de l'entreprise doit s'assurer qu'il y a séparation des fonctions dites « incompatibles », pour éviter qu'une personne maîtrise une opération du début à la fin.

C. LES STOCKS

Les stocks d'une entreprise sont des actifs corporels destinés à la revente ou utilisés pour produire les biens qui seront vendus. Les états financiers des entreprises commerciales et des fabricants présentent généralement un poste Stocks, puisque ceux-ci vendent des biens qui doivent d'abord être achetés ou fabriqués.

Les stocks constituent un élément déterminant dans la gestion financière d'une entreprise. Les gestionnaires investissent des sommes importantes pour acheter des marchandises destinées à la revente, car c'est avec ces marchandises qu'ils réalisent des bénéfices. Ils doivent s'assurer d'un approvisionnement de bonne qualité, à un coût d'achat intéressant, et d'une rotation des stocks suffisante pour permettre le renouvellement des marchandises avant qu'elles ne tombent en désuétude.

Au moment de leur acquisition, les stocks sont d'abord considérés comme un actif courant puisqu'ils constituent un bien en attente d'être vendu. Une fois le bien vendu, on réduit le poste Stocks dans l'état de la situation financière, et on inscrit une charge équivalente au poste Coût des ventes (CV) au compte de résultat. (Voir l'exemple simple ci-dessous.)

EXEMPLE 15 : Vente d'un élément en stock

La société Caplex achète au coût de 100 $ un produit destiné à la vente. Une semaine plus tard, elle le vend 150 $.

(1) État de la situation financière		(2) Compte de résultat	
Achat de marchandises		Ventes	150 $
Stocks	100 $	Moins : Coût des ventes	– 100
		Marge brute	50 $

Au moment de l'achat		À la vente	
ACTIF COURANT		ACTIF COURANT	Charges
Encaisse	Stocks	Stocks	CV
– 100 $	+ 100 $	– 100 $	+ 100 $

En examinant le tableau ci-dessus, on observe que les marchandises destinées à la vente sont d'abord inscrites dans l'état de la situation financière (1). Au moment de la vente, elles deviennent une charge inscrite au compte de résultat (2), soit le coût des ventes, qui permet de dégager la marge brute. À la fin de l'exercice, il importe de déterminer le montant des marchandises en stock de même que le coût total des marchandises vendues pendant l'exercice.

La détermination du nombre d'articles en stock

Pour évaluer les stocks, il faut d'abord procéder au dénombrement physique des articles encore détenus par l'entreprise, de façon à déterminer la quantité de biens en stock à la fin de l'exercice. Ce dénombrement permet de valider les quantités inscrites dans les registres comptables et d'ajuster les soldes en cas de vol, de perte ou de bris de marchandise. Il existe deux grandes méthodes de comptabilisation des stocks : l'inventaire périodique et l'inventaire permanent.

La *méthode de l'inventaire périodique* ne permet pas de tenir à jour l'inventaire des marchandises. Une entreprise qui utilise cette méthode ne connaît donc pas, en cours d'exercice, la quantité de marchandises qu'elle possède. Pour le savoir, elle doit toujours effectuer un dénombrement. En termes comptables, cela signifie que chaque achat de marchandises est inscrit au poste Achat de marchandises. Lors du dénombrement physique, on détermine d'une part le stock à la fin (le nombre d'articles en stock multiplié par le coût d'achat) et, d'autre part et par conséquent, le coût des ventes. Voici l'équation utilisée :

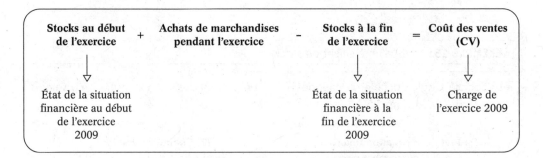

Stocks au début de l'exercice	+	Achats de marchandises pendant l'exercice	−	Stocks à la fin de l'exercice	=	Coût des ventes (CV)
↓				↓		↓
État de la situation financière au début de l'exercice 2009				État de la situation financière à la fin de l'exercice 2009		Charge de l'exercice 2009

Selon cette méthode, le poste Stocks de marchandises figurant aux registres au cours d'un exercice représente toujours le solde des stocks au début de l'exercice (ou à la fin de l'exercice précédent). La charge correspondant au coût des ventes n'est connue qu'au moment du dénombrement physique. Bien que cette méthode demande peu d'enregistrements comptables, elle comporte de grandes lacunes en matière de gestion des stocks. En effet, elle ne permet pas aux gestionnaires de prévoir les ruptures de stock ou les situations de surplus. La baisse du prix des systèmes d'information automatisés et les nouveaux logiciels de gestion des stocks en temps réel rendent la méthode de l'inventaire périodique moins attrayante pour les entreprises dont les stocks sont d'un volume important et de nature variée.

Avec la *méthode de l'inventaire permanent*, l'information sur les articles en stock est constamment mise à jour. Chaque fois qu'une entreprise achète des marchandises destinées à la vente, le poste Stocks de marchandises (le nombre d'articles multiplié par le coût d'achat) augmente, et chaque fois que ces marchandises sont vendues, le poste Stocks diminue, tandis que le poste Coût des ventes augmente du même montant (comme nous l'avons illustré dans l'exemple 15).

De plus, les systèmes comptables informatisés peuvent produire automatiquement un bon de commande des articles dont la quantité en stock atteint un seuil critique, ce qui permet à l'entreprise d'éviter les ruptures de stock. En revanche, cette méthode exige beaucoup plus d'enregistrements comptables. De plus, à la fin de l'exercice, il faut malgré tout effectuer un dénombrement physique des marchandises pour s'assurer que le solde inscrit correspond bien au solde réel, ce qui est rarement le cas, compte tenu des bris, des pertes et des vols.

La détermination du coût des stocks

Une fois le dénombrement physique terminé, il faut déterminer le coût auquel les marchandises seront comptabilisées. Le coût d'acquisition des stocks (c'est-à-dire le coût de la matière première pour une entreprise de fabrication ou le coût d'acquisition des actifs destinés à la vente pour une entreprise commerciale) comprend le prix d'achat, les droits de douane et autres taxes (autres que les taxes ultérieurement récupérables par l'entité auprès des administrations fiscales), ainsi que les frais de transport, de manutention et autres coûts directement attribuables à l'acquisition des produits finis et des matières premières. Les rabais commerciaux, remises et autres éléments similaires sont déduits pour déterminer les coûts d'acquisition.

Lors des achats de marchandises, il est plus que probable que le coût d'acquisition des différents articles ait varié d'une fois à l'autre. Par exemple, dans une pharmacie, les stocks d'analgésiques sont renouvelés fréquemment au cours d'une année, et ce, à des coûts d'acquisition différents. Dans ces circonstances, comment faire pour déterminer le coût des produits en magasin à la fin de l'exercice ?

Les trois grandes méthodes comptables pour déterminer le coût des stocks sont les suivantes :

■ la méthode du coût propre (coût d'achat réel) ;
■ la méthode du coût moyen pondéré ;
■ la méthode du premier entré, premier sorti (PEPS).

Pour le choix d'une méthode, il faut d'abord déterminer si le stock est constitué d'éléments fongibles (c'est-à-dire interchangeables) ou non fongibles. Si chaque élément du stock peut être identifié de manière précise (non fongible), on utilise la méthode du coût propre. Sinon, on peut recourir aux deux autres méthodes.

Une entreprise doit choisir la méthode de détermination du coût qui reflète le mieux sa conception de l'évolution des coûts de ses marchandises. Elle doit utiliser la même méthode pour tous les stocks de même nature et dont l'usage est similaire. Lorsqu'elle a déterminé la méthode qui lui convient le mieux, elle doit la conserver d'un exercice à l'autre tant que les circonstances sont similaires. Par exemple, lorsqu'une entreprise acquiert une autre société qui utilisait une méthode différente, elle doit modifier l'une ou l'autre des méthodes de façon à utiliser la même pour évaluer l'ensemble des stocks de même nature.

À l'aide d'un exemple simple, analysons chacune des méthodes de détermination du coût.

EXEMPLE 16 : Méthodes de détermination du coût des stocks

Société Lévis	Nombre d'unités	Coût unitaire	Total
Stocks au début	0	0	0
Plus : Achats – 1er février	2	3 $	6 $
– 31 mai	4	4 $	16 $
– 15 septembre	5	3 $	15 $
– 30 novembre	2	5 $	10 $
Unités destinées à la vente	13		47 $
Moins : Unités vendues en décembre	10		
Unités en stock au 31 décembre (fin de l'exercice)	3		

---

1. *La méthode du coût propre*. Selon cette méthode, on attribue aux articles en stock et aux marchandises vendues leur coût d'achat réel. Cette méthode peut être utilisée lorsque les articles sont identifiables de manière précise (non fongible), que ce soit par un numéro de série ou autrement.

Dans notre exemple, nous observons qu'il reste trois unités en stock. Celles-ci doivent être rattachées à leur date d'achat. Supposons que deux des unités restantes ont été achetées le 15 septembre, et la troisième, le 30 novembre. Dans ce cas, le coût des stocks au 31 décembre est le suivant :

$$(2 \times 3 \text{ $}) + (1 \times 5 \text{ $}) = 11 \text{ $}$$

2. *La méthode du coût moyen pondéré.* Selon cette méthode, on attribue à chaque article en stock (ou vendu) un coût moyen pondéré. Il existe différentes méthodes pour établir un coût moyen (moyenne simple, moyenne mobile, etc.).

$$\frac{\text{Coût unitaire}}{\text{moyen}} = \frac{\text{Coût des unités destinées à la vente}}{\text{Nombre d'unités destinées à la vente}} = \frac{47\ \$}{13\ \text{unités}}$$

Ici, le coût total des unités destinées à la vente est de 47 $, et 13 unités sont destinées à la vente. Le coût unitaire moyen est de 3,62 $. Dans ce cas, le coût des stocks au 31 décembre est le suivant :

$$3 \times 3,62\ \$ = 10,86\ \$$$

3. *La méthode du premier entré, premier sorti (PEPS).* Selon cette méthode, on attribue les coûts les plus récents aux articles en stock à la fin de l'exercice, en supposant que les articles les plus anciens ont été vendus en premier. On considère donc que le stock à la fin contient les plus récents achats de l'exercice, même si, dans les faits, on ne vend pas nécessairement les articles dans l'ordre où on les a achetés. C'est dire que l'on souhaite que l'état de la situation financière reflète la valeur la plus récente.

Dans notre exemple, il reste trois unités à la fin de l'exercice, soit deux unités du lot acheté le 30 novembre à un prix unitaire de 5 $, et une unité du lot acheté le 15 septembre à un prix de 3 $. Dans ce cas, le coût des stocks au 31 décembre est le suivant :

$$(2 \times 5\ \$) + (1 \times 3\ \$) = 13\ \$$$

Après avoir appliqué les trois méthodes de détermination du coût des stocks à notre exemple, on remarque que le montant comptabilisé au poste Stocks de l'état de la situation financière dépend de la méthode choisie. Par ailleurs, ces méthodes permettent d'établir le coût des ventes qui figurera au compte de résultat. Le choix de la méthode est important, puisque la valeur obtenue influera directement sur le résultat net de l'exercice. Comme nous l'avons indiqué dans la section portant sur la détermination du nombre d'articles en stock, le coût des ventes est égal au stock d'articles que l'entreprise détient au début de son exercice, plus les achats qu'elle effectue au cours de la période, moins les stocks qu'elle détient à la fin de l'exercice.

Le choix de la méthode ne doit pas être fondé uniquement sur la chronologie du mouvement des marchandises, mais plutôt sur la conception que l'on se fait du cheminement des coûts de ses marchandises. Comme les entreprises ont le choix de la méthode à utiliser, elles doivent indiquer celle qu'elles ont retenue par voie de note aux états financiers.

La valeur nette de réalisation des stocks

Une entreprise ne peut recouvrer le coût de ses stocks que si le prix de vente normal est supérieur à son coût d'acquisition ou de transformation. Lorsque la marchandise a été endommagée ou est devenue obsolète, ou encore que son prix de vente a subi une baisse, l'entreprise peut se trouver dans l'impossibilité de recouvrer les coûts qu'elle a engagés. C'est pourquoi les stocks sont évalués au moindre du coût et de la valeur nette de réalisation. On doit donc constater une perte dès qu'elle est probable et qu'elle peut faire l'objet d'une estimation raisonnable. Si des circonstances font en sorte que la valeur des stocks tombe sous leur coût d'acquisition (concurrence, récession, changement de la mode, etc.), il faut diminuer le montant en stock pour refléter cette perte. On présume que si la « valeur du marché » est inférieure au coût, on ne pourra vendre l'article à un prix supérieur à la valeur du marché en question. La perte doit être imputée aux résultats de l'exercice au cours duquel elle survient.

La valeur nette de réalisation est le prix de vente estimé dans le cours normal de l'activité, moins les frais estimés pour l'achèvement et la mise en vente. Il s'agit donc d'une valeur obtenue d'après les prix ayant cours sur le marché sur lequel l'entreprise vend ses marchandises. Cette valeur repose sur le fait qu'aucune dépréciation n'est nécessaire si les stocks peuvent être vendus à un prix couvrant à la fois les coûts et un certain bénéfice.

La pratique consistant à déprécier les stocks au-dessous du coût pour les ramener à leur valeur nette de réalisation est cohérente avec le principe suivant lequel les actifs ne doivent pas être comptabilisés à un montant supérieur à celui que l'on s'attend à obtenir de leur vente ou de leur utilisation.

Si la valeur d'un stock est diminuée à la valeur nette de réalisation, on dira que celui-ci est déprécié, et une charge correspondant à cette dépréciation sera inscrite au compte de résultat. Si un stock déprécié voit sa valeur augmenter, cette dépréciation doit être annulée.

Pour compléter cette analyse du poste Stocks de marchandises, mentionnons que, pour une entreprise commerciale vendant un bien à l'état fini, le seul stock présenté dans l'état de la situation financière est le stock de marchandises. Par contre, dans les entreprises de fabrication, l'état de la situation financière présente d'autres catégories de stocks, soit :

■ le stock de « matières premières », qui inclut les matières premières et les matériaux à l'état brut entrant dans la fabrication des produits qui seront destinés à la vente ;

■ le stock de « produits en cours », qui renferme les produits en cours de fabrication que l'entreprise industrielle possède à la fin de l'exercice. Par exemple, dans le cas d'une entreprise qui fabrique des jouets, il peut s'agir de jouets inachevés ;

■ le stock de « produits finis », qui regroupe les marchandises terminées et prêtes à être vendues à la fin de l'exercice.

De plus, les entreprises de transformation doivent calculer un coût de fabrication également appelé « coût de transformation », qui comprend les coûts directement liés aux unités produites. En général, ces coûts se répartissent dans les trois catégories suivantes :

■ le coût des matières premières utilisées ;

■ le coût de main-d'œuvre directe ;

■ les frais généraux de production.

À titre d'exemple, prenons une table. Son coût de fabrication sera composé du coût d'acquisition du bois et de celui de la main-d'œuvre affectée à la fabrication des tables, ainsi que des frais généraux de production engagés pour transformer les matières premières en produits finis. Ainsi, pour fabriquer des tables, une entreprise a besoin d'un bâtiment, d'équipements et d'électricité, pour ne nommer que quelques éléments. Elle doit donc inclure dans son coût de production des tables le coût d'utilisation d'une partie du bâtiment et tous les autres frais engagés par la production des tables.

D. LES AUTRES ACTIFS COURANTS

Le poste Autres actifs courants regroupe fréquemment les Charges payées d'avance (ou Frais payés d'avance, ou encore Services à recevoir), soit les montants qu'a versés l'entreprise en vue d'obtenir des services futurs, comme la prime d'assurance payée pour l'exercice suivant la date de l'état de la situation financière ou les sommes déboursées à la signature d'un contrat d'entretien visant une période ultérieure à la date de l'état de la situation financière. On appelle également ce poste Frais imputables au prochain exercice. Lorsque l'entreprise recevra ou consommera le service comptabilisé dans l'état de la situation financière, elle l'en éliminera et le reportera sous forme de charges au compte de résultat.

2.2.3 L'actif non courant

Les éléments d'actif non courant sont classés selon leur nature. On y distingue les placements, les immobilisations corporelles, les actifs incorporels et le goodwill.

A. LES PLACEMENTS

Les placements désignent des actifs qui proviennent du fait que l'entreprise a affecté une somme d'argent à l'achat de valeurs mobilières ou immobilières. Nous décrivons ces placements à l'aide des catégories suivantes :

- les placements en actions et en obligations, détenus dans le but de dégager un revenu comme des intérêts ou des dividendes et/ou de générer des revenus de placements comme des gains/pertes en capital ;

- les placements en actions, qui sont obtenus dans l'intention de créer une relation d'affaires avec l'entreprise acquise ;

- les immeubles de placement détenu pour retirer des loyers, pour valoriser le capital ou pour les deux ;

- les instruments financiers dérivés.

Au moment de l'acquisition, la direction de l'entreprise doit décider de son intention à l'égard de ces placements.

A.1 Les placements détenus dans le but de dégager un revenu d'intérêt ou de dividendes et/ou de gains en capital

La première catégorie, également appelée « placements de portefeuille », fait référence à l'acquisition, par une entreprise, de placements pour des fins de rendement seulement (sans établissement de relation d'affaires). Ils sont acquis au moyen d'excédents de fonds en vue de maximiser le rendement des ressources. Les normes comptables exigent que les entreprises déterminent, dès l'achat d'un tel placement, la catégorie dans laquelle il sera classé (voir **tableau 2-5**). C'est l'intention quant à l'utilisation du placement et sa substance qui déterminent la catégorie. Ce classement détermine la manière dont il sera présenté dans l'état de la situation financière ainsi que l'effet qu'il exercera sur les résultats (résultat net ou résultat global). On retrouve les trois catégories de placements suivantes (désignées comme étant des actifs financiers) :

- les placements détenus jusqu'à échéance ;

- les placements détenus à des fins de transaction ;

- les placements disponibles à la vente.

TABLEAU 2-5 • Catégories de placements désignés comme étant des actifs financiers

Dénomination	Placements détenus jusqu'à échéance	Placements détenus à des fins de transaction	Placements disponibles à la vente
Courant ou non courant	■ Actif courant ou non courant	■ Actif courant ou non courant	■ Actif courant ou non courant
Nature du placement	■ Placements comportant une date d'échéance déterminée et que l'entreprise a l'intention et la capacité de conserver jusqu'à leur échéance.	■ Placements en actions ou en obligations acquis en vue d'une revente à court terme. Ces placements font partie d'un portefeuille de placements comportant des prises de bénéfices à court terme.	■ Placements en actions ou en obligations qui ne peuvent être classés dans les deux premières catégories, de même que les placements dont on ne peut déterminer la juste valeur avec une certitude suffisante.
Évaluation	■ Initialement, ces placements sont comptabilisés à leur juste valeur (généralement égale au coût d'acquisition). ■ Par la suite, ce placement doit être évalué à son coût amorti selon la méthode du taux effectif. De plus, si la valeur comptable d'un tel placement subit une baisse de valeur durable, cette moins-value aura alors un effet sur le résultat net (au compte de résultat).	■ Initialement, ces placements sont comptabilisés à leur juste valeur (généralement égale au coût d'acquisition). ■ Par la suite, ce placement sera constamment ajusté et présenté à sa juste valeur à la date des états financiers. Les variations de la juste valeur apparaîtront dans le résultat net (au compte de résultat).	■ Initialement, ces placements sont comptabilisés à leur juste valeur (généralement égale au coût d'acquisition). ■ Par la suite, ce placement sera constamment ajusté et présenté à sa juste valeur à la date des états financiers. Toutefois, contrairement aux placements détenus à des fins de transaction, les variations de juste valeur apparaîtront dans le résultat global (autres éléments du résultat global). Quant aux baisses de valeur durable, elles apparaîtront dans le résultat net (au compte de résultat).

Voyons plus en détail ces types de placement, à l'aide d'exemples.

EXEMPLE 17 : Placement détenu jusqu'à échéance

Un placement détenu jusqu'à échéance est un actif financier, assorti de paiements fixes ou déterminables et d'une échéance fixe, que l'entité a l'intention manifeste et la capacité de conserver jusqu'à son échéance. Par exemple, la société Alpha achète une obligation de la société Bêta pour une somme de 20 000 $. En vertu de cette obligation, la société Bêta s'engage à verser 8 % d'intérêt annuellement et à rembourser le capital à la fin de la 5e année. La société Alpha a l'intention et la capacité de conserver ce placement. Alpha aura donc un poste Placement détenu jusqu'à échéance, évalué au coût (qui sera présenté dans les actifs non courants durant 4 ans et dans l'actif courant la cinquième année).

EXEMPLE 18 : Placement détenu à des fins de transaction

Un placement détenu à des fins de transactions[3] est un actif financier acquis principalement en vue d'être vendu ou racheté dans un proche avenir (à l'intérieur d'un portefeuille des titres). Par exemple, la société Hexagone investit ses surplus de liquidités dans un portefeuille d'actions de sociétés cotées en vue d'une prise de bénéfices à court terme. Le coût d'acquisition de ce portefeuille, obtenu en 2009 est de 250 000 $. Hexagone a acquis ces placements avec l'intention de les revendre à court terme. À la fin de l'exercice d'Hexagone, le 31 décembre 2009, la juste valeur de ces placements est de 200 000 $. À cette date, Hexagone devra soustraire 50 000 $ de son poste Placements détenus à des fins de transaction, afin de présenter son placement à sa « juste valeur » de 200 000 $ et d'inscrire dans le compte de résultat une charge de 50 000 $ reflétant cette moins-value. Par contre, si la juste valeur du placement avait été de 280 000 $ à la date de fin d'exercice, Hexagone aurait présenté dans l'état de la situation financière son placement à 280 000 $ et inscrit dans son calcul du résultat net, un gain de 30 000 $. Si par ailleurs, ce même placement avait fait partie d'un portefeuille de placements que l'entreprise n'a pas l'intention de liquider à court terme (même si elle compte vendre à court terme ces derniers pour les remplacer par d'autres titres), ce placement aurait probablement été classé dans l'actif non courant.

---

3. Également désigné comme un *actif financier à la juste valeur par le biais du compte de résultat.*

> **EXEMPLE 19 :** Placement disponible à la vente
>
> Un placement disponible à la vente est comptabilisé à sa juste valeur à l'acquisition et fluctue au gré des variations de la juste valeur. De plus, il requiert un poste particulier dans le résultat global, que l'on intitule, par exemple, Pertes ou gains latents sur placements disponibles à la vente (section 2.1, exemples 7 et 8). Le montant du poste augmente en cas de hausse de la juste valeur et diminue en cas de baisse de celle-ci. Par exemple, la société Hexagone investit dans des actions de la société Technologies IMB pour un montant de 40 000 $. Hexagone n'a pas fait cet investissement dans l'intention d'établir des relations d'affaires avec Technologies IMB, mais plutôt d'obtenir un rendement sur son investissement d'ici deux à trois ans. À la fin de l'exercice d'Hexagone, le 31 décembre 2009, la juste valeur de ce placement est de 44 000 $. À la date de fin d'exercice, le 31 décembre 2009, Hexagone devra augmenter son poste Placement disponible à la vente de l'actif non courant de 4 000 $ pour présenter son placement à sa « juste valeur » de 44 000 $. Elle devra en outre inscrire la plus-value de 4 000 $ dans le résultat global sous le poste Gain latent sur placement disponible à la vente après le calcul du résultat net. Par contre, si la juste valeur du placement avait été de 35 000 $ à la date de fin d'exercice, Hexagone aurait présenté son placement à 35 000 $ dans l'état de la situation financière et, dans le résultat global, le poste Perte latente sur placement disponible à la vente ferait état d'un montant de 5 000 $.

A.2 Les placements acquis pour établir une relation d'affaires

Les placements qui sont acquis dans l'intention d'établir une relation d'affaires ne sont pas considérés comme des placements disponibles à la vente. C'est pourquoi, lors de l'acquisition, il faut les comptabiliser au coût d'acquisition. Par la suite, en fonction du lien qui unit les entités, on doit choisir entre les diverses méthodes de comptabilisation reconnues par les normes internationales. La société peut acheter un tel placement en vue de détenir une participation dans l'une des entités suivantes :

- la filiale ;

- la coentreprise ;

- l'entreprise associée.

Examinons brièvement chacun de ces types de placements (par ailleurs détaillés dans l'annexe 2.1, p. 95).

- L'expression *investissement dans des filiales* signifie que ces entités sont contrôlées par une entreprise que l'on appelle société mère. Habituellement, la société mère doit acquérir plus de 50 % des actions avec droit de vote de l'entité pour que cette dernière soit considérée comme une filiale. Dans les états financiers de la société mère, les filiales sont incluses dans tous les postes des états financiers (que l'on qualifie alors de consolidés) et font partie intégrante du groupe d'entreprises sous le contrôle de la société mère, soit le groupe consolidé.

- Dans le cas d'un **placement dans des coentreprises**, le contrôle appartient à plusieurs coentrepreneurs, ce qui veut dire qu'aucune entreprise ne détient le contrôle de l'entité ainsi créée. Le contrôle est dit commun ou conjoint, et les états financiers des coentreprises sont inclus et consolidés proportionnellement à ceux des sociétés ayant investi dans la coentreprise. Ce type de placement peut aussi être inscrit dans les états financiers des sociétés qui le détiennent selon la méthode de la mise en équivalence (cette méthode est expliquée dans l'annexe 2.1).

- Le terme **participations dans des entreprises associées** (ou placement dans les sociétés satellites) indique que la société qui acquiert une autre entité détient un bloc important d'actions avec droit de vote (habituellement entre 20 % et 50 %), mais sans dépasser le seuil du 50 %, auquel cas le placement devient un investissement dans une filiale. On dit alors que la société acquéreuse exerce une influence notable sur la société associée. Dans ce cas, la société acquéreuse comptabilise le placement selon la méthode de la mise en équivalence (cette méthode est expliquée dans l'annexe 2.1, p. 95).

Précisons qu'une société en contrôle une autre lorsqu'elle a le pouvoir d'en diriger les politiques financières et opérationnelles afin d'obtenir des avantages de ses activités[4]. En d'autres mots, elle a le pouvoir de définir, de manière durable et sans le concours de tiers, les politiques stratégiques en matière d'exploitation, d'investissement et de financement. Elle a ainsi le droit et la capacité d'en retirer des avantages économiques futurs et assume les risques s'y rattachant.

Par ailleurs, une entreprise a une influence notable lorsqu'elle a le pouvoir de participer aux décisions de politiques financières et opérationnelles de l'entreprise détenue, sans toutefois exercer un contrôle ou un contrôle conjoint sur ces politiques[5]. Enfin, le contrôle est *commun ou conjoint*[6] lorsqu'il est partagé en vertu d'un accord contractuel. Il n'existe que lorsque les décisions stratégiques financières et opérationnelles correspondant à l'activité imposent le consentement unanime des parties partageant le contrôle (les coentrepreneurs).

---

4. Norme *IAS 3 : Regroupement d'entreprises.*
5. Norme *IAS 28 : Participations dans des entreprises associées.*
6. Norme *IAS 31 : Participation dans des coentreprises.*

A.3 Les placements dans des immeubles de placement

Un *immeuble de placement*[7] est un bien immobilier détenu par l'entreprise soit pour en retirer des loyers, soit pour valoriser le capital, soit pour ces deux raisons ; celle-ci ne l'utilise ni dans la production ou la fourniture de biens ou de services, ni à des fins administratives, ni pour le vendre dans le cadre de l'activité ordinaire.

Lors de son acquisition, ce type d'investissement est comptabilisé à son coût d'acquisition, qui représente alors sa juste valeur. Par la suite, l'entreprise doit choisir la méthode comptable par laquelle elle le mesurera : soit elle les comptabilisera à leur coût qu'elle amortira sur leur durée d'utilité (nous expliquerons la notion d'amortissement dans la section d'immobilisations corporelles), soit elle les évaluera à leur juste valeur, pour ainsi constater toute variation dans le compte de résultat comme composante du résultat net.

A.4 Les instruments financiers dérivés

Un instrument financier dérivé voit sa valeur fluctuer en fonction d'un référentiel, tel que le prix d'un titre, le prix d'une marchandise, un taux d'intérêt ou un taux de change. Il existe de nombreux instruments dérivés, dont les plus élémentaires sont les options, les contrats à terme et les swaps.

Une option consiste en un droit d'effectuer, sans être obligé à le faire, une opération comme l'achat ou la vente d'un bien, à un prix prédéterminé et avant une date donnée. Prenons l'exemple d'une entreprise qui utilise du blé comme matière première pour fabriquer des préparations à base de flocons de céréales. Compte tenu de l'instabilité du prix de ce produit indispensable, l'entreprise décide de prendre une option dite standardisée, à un coût négociable sur un marché organisé, en vue d'acheter un volume prédéterminé de blé à un prix établi à l'avance, disons 150 $, avant une date donnée. Si le prix du blé dépasse 150 $, c'est-à-dire le prix convenu, la société aura avantage à se prévaloir de l'entente ct à payer son blé 150 $ plutôt qu'un prix plus élevé. Par contre si le prix du blé est inférieur à 150 $, la société paiera son blé au prix courant, et l'option standardisée qu'elle avait prise ne lui rapportera aucun avantage.

Un contrat à terme boursier se distingue de l'option standardisée en ce que l'opération dont il fait l'objet est obligatoire. Ainsi, dans l'exemple précédent, la société serait obligée de payer 150 $, quelle que soit la valeur du marché du blé. Même si le prix du blé était de 140 $, la société devrait payer 150 $ puisque c'est le prix convenu dans le contrat d'achat boursier. Elle subirait donc une perte de 10 $.

---

7. Norme *IAS 40 : Immeubles de placement.*

Quant au swap, il s'agit d'une opération en vertu de laquelle deux parties conviennent d'échanger des flux monétaires selon des modalités prédéterminées. Par exemple, une société A, qui a une dette sur laquelle elle s'est engagée à payer un taux d'intérêt fixe de 8 %, pourrait vouloir échanger le paiement de cet intérêt avec une autre société B qui, elle, a une dette sur laquelle elle paie un intérêt correspondant au taux de base du Canada plus 1 %. Les deux sociétés demeurent responsables de leurs dettes respectives. Cependant, si le taux de base se situe à 6 %, la société A tirera un avantage du contrat de swap qu'elle a passé puisqu'elle paiera 7 % (6 % + 1 %) au lieu de 8 %. De son côté, la société B se trouvera désavantagée puisqu'elle devra payer 8 % plutôt que 7 %, comme le stipulait initialement son contrat d'emprunt.

La comptabilisation de tous les instruments dérivés doit se faire à leur juste valeur, sans tenir compte de leur nature et de leurs objectifs. La valeur à la cote d'un titre sur un marché actif constitue la juste valeur. Lorsque l'instrument financier ne se négocie pas sur un marché actif, on estime la juste valeur à partir de modèles financiers (qui peuvent devenir très complexes). Les variations de valeur paraissent alors au résultat net, s'apparentant ainsi aux placements détenus à des fins de transaction.

Soulignons que certains instruments dérivés sont parfois qualifiés d'instruments de couverture. Cette expression se rapporte aux entreprises qui achètent des instruments financiers dérivés pour réduire ou compenser les risques financiers auxquels elles sont exposées. Les instruments de couverture sont également présentés à leur juste valeur.

B. LES IMMOBILISATIONS CORPORELLES

Les immobilisations corporelles[8] se composent de tous les biens matériels qui ont une existence physique, qui ont fait l'objet d'un investissement et qui sont nécessaires à l'exploitation à long terme, c'est-à-dire qu'elles sont détenues par une entité soit pour être utilisées dans la production ou la fourniture de biens ou de services, soit à des fins administratives. Appelées aussi « biens corporels », ces immobilisations comprennent les éléments suivants :

■ les terrains et les bâtiments où sont situées les installations : bureaux, entrepôt, usine, stationnement, etc. ;

■ les véhicules motorisés (matériel roulant) ;

■ le mobilier, les machines et le matériel utilisés pour l'administration, la vente, la fabrication, etc. ;

■ le matériel informatique, tels les ordinateurs, les logiciels, les serveurs, etc. ;

8. Norme *IAS 16 : Immobilisations corporelles*.

- les outils employés pour l'entretien et la réparation des immobilisations ou pour leur fabrication ;

- les aménagements ou « améliorations locatives » effectués par l'entreprise dans le but d'améliorer des locaux situés dans un bâtiment dont elle n'est pas propriétaire, et qui demeureront en place à la fin du bail ;

- les biens loués en vertu de contrats de location-financement (voir l'annexe 2.1, sous-section A.1.1, p. 97) ;

- les biens sujets à épuisement que sont les ressources naturelles (forêts, gisements miniers ou pétrolifères, etc.).

Il est impossible d'établir une liste exhaustive des immobilisations puisque le type d'immobilisations que possède une entreprise dépend de la nature de ses activités. Il importe de comprendre que le bien est classé en fonction de son utilisation par l'entreprise. Par exemple, un ordinateur fera partie des stocks de marchandises dans une entreprise dont l'objectif commercial est de vendre du matériel informatique, alors qu'il sera considéré comme une immobilisation s'il sert à la saisie de données administratives dans une entreprise qui vend des vêtements pour dames.

Lors de leur acquisition, les immobilisations sont comptabilisées dans l'état de la situation financière, au coût d'acquisition, par grandes catégories. Ce coût comprend le coût d'achat et tous les frais engagés jusqu'à l'utilisation initiale. Lorsque l'entreprise doit engager des frais de décontamination ou de restauration des lieux à la fin de la durée d'utilité d'une immobilisation, elle doit ajouter ces frais au coût initial de l'immobilisation. Quant aux biens immobilisés à durée de vie finie (ce qui est le cas de tous les biens énumérés précédemment, à l'exception des terrains, dont la durée de vie est illimitée lorsque le sol du terrain n'est pas exploité), il faut répartir le coût de chacun d'eux dans l'état de la situation financière des exercices au cours desquels ils servent à générer des produits. Cette répartition comptable du coût d'un actif dans le temps est appelée « amortissement ». L'amortissement des immobilisations découle de la règle comptable du rattachement des charges aux produits, qui stipule qu'il faut comptabiliser toutes les charges ayant permis de générer des produits.

L'amortissement et le cumul des amortissements (amortissement cumulé)
Les modes d'amortissement des immobilisations corporelles sont :

- le mode linéaire ;

- le mode dégressif à taux constant ;

- le mode des unités de production.

Le mode choisi doit refléter la façon dont l'entreprise utilise l'actif pour générer des produits. Le montant amortissable d'un actif corporel est déterminé après déduction de la valeur résiduelle, qui représente le montant estimé qu'une entité obtiendrait actuellement de la sortie de l'actif, après déduction des coûts de sortie estimés, si l'actif avait déjà l'âge et se trouvait déjà dans l'état prévu à la fin de sa durée d'utilité. Dans la pratique, la valeur résiduelle d'un actif est souvent négligeable et donc non significative dans le calcul du montant amortissable[9]. Lorsqu'une entreprise choisit un mode d'amortissement pour une catégorie d'actifs, elle ne peut le changer tant que les circonstances entourant l'utilisation de ceux-ci demeurent les mêmes.

Il importe de noter que le choix du mode d'amortissement influe sur la détermination du résultat net. En effet, pour un actif de même nature, acquis au même coût et au même moment, deux entreprises peuvent choisir des modes ou des périodes d'amortissement différents et, conséquemment, inscrire une charge différente dans le compte de résultat.

L'amortissement représente la charge annuelle à inscrire dans le compte de résultat pour refléter la portion du coût de l'actif utilisé pendant l'exercice pour générer des produits.

Le cumul des amortissements est présenté dans l'état de la situation financière en diminution du poste d'actif correspondant. Souvent toutefois, le solde de chaque catégorie d'immobilisations est présenté sous la forme d'un montant net (soit le coût moins l'amortissement cumulé).

Prenons un exemple simple pour illustrer le principe de l'amortissement, d'abord selon le mode linéaire.

EXEMPLE 20 : Charge d'amortissement selon le mode linéaire

Le 1er janvier 2009, Carrousel inc. a acheté un camion au coût de 60 000 $ pour le transport de ses marchandises. Le directeur estime qu'il sera utilisé pendant les quatre prochaines années, et qu'à l'issue de cette période sa valeur résiduelle sera de 4 000 $.

À la fin de l'exercice, le 31 décembre 2009, le calcul de l'amortissement selon le mode linéaire consiste à répartir le coût uniformément dans le temps en tenant compte de la valeur résiduelle, qui ne doit pas être amortie. Le calcul est le suivant :

$$\text{Charge d'amortissement annuelle} = \frac{\text{Coût} - \text{Valeur résiduelle}}{\text{Durée d'utilité}} = \frac{60\ 000\ \$ - 4\ 000\ \$}{4\ \text{ans}} = 14\ 000\ \$$$

• • • ▶

9. Norme *IAS 16.53 : Immobilisations corporelles.*

• • • ▶

Présentation dans l'état de la situation financière

Au 31 décembre 2009, la valeur comptable du camion sera inscrite dans la catégorie Matériel roulant de l'état de la situation financière et présentée comme suit :

Matériel roulant	60 000 $
Moins : Amortissement cumulé	(14 000)
Valeur comptable	46 000 $

Dans le compte de résultat, on inscrira au poste Amortissement : Matériel roulant une charge de 14 000 $.

Le calcul de l'amortissement s'effectue en tenant compte des mois d'utilisation de l'actif au cours d'un exercice donné. Par exemple, si le camion de la société Carrousel avait été acheté le 1er octobre 2009, le calcul de l'amortissement aurait été le suivant :

$$\frac{(60\ 000\ \$ - 4\ 000\ \$)}{4\ \text{ans}} = 14\ 000\ \$ \times \frac{3\ \text{mois}}{12\ \text{mois}} = 3\ 500\ \$$$

Voyons maintenant comment Carrousel présentera le matériel roulant dans son état de la situation financière de la fin du deuxième exercice pendant lequel le camion a été utilisé.

EXEMPLE 20 (suite) : Charge d'amortissement selon le mode linéaire (2e exemple)

Présentation dans l'état de la situation financière

Au 31 décembre 2010, c'est-à-dire à la fin du deuxième exercice, le cumul de l'amortissement sera de 28 000 $ (14 000 $ × 2 ans). La valeur comptable du camion sera classée dans la catégorie Matériel roulant de l'état de la situation financière et présentée comme suit :

Matériel roulant	60 000 $
Moins : Amortissement cumulé	(28 000)
Valeur comptable	32 000 $

Présentation dans le compte de résultat

Dans le compte de résultat, on inscrira une charge de 14 000 $ au poste Amortissement.

L'état de la situation financière reflète le coût non amorti après le deuxième exercice, alors que le montant de l'amortissement figurant dans le compte du résultat est le même d'un exercice à l'autre, le coût de l'actif étant ici réparti linéairement dans le temps.

Illustrons maintenant le principe de l'amortissement selon le mode dégressif à taux constant.

EXEMPLE 21 : Charge d'amortissement selon le mode dégressif à taux constant

Karufel inc. achète un camion au coût de 60 000 $ le 1er janvier 2009. La direction estime que la valeur résiduelle du camion sera nulle à la fin de la durée d'utilité du camion. La société choisit l'amortissement dégressif à taux constant de 30 %. Au 31 décembre 2009, le calcul est le suivant :

$$\begin{array}{l} \text{Charge} \\ \text{d'amortissement} \\ \text{annuel} \end{array} = \begin{array}{l} \text{Valeur comptable} \\ \text{au début d'exercice} \\ \text{(ou coût non amorti)} \end{array} \times \text{Taux constant} = 60\ 000\ \$ \times 30\ \% = 18\ 000\ \$$$

Au 31 décembre 2010, le calcul de la charge d'amortissement pour la deuxième année sera le suivant :

$$(60\ 000\ \$ - 18\ 000\ \$) \times 30\ \% = 12\ 600\ \$$$

Le **tableau 2-6** montre bien que le mode de l'amortissement dégressif à taux constant implique que le potentiel d'utilisation de l'actif immobilisé est plus élevé au cours de ses premières années et, par conséquent, que la dotation à l'amortissement diminue avec le temps.

EXEMPLE 22 : Charge d'amortissement selon le mode des unités de production ou d'utilisation

Selon le mode des unités de production ou d'utilisation, Karufel aurait amorti le camion selon le kilométrage estimé. Ainsi, si elle estime que le camion parcourra un total de 300 000 kilomètres, elle amortira chaque année en fonction de la distance qu'il a réellement parcourue. Si, à la fin de la première année, le camion a roulé 50 000 kilomètres et, la deuxième année, 60 000 km, la charge d'amortissement sera de 10 000 $ (60 000 $ × 50 000/300 000) pour la première année et 12 000 $ la deuxième (60 000 $ × 60 000/300 000).

TABLEAU 2-6 • Comparaison de l'amortissement selon les différents modes

Entreprises	Coût de l'actif	Mode d'amortissement	Exercice 1 Charge d'amortissement dans le compte de résultat net	Exercice 2 Charge d'amortissement dans le compte de résultat net
Carrousel	60 000 $	Linéaire	14 000 $	14 000 $
Karufel (1)	60 000 $	Dégressif à taux constant	18 000 $	12 600 $
Karufel (2)	60 000 $	Unité de production	10 000 $	12 000 $

Le choix d'un mode d'amortissement revient à l'entité en fonction de la nature de l'actif et son utilisation.

L'approche par composantes

Les normes internationales exigent que l'entreprise amortisse ses actifs corporels selon l'approche par composantes. Ainsi, lorsqu'une entreprise acquiert une immobilisation dont les composantes importantes ont des durées d'utilité différentes, elle doit scinder le coût d'acquisition de l'immobilisation pour tenir compte de chacune d'elles, et les amortir selon le mode qui représente le mieux leurs durées d'utilité respectives. On peut donc penser qu'une entreprise qui achète un avion commercial devra amortir la carlingue, les moteurs et les équipements selon des taux ou des modes différents.

Les dépenses en capital et les dépenses d'exploitation

Les entreprises renouvellent constamment leur parc d'immobilisations afin de maintenir constante leur cadence de production. Pour les entreprises en expansion, il est courant de constater une augmentation du coût des actifs immobilisés d'un exercice à l'autre. Au moment de l'acquisition de nouveaux actifs ou de la réparation des immobilisations en place, le gestionnaire doit exercer son jugement pour savoir si les acquisitions sont capitalisables, c'est-à-dire s'il s'agit de *dépenses en capital* (aussi appelées *dépenses en immobilisations*) ou de dépenses d'exploitation.

Une dépense en capital est une dépense portée en augmentation de l'actif visé, puisqu'elle vient augmenter la durée d'utilité de l'actif ou sa productivité. Une fois portée en augmentation de l'actif, on l'appelle *dépense capitalisée* ou encore *dépense immobilisée*, et elle sert à générer des produits au cours de plusieurs exercices. Elle influe sur la base du calcul de l'amortissement.

Une dépense d'exploitation liée aux immobilisations n'augmente en rien la durée d'utilité d'un actif; elle vise plutôt à réparer ce dernier ou à le rendre conforme à des normes. En ce sens, la dépense d'exploitation est traitée comme toutes les charges d'exploitation et est entièrement imputée au résultat net.

Les gestionnaires doivent exercer leur jugement pour choisir entre une dépense en capital et une dépense d'exploitation. Le gestionnaire désireux d'afficher un bénéfice élevé à court terme sera fortement tenté de capitaliser ses dépenses en immobilisations puisque la charge d'amortissement sera répartie dans le temps. Il est du devoir des gestionnaires et des auditeurs de s'assurer que la substance de ces opérations soit respectée. Ainsi, dans certaines sociétés, on adopte des règles internes qui précisent les critères à remplir pour capitaliser une dépense en immobilisations.

Évaluation ultérieure

Comme nous venons de l'expliquer, une entreprise comptabilise initialement toutes ses immobilisations corporelles à leur coût. Par la suite, elle doit déterminer la méthode de comptabilisation qu'elle retiendra pour chaque catégorie d'immobilisations. Les normes internationales permettent deux modèles d'évaluation : le modèle du coût et le modèle de la réévaluation (évaluation à la juste valeur). Pour chaque catégorie d'immobilisations, l'entreprise doit faire un choix entre ces deux modèles et s'y tenir, à moins que les circonstances ne justifient un changement.

Le modèle du coût

Selon ce modèle, l'entreprise comptabilise l'immobilisation à son coût d'acquisition, qu'elle amortit par la suite. Le montant présenté dans l'état de la situation financière est le coût non amorti.

Le modèle de la réévaluation

Selon le modèle de la réévaluation, une immobilisation corporelle dont la juste valeur peut être évaluée de manière fiable doit être évaluée à son montant réévalué, à savoir sa juste valeur à la date de la réévaluation.

Évidemment, la nouvelle valeur doit être justifiée et basée sur la valeur de réalisation telle que déterminée par des experts indépendants ou à partir de valeurs de remplacement, si elles existent.

La réévaluation doit être appliquée à l'ensemble des biens d'une même catégorie, et non à une immobilisation prise isolément. De plus, cette réévaluation doit être pratiquée sur une base périodique, en fonction de l'importance des fluctuations de valeur, afin que le montant présenté dans l'état de la situation financière ne s'éloigne pas de manière importante de la juste valeur desdites immobilisations. L'actif réévalué fait l'objet d'un amortissement dans sa totalité.

Cette charge d'amortissement est par conséquent plus élevée, diminuant ainsi le résultat net. Par ailleurs, l'augmentation de la valeur de l'actif a sa contrepartie dans les capitaux propres et est présentée séparément.

C. **LES IMMOBILISATIONS INCORPORELLES ET LE GOODWILL**

Une immobilisation incorporelle se définit comme un bien identifiable qui n'a pas de substance physique, qui est nécessaire au bon fonctionnement de l'entreprise et qui procure à cette dernière des avantages échelonnés dans le temps. Le goodwill est un autre élément incorporel créé lorsqu'une entreprise en acquiert une autre. Le goodwill inscrit dans les registres de l'acquéreur représente l'excédent du coût de l'entreprise acquise sur le montant net des valeurs attribuées à l'actif acquis et au passif pris en charge. Certaines immobilisations incorporelles ont une durée d'utilité finie, tandis que d'autres semblent avoir une durée d'utilité indéterminée. Des règles comptables différentes s'appliquent, selon que la durée d'utilité est finie ou indéterminée. Cependant, tout comme pour ses immobilisations corporelles, une entreprise doit déterminer une méthode de comptabilisation pour chaque catégorie d'immobilisations incorporelles, soit le modèle du coût ou celui de la réévaluation. Pour être en mesure de choisir le modèle de la réévaluation, la juste valeur doit être déterminée par référence à un marché actif, et ce modèle doit être appliqué à toute la catégorie d'immobilisations incorporelles. Cela risque de faire en sorte qu'en réalité la grande majorité des immobilisations incorporelles ne soient comptabilisées que selon le modèle du coût.

Les immobilisations incorporelles à durée d'utilité finie

Les immobilisations incorporelles à durée de vie finie comprennent notamment les brevets d'invention, certains droits d'auteur, les marques de commerce, certaines franchises, les dessins industriels, les listes de clients. Ce type d'actifs doit être amorti. Il faut donc en répartir le coût d'acquisition ou le montant réévalué sur leur durée d'utilité pour générer des produits de la même manière que s'il s'agissait d'une immobilisation corporelle. La valeur résiduelle d'une immobilisation incorporelle est généralement nulle puisqu'il est difficile d'en estimer le prix de cession. Pour pouvoir attribuer une valeur résiduelle à une immobilisation incorporelle, il faut que cette dernière soit utile à une autre entreprise et qu'un tiers se soit engagé à l'acquérir, ou encore qu'il existe un marché pour l'immobilisation incorporelle en question. Étant donné la grande part d'incertitude inhérente aux avantages futurs qu'on peut retirer d'un actif incorporel, il est nécessaire d'en réexaminer annuellement le mode d'amortissement et l'estimation de la durée d'utilité. Comme dans le cas des immobilisations corporelles, le coût des immobilisations incorporelles, déduction faite de l'amortissement cumulé, se trouve dans l'état de la situation financière.

Les immobilisations incorporelles à durée d'utilité indéterminée

La durée d'utilité d'une immobilisation incorporelle est considérée comme indéterminée lorsqu'il n'existe aucun facteur de nature juridique, réglementaire, contractuelle, concurrentielle, économique ou autre susceptible de la réduire. Toutefois, cela ne signifie pas pour autant que cette durée d'utilité est « infinie ». Parmi les immobilisations incorporelles à durée d'utilité indéterminée, on peut mentionner certains types de marques de commerce, de licences de radio-diffusion, de franchises, de droits d'exploitation de corridors aériens, de droits d'auteur, etc.

Une entreprise ne peut amortir le coût d'acquisition d'une immobilisation incorporelle dont la durée d'utilité semble indéterminée tant et aussi longtemps que sa durée d'utilité n'est pas considérée comme finie. L'entreprise doit réévaluer annuellement la durée d'utilité estimative de l'immobilisation incorporelle et faire un test de dépréciation visant à en constater la baisse de valeur, le cas échéant (voir la sous-section D ci-dessous).

Le goodwill est une immobilisation incorporelle non identifiable, c'est-à-dire qui ne peut être ni achetée ni vendue séparément de l'entreprise. Cet actif incorporel représente l'excédent du prix payé pour acquérir une entreprise sur la juste valeur des éléments identifiables composant l'actif net de celle-ci à la date d'acquisition. Il désigne donc une valeur abstraite qui fait partie des actifs incorporels. Le goodwill ne doit pas être amorti. Par contre, il doit faire l'objet d'un test de dépréciation, et sa perte de valeur, le cas échéant, doit être comptabilisée dans l'exercice où elle est constatée.

D. LA DÉPRÉCIATION D'ACTIFS À LONG TERME

La notion d'amortissement d'un actif immobilisé sert à refléter l'utilisation de l'actif pour générer des produits. Trop souvent, la notion d'amortissement est confondue avec celle de perte de valeur. Dans les faits, il peut arriver que le lien entre l'utilisation d'un actif et la charge d'amortissement figurant au compte de résultat soit imparfait. C'est pourquoi il importe de se questionner régulièrement sur le solde non amorti des actifs non courants. Il faut s'assurer que les montants présentés dans l'état de la situation financière pour chacun des postes d'actifs non courants ne soient pas supérieurs aux avantages futurs que ces actifs peuvent procurer.

Il faut donc veiller à ce que les actifs immobilisés de l'état de la situation financière soient comptabilisés au moindre de leur valeur comptable (coût amorti ou montant réévalué amorti) et de leur valeur recouvrable.

Au moins une fois par année, à la date de reporting, une entité doit apprécier, à partir d'informations provenant de sources tant internes (prévisions de rentrées de fonds, obsolescence, etc.) qu'externes (effondrement de marché, etc.), s'il existe quelque indice montrant qu'un de ses actifs s'est déprécié.

Les immobilisations corporelles et les immobilisations incorporelles à durée de vie finie doivent être soumises à un test de dépréciation lorsqu'un événement ou un changement de situation (par exemple une variation de la valeur marchande de l'actif) indiquent que l'entité pourrait ne pas être en mesure d'en recouvrer la valeur comptable.

Pour les immobilisations incorporelles à durée de vie indéterminée et le goodwill, le test doit être effectué au moins une fois par année, ou plus fréquemment si un événement ou un changement de situation amène l'entreprise à penser qu'elle ne serait pas en mesure d'en recouvrer la valeur comptable.

Lors de ce test, il faut déterminer la valeur recouvrable de l'immobilisation corporelle ou incorporelle et la comparer avec sa valeur comptable. Si cette dernière excède la valeur recouvrable, la réduction doit être constatée au compte de résultat de l'exercice en cours.

Par exemple, si, par suite d'une évolution des conditions économiques, une entreprise devait réduire considérablement sa production, il est probable que la valeur comptable de son usine ne soit pas recouvrable. La perte de valeur à constater au compte de résultat représente l'excédent de la valeur comptable de l'actif non courant sur sa valeur recouvrable[10].

Lorsqu'on réduit la valeur d'un actif immobilisé, la valeur comptable ajustée qui en résulte devient la nouvelle valeur de base de l'actif en question. La nouvelle valeur de base doit ensuite être amortie de manière logique et systématique. Il est fréquent que la réduction de valeur nécessite une révision de la durée d'utilité estimative ou du mode d'amortissement. Toutefois, ces révisions ne s'appliquent qu'une fois la réduction de valeur comptabilisée.

Lorsqu'une réduction de valeur est constatée durant l'exercice, l'information apparaîtra par voie de note complémentaire aux états financiers ; on y indiquera quel actif a fait l'objet d'une dépréciation ainsi que les faits et les circonstances qui l'expliquent.

Par ailleurs, il est possible de réduire la dépréciation d'une immobilisation prise antérieurement ou de l'annuler. Ainsi, un terrain dont le coût était de 300 000 $ et qui a été déprécié à 100 000 $ (une charge de 200 000 $ dans le compte de résultat) pourrait, dans un exercice ultérieur, retrouver jusqu'à

---

10. La valeur recouvrable est définie comme le plus élevée de la juste valeur de l'immobilisation de laquelle on a déduit les coûts de vente et de sa valeur d'utilité, cette dernière représentant la valeur actuelle des flux de trésorerie attendus de l'actif (les flux de trésorerie estimés dans l'avenir exprimés en dollars d'aujourd'hui).

sa valeur initiale de 300 000 $ (produit dans le compte de résultat), mais sans jamais dépasser ce coût initial.

Le **tableau 2-7** résume les règles à suivre à l'égard des immobilisations corporelles, des immobilisations incorporelles et du goodwill.

TABLEAU 2-7 • La dépréciation des immobilisations corporelles et incorporelles et du goodwill

Catégorie d'actifs	Charge d'amortissement	Test de dépréciation
Immobilisations corporelles	**Oui**	**Oui**, s'il existe un indice que l'actif s'est probablement déprécié.
Immobilisations incorporelles ■ à durée d'utilité finie	**Oui**	**Oui**, s'il existe un indice, que l'actif s'est probablement déprécié.
■ à durée d'utilité indéterminée	**Non**	**Oui**, s'il existe un indice, que l'actif s'est probablement déprécié, et au moins une fois, annuellement
Goodwill	**Non**	**Oui**, s'il existe un indice, que l'actif s'est probablement déprécié, et au moins une fois, annuellement

2.2.4 Le passif courant

Cette rubrique comprend principalement les postes suivants : Découverts bancaires, Emprunts bancaires, Fournisseurs et charges à payer, Effets à payer, Intérêts à payer, Dividendes à payer, Impôts sur les bénéfices à payer, Produits reportés, Provisions et Tranche de la dette à long terme échéant à moins d'un an.

A. LES DÉCOUVERTS BANCAIRES

Un découvert bancaire se produit lorsque le solde net des comptes de banque courants est déficitaire.

B. LES EMPRUNTS BANCAIRES

Les sommes empruntées à la banque pour une période relativement courte sont présentées sous le poste Emprunts bancaires. Les emprunts et les découverts bancaires peuvent être regroupés sous le poste Dette bancaire dans l'état de la situation financière, car ils sont de même nature.

Pour plusieurs entreprises, les emprunts bancaires courants représentent la marge de crédit utilisée à la date de fin d'exercice. Lorsqu'une entreprise donne des biens en garantie de ses emprunts bancaires courants ou de sa marge de crédit, sa dette fait l'objet d'un poste distinct, et la valeur comptable de l'actif donné en garantie est précisé par voie de note complémentaire dans les états financiers. Dans le cas de la marge de crédit, les stocks et les comptes clients sont généralement donnés en garantie. De plus, certaines institutions financières imposent des clauses restrictives aux termes de conventions de crédit.

C. LES FOURNISSEURS ET CHARGES À PAYER

Le poste Fournisseurs et charges à payer comprend les sommes exigibles en échange de biens ou de services reçus, et encore impayées à la date de fin d'exercice. On classe sous le poste Fournisseurs ou Créditeurs les sommes à payer sur les achats de biens destinés à la vente.

Les charges à payer représentent l'ensemble des obligations qu'une entreprise contracte au fil du temps ou au fur et à mesure qu'elle reçoit un service. L'obligation n'est pas légalement exigible à la date de fin d'exercice, mais elle constitue un passif comptabilisé à ce moment, même si aucune facturation n'a eu lieu. À la date de l'état de la situation financière, on doit constater cette dette en comptabilisant la valeur nominale du montant à payer.

Par exemple, il est très rare que la dernière période de paie corresponde avec la fin de l'exercice. En pareil cas, les salaires gagnés par les employés de l'entreprise avant cette date sont souvent enregistrés, à des fins de simplification lors du versement de la paye, c'est-à-dire au cours de l'exercice suivant. Par contre, ces salaires représentent une charge engagée par l'entreprise dans l'exercice où les employés ont effectivement travaillé. À la fin de l'exercice, il faut donc ajuster les registres comptables pour augmenter la charge relative aux salaires gagnés par les employés pendant l'exercice, mais que l'entité n'a pas déboursés, ainsi que le poste du passif Salaires à payer correspondant à cette portion non déboursée. Voyons un exemple.

EXEMPLE 23 : Salaires à payer à la fin de l'exercice

La société Experts affiche un solde de 65 450 $ au poste Salaires et charges sociales en date du 31 décembre 2009. Par ailleurs, les salaires des deux dernières semaines de l'exercice, d'un montant total de 2 600 $, ne seront payés qu'au début de l'exercice 2010, bien qu'ils constituent une charge engagée en 2009. Il faut donc, à la fin de l'exercice, ajuster le solde du poste Salaires et charges sociales pour que ce dernier reflète la charge totale de l'exercice, soit 68 050 $ (65 450 $ + 2 600 $).

L'identité fondamentale se présentera comme suit :

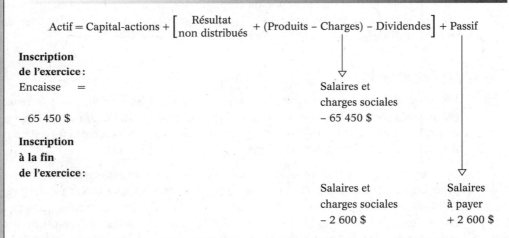

$$\text{Actif} = \text{Capital-actions} + \left[\begin{array}{l} \text{Résultat} \\ \text{non distribués} \end{array} + (\text{Produits} - \text{Charges}) - \text{Dividendes} \right] + \text{Passif}$$

Inscription de l'exercice :

Encaisse =

– 65 450 $

Salaires et charges sociales – 65 450 $

Inscription à la fin de l'exercice :

Salaires et charges sociales – 2 600 $

Salaires à payer + 2 600 $

Notons que le montant des salaires et des charges sociales est négatif, parce qu'il fait diminuer les capitaux propres.

D. LES EFFETS À PAYER

Les effets à payer représentent des billets à ordre, signés par l'entreprise, sur lesquels sont précisés la somme exigible, la date d'échéance, le taux d'intérêt et le nom du bénéficiaire. L'effet à payer peut résulter de l'achat de marchandises à crédit ou de sommes empruntées par l'entreprise. Lorsque la durée jusqu'à échéance spécifiée est inférieure à douze mois, le poste Effets à payer est classé dans le passif courant. Si l'échéance dépasse les douze prochains mois, le poste Effets à payer sera inscrit dans le passif non courant.

E. LES INTÉRÊTS À PAYER

Les intérêts à payer sont les intérêts non encore exigibles qui n'ont pas été acquittés à la date de fin d'exercice. Par contre, comme la charge est engagée au cours de l'exercice qui vient de se terminer, il faut ajuster les états financiers à cette date pour augmenter cette charge et le passif correspondant, selon la même logique que l'exemple précédent portant sur les salaires à payer. Dans les états financiers, les intérêts à payer sont normalement inclus dans le poste Créditeurs et charges à payer.

F. LES DIVIDENDES À PAYER

Les dividendes à payer représentent les dividendes déclarés à la fin de l'exercice, mais n'ayant pas encore été versés aux actionnaires à cette date. D'un point de vue juridique, dès que les dividendes sont déclarés, ils deviennent une dette réelle pour l'entreprise, qui ne peut se soustraire à cet engagement. Le passif doit donc être enregistré à la date de déclaration et non à la date de versement.

G. LES IMPÔTS SUR LES BÉNÉFICES À PAYER

Le poste Impôts sur les bénéfices à payer représente les sommes à payer au titre de l'impôt sur le revenu impayé à la date de l'état de la situation financière.

H. LES PRODUITS REPORTÉS

Le poste Produits reportés renferme les produits perçus avant que la prestation ne soit rendue. Par exemple, lorsqu'une entreprise vend des abonnements d'une durée de douze mois, il arrive qu'à la fin de l'exercice certains abonnements payés en entier par les clients s'échelonnent au-delà de la période de reporting. Il faut donc inscrire les sommes qui se rapportent au prochain exercice sous le poste Produits reportés (ou Produits comptabilisés d'avance au passif), car elles correspondent à des rentrées de fonds reçues en échange d'un bien qui n'était pas encore livré ou d'un service qui n'était pas encore rendu à la date de l'état de la situation financière. Les produits reportés peuvent être inscrits au passif courant si la livraison du bien ou la prestation du service a lieu au cours du prochain exercice, ou dans le passif non courant si le délai de livraison ou de prestation dépasse les douze prochains mois.

I. LES PROVISIONS

Lors de la préparation de leurs états financiers, les entreprises sont appelées à faire certaines estimations pour pouvoir présenter l'ensemble des ressources consommées pour générer les produits. Nous avons déjà donné comme exemple l'estimation comptable des créances douteuses, la durée d'utilité des immobilisations et la valeur résiduelle des immobilisations. Dans l'état de la situation financière, les provisions qu'on retrouve au passif courant résultent d'estimations comptables effectuées suivant la même logique que l'estimation des créances douteuses. Souvent, ces provisions sont constituées en prévision d'une dette future dont on ignore le montant exact.

Une provision est donc une dette dont l'échéance ou le montant est incertain. Il s'agit d'une situation qui entraînera probablement un déboursé dans l'avenir. Une entreprise doit donc comptabiliser un passif, appelé « provision pour risques et charges », dans les circonstances suivantes :

■ Si, à la date de fin d'exercice, elle a une *obligation juridique* ou *implicite* résultant d'un fait passé ;

■ S'il est *probable* qu'elle doive se départir de ressources, principalement de l'argent, pour régler cette obligation ;

■ Si elle peut estimer le *montant* de manière fiable.

Par exemple, lorsqu'une entreprise vend un bien assorti d'une garantie, elle sait qu'elle risque de devoir effectuer des réparations pour honorer cette dernière, sans toutefois connaître avec certitude le montant qu'elle devra engager à cette fin. Pour permettre le rattachement des charges correspondantes aux produits, les frais reliés à la garantie doivent être constatés comme charge au cours de l'exercice durant lequel le bien a été vendu. Lorsqu'elle prépare ses états financiers, l'entreprise doit estimer ces frais en fonction de son expérience passée. Ceux-ci augmentent la charge dans le compte de résultat et, en contrepartie, il faut augmenter la provision pour risques et charges au passif courant[11]. Par contre, lorsqu'on estime que les frais à engager seront minimes ou qu'il est impossible d'en faire une estimation raisonnable, aucune provision n'est constituée, et les frais sont passés en charges à mesure qu'ils sont engagés.

Par ailleurs, si l'obligation ne répond pas aux trois conditions mentionnées ci-dessus, le passif est considéré comme un passif éventuel. Contrairement à une provision, un passif éventuel est un événement non comptabilisé, c'est-à-dire qu'il est divulgué uniquement par le biais d'une note aux états financiers. Les normes internationales précisent qu'un passif éventuel est principalement une obligation résultant d'événements passés, mais ne donnant pas lieu à la constitution d'un passif pour les raisons suivantes :

---

11. Ainsi, lorsque des frais seront déboursés pour effectuer des réparations, on réduira la provision.

■ Soit parce que l'entreprise juge improbable d'avoir à se départir de ressources, c'est-à-dire qu'il y a selon elle moins de 50% des risques que l'événement donnant lieu au passif ait lieu ;

■ Soit, dans de rares cas, parce que l'entreprise n'est pas en mesure d'estimer le montant de la provision avec suffisamment de fiabilité.

J. LA PARTIE COURANTE DE LA DETTE

Une entreprise contracte généralement des dettes remboursables à long terme, soit après la fin du prochain exercice. Certaines de ces dettes sont remboursables par versements périodiques. Comme le passif courant doit comprendre toutes les dettes remboursables au cours du prochain exercice (habituellement les douze prochains mois), la partie de capital de la dette qui sera remboursée d'ici un an doit y être présentée.

2.2.5 Le passif non courant

Les éléments de passif non courant sont classés selon leur nature et leur date d'échéance. Parmi les postes figurant sous cette rubrique, citons les emprunts hypothécaires, les emprunts obligataires, les obligations découlant de contrats de location-financement et les impôts différés.

A. LES EMPRUNTS HYPOTHÉCAIRES

Un emprunt hypothécaire est un emprunt en échange duquel l'emprunteur consent une hypothèque en garantie de ses biens fonciers (terrains ou immeubles). D'un point de vue juridique, il s'agit d'une hypothèque immobilière. L'hypothèque constitue pour le prêteur une garantie qu'il sera payé, même s'il devait l'être au prix d'une vente forcée des biens hypothéqués, si l'emprunteur ne remplit pas ses obligations.

Dans les états financiers de l'emprunteur (ou *débiteur*), la dette est présentée sous le poste Emprunt hypothécaire. Pour sa part, le prêteur (ou *créancier hypothécaire*) enregistre sa créance dans l'actif non courant, sous le poste Prêt hypothécaire, comme placement détenu jusqu'à échéance.

De nombreux prêts sont consentis en échange de garanties autres que des biens fonciers. Il s'agit d'hypothèques mobilières. Ces garanties portent généralement sur des biens matériels (mobilier, machines, matériel de bureau) ou sur des titres détenus par l'emprunteur (placements non courants).

B. LES EMPRUNTS OBLIGATAIRES

Le poste Emprunts obligataires inclut les titres d'emprunt émis par l'entreprise. L'entente contractuelle, appelée « acte de fiducie », prévoit le remboursement par l'entreprise, à une date déterminée, de la somme empruntée, et l'obligation de verser périodiquement jusqu'à cette date les intérêts, à taux fixe ou variable, aux détenteurs des titres, appelés « créanciers obligataires ». Afin de protéger ces créanciers, un fiduciaire est chargé de veiller au respect des modalités de l'acte de fiducie par l'entreprise.

Les obligations garanties sont celles dont le paiement du capital est garanti par des biens de l'emprunteur (les obligations hypothécaires en sont un exemple). Les obligations non garanties sont souvent appelées « débentures ».

C. LES OBLIGATIONS DÉCOULANT DE CONTRATS DE LOCATION-FINANCEMENT

Certaines entreprises préfèrent louer leurs immobilisations plutôt que de les acheter, compte tenu notamment des avantages fiscaux que procure la location et du risque de désuétude inhérent à l'acquisition de biens. Cependant, certains baux à long terme sont conçus de façon telle que, d'un point de vue économique, il s'agit d'achats à crédit revêtant la forme de contrats de location. Ainsi, on peut considérer que la location d'un télécopieur d'une valeur de 1 000 $ avec un bail de trois ans, à raison de 40 $ par mois, et assorti d'une option d'achat au prix de 1 $ à l'échéance, équivaut à un achat à crédit étalé sur trois ans à raison de 40 $ par mois.

On présente donc sous le poste Obligation liée à une location-financement la dette à long terme (non courante) économique (et non légale) que le locataire contracte lorsqu'il loue une immobilisation aux termes d'un bail assimilable à un achat à crédit. Cette dette fait l'objet des mêmes traitements comptables que les autres dettes non courantes. Le traitement comptable des contrats de location-financement est expliqué de façon plus approfondie dans la section A.1 de l'annexe 2-1.

D. LES IMPÔTS SUR LES BÉNÉFICES ET LES IMPÔTS DIFFÉRÉS

À l'origine, on calculait l'impôt des sociétés par actions en multipliant le résultat net par un taux d'imposition prescrit par la loi. Cependant, les règles comptables et les règles fiscales diffèrent à maints égards, car les normes à suivre pour calculer le résultat net (comptable) ont été établies pour faciliter la compréhension des états financiers par les utilisateurs, tandis que les méthodes fiscales l'ont été par les gouvernements pour redistribuer les ressources économiques. Le résultat net (comptable) d'une entreprise est donc généralement différent de son revenu imposable.

Puisque les états financiers rendent compte des impôts sur les résultats attribuables au résultat comptable réalisé pour un exercice donné, il s'ensuit que la charge d'impôts présentée dans le résultat net est calculée en fonction de la tranche du résultat comptable qui sera imposée un jour ou l'autre. Par conséquent, cette charge ne correspondra pas nécessairement à l'impôt exigible par le fisc pour le même exercice. L'écart entre les deux constitue les « impôts différés ».

Les impôts différés peuvent être présentés dans l'actif ou dans le passif, selon que l'écart se soldera en une somme à recevoir (actif d'impôts différés) ou en une somme à payer (passif d'impôts différés). Le traitement comptable de l'impôt et des impôts différés est détaillé dans la section A.2 de l'annexe 2-1.

2.3 LES COMPOSANTES DES CAPITAUX PROPRES

Les capitaux propres représentent le montant résiduel qui reviendrait aux actionnaires si l'entreprise vendait ses actifs (à leur valeur inscrite dans les états financiers) et remboursait ses dettes (également à leur valeur inscrite dans les états financiers). Dans une société par actions, les capitaux propres sont généralement composés de quatre éléments : le capital-actions, les résultats non distribués, le surplus d'apport et les composantes cumulées des autres éléments du résultat global.

A. LE CAPITAL-ACTIONS

Le poste Capital-actions est constitué des mises de fonds des propriétaires, représentées par des certificats d'actions ; il renseigne l'utilisateur des états financiers sur la composition du capital-actions.

On y retrouve les renseignements sur la description du capital autorisé en vertu des statuts constitutifs de l'entreprise.

B. LES RÉSULTATS NON DISTRIBUÉS

Les résultats non distribués sont les résultats accumulés depuis la création de l'entreprise qui n'ont pas été distribués aux actionnaires sous forme de dividendes. Lorsque, au fil des années, le total des pertes de l'entreprise excède le bénéfice, on désigne l'excédent par le terme « déficit ».

Les administrateurs peuvent affecter les résultats non distribués à un usage particulier. À titre d'exemple, mentionnons les projets d'agrandissement et le rachat d'actions en circulation en cours. Afin de bien signifier aux utilisateurs qu'une partie des résultats non distribués est réservée à cet usage (donc qu'elle ne sera pas distribuée sous forme de dividendes), les administrateurs peuvent constituer une réserve et réduire les résultats non distribués en conséquence. Cette réserve fait alors l'objet d'un poste distinct. Notons que cette pratique tend à être remplacée par l'utilisation de notes complémentaires, sauf si un contrat ou la loi exigent la constitution d'une réserve. La constitution d'une réserve pour le rachat futur d'actions aux termes des actes de fiducie afférent en est un exemple. (La constitution d'une réserve ne signifie pas nécessairement que l'entreprise met de côté les fonds nécessaires à l'opération prévue.)

Un rachat d'actions représente une opération portant sur les capitaux propres de l'entreprise. Par conséquent, les primes versées lors d'un rachat d'actions doivent être portées en déduction des résultats non distribués (et non passées en charges dans le compte de résultat).

C. LE SURPLUS D'APPORT

Le poste Surplus d'apport comprend tous les gains provenant d'opérations réalisées sur les capitaux propres, notamment :

- les primes à l'émission d'actions avec valeur nominale[12] ;

- les gains réalisés à la revente ou à l'annulation d'actions confisquées pour non-paiement ou rachetées par la société ;

- les dons reçus des actionnaires ;

- le coût de la rémunération à base d'options d'achat d'actions offertes aux cadres et employés.

Ce dernier point, soit le coût de la rémunération qui découle de l'octroi d'options d'achat d'actions, peut être illustré de la façon suivante. Depuis un certain temps déjà, les sociétés ont mis au point diverses façons de rémunérer leurs cadres, voire leurs employés. Afin d'inciter les cadres ou les employés à souscrire aux intérêts de la société, celle-ci met sur pied des plans d'octroi d'options d'achat d'actions. Lorsqu'une société octroie une option, elle donne à un cadre ou à un employé un droit d'acheter à un prix fixé d'avance une action de la société, et ce, pendant une période prédéterminée. Imaginons, par exemple, que le 1er janvier 2009 une société octroie à un employé le droit d'acheter une de ses actions pour 4 $, soit la valeur à la cote (ou valeur boursière) de l'action

---

12. Une action avec valeur nominale est une action à laquelle on attribue une valeur fixe au moment de la constitution d'une société par actions. Lors de l'émission d'une telle action, seule la valeur nominale peut être inscrite au compte du capital-actions. Si l'action est émise à un prix supérieur à sa valeur nominale, l'excédent constitue une prime à l'émission. Notons que seules les entreprises constituées en vertu des parties I (article 13) et IA (article 123.38) de la *Loi sur les compagnies (Québec)* (LCQ) peuvent émettre des actions avec valeur nominale.

ce jour-là. Le contrat d'option spécifie également que l'employé pourra se prévaloir de ce droit à compter du 1er janvier 2011 seulement. Le 1er janvier 2011, l'employé aura le choix d'acheter ou non une action de la société. Si la valeur à la cote de l'action est supérieure à 4 $, l'employé aura avantage à acheter 4 $ une action qui en vaut peut-être 6 $, réalisant ainsi un gain de 2 $ à la revente. Par contre, si la valeur à la cote de l'action se situe à un niveau inférieur à 4 $, disons 3 $, l'employé n'exercera pas son droit d'achat d'actions. L'octroi de telles options comporte un coût pour la société émettrice, à savoir la valeur sur le marché de la détention de ces options. Il existe des modèles financiers qui permettent d'estimer cette valeur et de comptabiliser une charge de rémunération à la date de l'octroi, la contrepartie étant présentée dans le surplus d'apport (voir point A.6 de l'annexe 2-1, p. 119).

D. LES COMPOSANTES CUMULÉES DES AUTRES ÉLÉMENTS DU RÉSULTAT GLOBAL

La section Capitaux propres comprend les composantes cumulées du résultat global (voir la section 2.4, p. 85). La nature ainsi que les montants des gains et pertes latents compris dans le résultat global doivent être présentés par composantes (par exemple, les gains et les pertes cumulés sur réévaluation d'actifs corporels ou les gains/pertes latents cumulés sur placement disponible à la vente).

E. LES INTÉRÊTS MINORITAIRES

Le poste Participation ne donnant pas le contrôle représente la quote-part ne revenant pas à la société mère, dans le cas où la société mère publiante (celle qui présente les états financiers consolidés) ne détient pas ses filiales en propriété exclusive. (La procédure de consolidation et les objectifs sous-jacents sont expliqués dans la section A.4 de l'annexe 2-1.) Ce poste résulte de la consolidation des états financiers de la société mère et de ses filiales.

La participation ne donnant pas le contrôle ne constitue pas une dette exigible, car ce poste représente la quote-part de l'actif net (l'actif moins le passif) de la filiale qui ne revient pas à la société mère, mais plutôt aux autres actionnaires. Elle est présentée dans la section des capitaux propres. Comme nous le verrons plus loin, le poste Participation ne donnant pas le contrôle se trouve également dans le compte de résultat pour refléter, cette fois, la quote-part des bénéfices ne revenant pas à la société mère.

2.4 LES COMPOSANTES DE L'ÉTAT DU RÉSULTAT GLOBAL

Comme nous l'avons décrit dans la section 2.2, le résultat global représente la variation des capitaux propres qui découle des transactions ou d'autres événements s'étant produits au cours de la période, à l'exception des transactions ayant eu lieu directement avec les actionnaires à titre de propriétaires, comme le versement de dividendes. Quel que soit le mode de présentation retenu par une entreprise, l'état du résultat global contient deux composantes. La première vise à informer le lecteur du résultat net lié directement à l'exploitation de l'entreprise au cours de la période, tandis que la seconde vise à renseigner sur les effets des transactions non terminées (latentes) au cours de l'exercice, mais qui ont tout de même un effet sur la performance de l'entreprise.

Pour la présentation de l'état du résultat global, les normes internationales offrent aux entreprises les choix suivants :

■ Présenter deux états distincts, c'est-à-dire un compte de résultat et un état du résultat global.

Compte de résultat	
Produits	100 $
Coûts des ventes	50
Marge brute	50
Coûts commerciaux	10
Charges administratives	10
Résultat avant impôts	30
Impôts	10
Résultat net	20 $
Résultat net attribuable aux propriétaires de la société mère	16 $
Résultat net attribuable aux intérêts minoritaires	4 $

État du résultat global	
Résultat net	20 $
Autres éléments du Résultat global, après impôts :	
Gains/Pertes sur réévaluation d'actifs corporels	4
Gains/Pertes latents sur placements disponibles à la vente	(2)
Résultat global	22 $
Résultat global attribuable aux propriétaires de la société mère	17,6 $
Résultat global attribuable aux intérêts minoritaires	4,4 $

■ Présenter un seul état, appelé « état du résultat global », combinant le résultat net et les autres éléments du résultat global.

État du résultat global	
Produits	100 $
Couts des ventes	50
Marge brute	50
Coûts commerciaux et charges administratives	20
Résultat avant impôts	30
Impôts	10
Résultat net	20
Autres éléments du résultat global, après impôts :	
Gains/Pertes sur réévaluation d'actifs corporels	4
Gains/Pertes latents sur placements disponibles à la vente	(2)
Résultat global	22 $
Résultat global attribuable aux propriétaires de la société mère	17,6 $
Résultat global attribuable aux intérêts minoritaires	4,4 $

Remarquons que l'entreprise doit présenter les postes suivants, dans l'état du résultat global, en tant qu'affectations du résultat de la période[13] :

■ Résultat net de la période attribuable :
   – aux propriétaires de la société mère ;
   – à des participations ne donnant pas le contrôle (intérêts minoritaires).

■ Résultat global pour la période attribuable :
   – aux propriétaires de la société mère ;
   – à des participations ne donnant pas le contrôle (intérêts minoritaires).

En plus de respecter la divulgation d'un minimum de postes dans le compte de résultat, une entreprise doit choisir le mode de présentation du compte de résultat selon l'une des deux possibilités suivantes :

---

13. Norme *IAS 1.83* : *Présentation des états financiers.*

■ la *nature* des charges, appelée « méthode des charges par nature », c'est-à-dire en ventilant les charges selon qu'elles représentent la consommation de matières premières, des salaires, de l'amortissement, etc. ;

■ la *fonction* des charges au sein de l'entreprise, appelée « méthode des charges par fonction » ou « du coût des ventes » c'est-à-dire en ventilant les charges selon leur fonction à savoir par exemple charges de publicité, charges de distribution, charges administratives, etc.

2.4.1 La méthode des charges par nature

Selon les normes internationales, voici à quoi ressemblerait un compte de résultat présenté selon la méthode des charges par nature.

Produit des activités ordinaires	X $
Autres produits	X
Variations des stocks de produits finis et des travaux en cours	X
Matières premières et consommables utilisés	X
Coût des avantages du personnel	X
Dotations aux amortissements	X
Autres charges	X
Total des charges	(X)
Résultat avant impôts	X
Impôts sur le résultat	(X)
Résultat net	X $

2.4.2 La méthode des charges par fonction

La méthode des charges par fonction, également appelée « présentation selon le coût des ventes », est celle de ce que l'on rencontre le plus souvent au Canada. Les normes internationales exigent d'une société optant pour une telle présentation qu'elle ventile aussi certaines de ses charges présentées par fonction d'après leur nature, en donnant cette information supplémentaire par voie de notes aux états financiers. À titre d'exemple, l'amortissement, dans une présentation selon la méthode des charges par fonction, se trouve réparti dans plusieurs postes de nature différente, comme les Charges administratives et le Coût des ventes. C'est pour cette raison que les normes internationales exigent des sociétés qu'elles divulguent, à titre d'information supplémentaire, la dépréciation, l'amortissement ainsi que les charges liées au personnel.

Voici un exemple de compte de résultat présenté selon la méthode des charges par fonction, comme prescrit par les normes internationales :

Produit des activités ordinaires	X $
Coût des ventes	(X)
Marge brute	X
Autres produits	X
Coûts commerciaux	(X)
Charges administratives	(X)
Autres charges	(X)
Résultat avant impôts	X
Impôts sur le résultat	(X)
Résultat net	X $

Évidemment, quel que soit le mode de présentation retenu, le résultat net sera le même. Finalement, les sociétés ouvertes (celles qui émettent des actions sur le marché public) doivent également présenter le calcul du résultat de base par action.

Dans la section qui suit, nous décrivons les principales composantes du compte de résultat selon la méthode des charges par fonction.

2.4.3 Les produits des activités ordinaires

Les produits des activités ordinaires sont les sommes gagnées en échange des efforts investis dans la poursuite de l'objet commercial principal de l'entreprise. Ainsi, lorsque l'objet commercial est la vente de biens, seuls les montants gagnés en échange des biens vendus sont présentés. Si l'entreprise a gagné d'autres sommes, par exemple, en louant des locaux inutilisés, ces produits sont généralement inscrits sous le poste Autres produits.

Les entreprises doivent comptabiliser leurs produits au moment où il y a transfert du droit de propriété ou lorsque le service a été rendu. Ce moment varie d'une industrie à l'autre et dépend du type de produits ou de services vendus. Une entreprise qui fabrique et vend des biens sur une durée de plus d'un exercice doit répartir ses produits en fonction de critères précis. Nous aborderons en détail les différents critères de comptabilisation des produits dans le chapitre 3.

Quand l'entreprise reprend des marchandises qu'elle avait vendues (rendus sur ventes), ou qu'elle consent des rabais sur le prix de vente initial (rabais sur ventes), elle doit réduire le montant des ventes brutes (produits bruts) afin d'en dégager les ventes nettes (produits nets), aussi appelées « chiffre d'affaires ».

Par ailleurs, lorsque l'entreprise perçoit les taxes (TPS, TVQ, TVH) sur la vente de biens ou de services, il ne faut pas les inclure dans les ventes brutes, puisque ces sommes seront finalement remises aux gouvernements. Généralement, seul le montant des ventes nettes figure dans le compte de résultat.

2.4.4 Les autres produits

Le poste Autres produits se compose des produits liés aux autres activités de l'entreprise. Ceux-ci comprennent notamment :

- les intérêts et les dividendes gagnés dans le cadre de la détention de placements, ainsi que les gains ou les pertes à la vente d'actifs (placements, immobilisations corporelles et incorporelles), lorsque la vente de ces actifs n'est pas l'activité principale de l'entreprise ;

- les loyers gagnés par l'entreprise qui a investi dans des immeubles locatifs (si ces activités ne constituent pas l'objet commercial principal) ou qui loue temporairement des locaux inoccupés dans ses bâtiments ;

- les redevances sur les brevets et les procédés de fabrication que l'entreprise détient.

2.4.5 Le coût des ventes

Le poste Coût des ventes fait état du coût rattaché aux biens vendus d'une entreprise commerciale. Ce coût comprend le prix initial majoré des frais de transport, des frais de dédouanement (dans le cas de biens importés), etc.

Si l'entreprise a obtenu des rabais de ses fournisseurs (par exemple, sur des biens endommagés, ou encore, en raison de la quantité achetée), elle doit soustraire du coût des marchandises le montant de ces rabais.

2.4.6 La marge brute

On obtient le montant de *marge brute* en soustrayant des produits (ventes) uniquement le coût des ventes, ce qui donne la marge brute. La marge brute s'avère un indice intéressant lorsqu'il est comparé d'une période à l'autre ou d'une entreprise à l'autre. Les gestionnaires souhaitent maintenir cette marge relativement stable ou cherchent à l'améliorer. En cas de baisse, ils peuvent se questionner sur la hausse des coûts d'achat ou encore sur la baisse des prix de vente.

2.4.7 Les coûts commerciaux

Le poste Coûts commerciaux réunit les coûts associés aux efforts de vente, tels que les commissions et les salaires versés aux vendeurs et au personnel du service des ventes (y compris le personnel chargé de la distribution et de l'expédition), les charges sociales, les frais de publicité et de livraison, les frais de déplacement et de représentation des vendeurs, etc. Ce poste inclut la partie des créances dont le recouvrement est incertain. Lorsque l'entreprise a des doutes sur l'encaissement futur de certains comptes clients, elle réduit la valeur de ces créances dans l'actif de l'état de la situation financière. En contrepartie, elle inscrit une charge dans le compte de résultat pour refléter cette diminution, que l'on nomme « créances douteuses » ou « mauvaises créances » (voir la section 2.5.2 C).

Les coûts commerciaux comprennent tous les coûts liés à l'entreposage, à la manutention, à l'expédition et à l'étalage des biens destinés à la vente, comme le loyer, les assurances, les coûts d'entretien et de réparation des immobilisations utilisées pour la vente (entrepôt, magasin, matériel, véhicules, etc.), les coûts des fournitures d'emballage, etc.

2.4.8 Les charges administratives

Les charges administratives se rapportent aux coûts engagés dans la fonction administrative, tels que les salaires et les avantages sociaux du personnel administratif, la papeterie et les fournitures de bureau, ainsi que tous les coûts liés à la détention, à l'entretien et à la réparation des immobilisations utilisées pour effectuer des tâches administratives (terrains, bâtiments, mobilier, matériel de bureau, etc.). Sans en faire une liste exhaustive, signalons toutefois que les charges administratives comprennent également les impôts fonciers, les assurances, le coût des services de télécommunications, etc.

2.4.9 Les charges financières

Les charges financières peuvent inclure les intérêts sur les emprunts, lesquels peuvent aussi être présentés sous les postes Frais financiers ou Intérêts débiteurs.

2.4.10 L'impôt sur le résultat

La charge d'impôts sur les bénéfices échappe à la volonté de l'entreprise, puisqu'elle varie selon la politique économique des différents gouvernements. De ce fait, et parce qu'il constitue habituellement une somme importante, l'impôt sur les bénéfices est présenté dans un poste distinct du compte de résultat, la portion exigible (réellement payable en vertu de la déclaration d'impôt) étant séparée de la portion attribuable aux impôts différés (voir l'annexe 2.1, section A.2).

2.4.11 Les activités abandonnées

Il arrive qu'une entreprise décide de se départir d'une unité d'exploitation ou de la fermer, parce qu'elle n'est plus rentable ou parce que les activités qui y sont exercées ne cadrent plus avec l'orientation ou la stratégie de diversification de l'entreprise. Les résultats des unités d'exploitation abandonnées ont un effet direct sur le résultat net de l'exercice. Par contre, ces résultats ne permettent pas d'évaluer le rendement futur de l'entreprise. On doit donc pouvoir distinguer les résultats des unités toujours en exploitation de ceux des unités abandonnées.

Les résultats attribuables aux activités abandonnées, diminués des impôts sur les bénéfices applicables, doivent être présentés comme une composante distincte du résultat net, tant pour la période considérée que pour les périodes antérieures.

2.4.12 La quote-part dans le résultat des entreprises associées et des coentreprises comptabilisées selon la méthode de la mise en équivalence

La quote-part dans le résultat des entreprises associées et des coentreprises comptabilisées selon la méthode de la mise en équivalence représente la part du bénéfice tiré des activités exercées par ces entités. La prise en compte de la quote-part dans le résultat des entreprises associées et des coentreprises comptabilisées selon la méthode de la mise en équivalence permet de connaître le résultat qui revient à l'entité.

2.5 LES NOTES COMPLÉMENTAIRES AUX ÉTATS FINANCIERS

Les notes complémentaires aux états financiers permettent aux sociétés de fournir aux lecteurs des renseignements particuliers qui complètent les données chiffrées de l'état de la situation financière, de l'état des variations des capitaux propres et de l'état du résultat global.

Parmi ces notes, nous en présentons trois.

2.5.1 Les engagements contractuels non comptabilisés

Tout engagement contractuel important doit faire l'objet d'une note complémentaire aux états financiers, afin que la nature dudit engagement ainsi que les montants engagés soient décrits. Ainsi en est-il des contrats qui comportent un risque spéculatif eu égard aux activités d'exploitation habituelles de l'entreprise, qui fixent le montant des décaissements ou des dépenses futures ou qui se rattachent à l'émission d'actions.

Les engagements contractuels non comptabilisés les plus fréquemment cités dans les notes aux états financiers se rapportent aux éléments suivants :

- dépenses inhabituelles (par exemple, une charge que l'entreprise doit supporter pour se conformer à une nouvelle loi environnementale) ;

- dépenses engageant l'entreprise pour un certain nombre d'années (par exemple, un loyer que l'entreprise devra payer pour une période de 10 ans).

2.5.2 Les événements postérieurs à la période de reporting

Certains événements survenus entre la date de la fin de l'exercice et la date de l'autorisation de publication des états financiers ont parfois des conséquences financières importantes pour une société. Il peut s'agir du remboursement de la dette non courante, de la modification du capital-actions, de l'acquisition ou de la cession d'actifs, du regroupement d'entreprises, etc. Si de tels événements découlent de situations qui existaient déjà à la fin de l'exercice et qui viennent les confirmer, le redressement des états financiers est nécessaire. Dans d'autres cas, l'événement survient après la date de reporting et ne concerne pas une situation qui existait à la date de l'état de la situation financière. Dans de tels cas, une note complémentaire aux états financiers devra décrire la nature et l'incidence financière de l'événement en cause.

2.5.3 L'information relative aux parties liées

Les entreprises peuvent conclure des opérations avec des personnes morales ou physiques qui entretiennent un lien de dépendance. Bien que ces opérations soient effectuées dans des conditions normales, elles doivent être présentées de manière distincte dans les états financiers. Illustrons en premier lieu les liens entre les parties liées les plus fréquemment rencontrés :

- une société mère et sa filiale ;
- deux sociétés contrôlées par la même société ou par la même personne ;
- une coentreprise et ses coentrepreneurs ;
- une personne et ses proches parents, et la société qu'ils contrôlent ;
- les membres de la direction et leurs proches parents respectifs, et la société qu'ils dirigent ;
- un particulier et la société sur laquelle il exerce une influence notable ou un contrôle conjoint ;
- la société gestionnaire et la société gérée unies par un contrat de gestion ou d'administration.

Par ailleurs, soulignons que les opérations entre parties liées peuvent être effectuées dans des conditions avantageuses pour l'une ou l'autre des parties. Des normes comptables établissent les règles quant à la mesure de telles opérations et aux renseignements à fournir à leur sujet. Habituellement, une note décrit l'étendue de telles opérations et les modalités dont elles sont assorties.

De plus, une entreprise doit indiquer par voie de vote la rémunération de ses principaux dirigeants[14].

CONCLUSION

L'étude des éléments composant les états financiers visait à familiariser le lecteur avec le contenu de l'information financière. On peut maintenant se poser les questions suivantes : D'où proviennent les sommes inscrites dans les états financiers ? À quel moment peut-on considérer un produit comme gagné et une charge comme engagée ? Comment les règles sont-elles élaborées ? Le chapitre suivant présente un aperçu des principes comptables fondamentaux qui président à l'établissement des états financiers.

---

14. Norme *IAS 24 : Information relative aux parties liées.*

La comptabilisation de certains postes particuliers

A.1 Les contrats de location **96**
    A.1.1   Le contrat de location-financement....................97
    A.1.2   Le contrat de location simple..........................97
    A.1.3   Des exemples..98

A.2 L'impôt sur le résultat **101**

A.3 Les avantages du personnel **107**
    A.3.1   Les prestations de retraite..............................108

A.4 Les participations dans d'autres entités **111**
    A.4.1   La comptabilisation d'une participation
            dans des entreprises associées.........................112
    A.4.2   La comptabilisation d'une participation
            dans une filiale...113
    A.4.3   L'état du résultat global consolidé 114
    A.4.4   L'état de la situation financière consolidée........115
    A.4.5   La comptabilisation d'une participation
            dans une coentreprise.....................................115

A.5 Les effets des variations des cours des monnaies étrangères **117**
    A.5.1   La conversion de transactions effectuées
            en monnaies étrangères..................................117
    A.5.2   La conversion d'états financiers en monnaies
            étrangères...119

A.6 La rémunération fondée sur des actions **119**

A.7 Les frais de recherche et de développement **121**

A.8 Les secteurs opérationnels **122**

Dans cette annexe, nous revenons sur plusieurs postes des états financiers que nous avons décrits dans le chapitre 2, car leur présentation et l'information qu'ils demandent de fournir requièrent une analyse plus élaborée. Il s'agit des postes suivants :

■ les contrats de location ;

■ l'impôt sur le résultat ;

■ les avantages du personnel ;

■ les participations dans d'autres entités ;

■ les effets des variations des cours des monnaies étrangères ;

■ la rémunération fondée sur les actions ;

■ les frais de recherche et de développement ;

■ les secteurs opérationnels.

A.1 LES CONTRATS DE LOCATION

On pourrait penser que les biens loués par une entreprise ne font pas partie de son actif puisque le locataire (preneur) des biens n'en est pas le propriétaire légal. Par le fait même, la somme des loyers futurs exigibles aux termes du bail ne serait pas immédiatement considérée comme une dette de l'entreprise, chacun de ces loyers ne devant légalement exigible qu'au fur et à mesure que le droit faisant l'objet du loyer est cédé au locataire.

Or, au fil des années, on a vu se dessiner, parmi les entreprises, une tendance à considérer la location à long terme comme un outil de financement. En effet, au lieu d'acquérir un bien à crédit et d'acquitter les remboursements y afférant, il arrive que des entreprises préfèrent louer le bien à long terme et en assumer les loyers périodiques, car la location procure plusieurs avantages fiscaux et financiers, comme la possibilité d'obtenir un financement intégral.

Dans ce contexte, doit-on comptabiliser différemment un achat d'actif à crédit par remboursements périodiques et une location d'actif à long terme ? En vertu du principe de la prééminence de la substance sur la forme, que nous évoquerons dans le chapitre 3, la réponse est négative.

A.1.1 Le contrat de location-financement

Lorsqu'un bail transfère au preneur la quasi-totalité des risques et des avantages découlant de la détention d'un bien, le preneur comptabilise l'opération comme un achat à crédit. Le bien est donc inclus dans l'actif de l'état de la situation financière, et une dette correspondante est enregistrée dans le passif de l'état de la situation financière. Une telle opération est appelée « contrat de location-financement », tant pour le preneur que le bailleur.

Les loyers que le preneur paiera par la suite seront considérés comme un remboursement progressif de la dette (comprenant les intérêts). Cependant, tous les contrats de location ne transfèrent pas au preneur les risques et les avantages découlant de la détention d'un bien. Pour être considéré comme un contrat de location-financement, un bail à long terme doit respecter la réalité de la transaction plutôt que la forme du contrat.

Voici des exemples de situations pouvant faire en sorte qu'un contrat de location soit classé comme un contrat de location-financement :

- le preneur deviendra le propriétaire légal du bien à l'échéance du bail (exemple : option d'achat à un prix préférentiel pour le preneur à l'échéance du bail) ;

- le bail couvre la quasi-totalité de la durée de vie économique du bien ;

- la somme actualisée des loyers échelonnés sur la durée du bail dépasse la valeur marchande du bien au début du bail ;

- l'actif loué comporte des caractéristiques tellement spécifiques que seul le preneur peut l'utiliser sans que des modifications majeures soient apportées au bien en question ;

- le preneur qui résilie le bail est responsable des pertes causées par cette résiliation que subirait le bailleur ;

- les variations de la juste valeur de la valeur résiduelle sont à la charge du preneur ;

- le preneur peut poursuivre la location pour une deuxième période moyennant un loyer sensiblement inférieur au prix courant sur le marché.

A.1.2 Le contrat de location simple

Lorsqu'un contrat de location ne se qualifie pas comme « contrat de location-financement », nous sommes en présence d'un « contrat de location simple ». Les contrats de location simple s'appliquent souvent à la location de locaux. Il est à noter que l'entreprise peut alors utiliser des actifs sans avoir à en faire l'acquisition. Les états financiers ne montrent ni actif ni dette dans le cadre de cet engagement.

A.1.3 Des exemples

Illustrons, par un exemple simple, les répercussions de ces deux types de contrats de location sur les états financiers du preneur. Commençons par illustrer la présentation des montants relatifs au contrat de location-financement.

EXEMPLE 1 : Contrat de location-financement

Le bail, qui prend effet le 1er janvier 2009, comporte les caractéristiques suivantes :

Type de bien	Photocopieur
Valeur marchande du bien au 1er janvier 2009	3 500 $
Loyer mensuel (payé à la fin du mois)	100 $
Durée du bail	36 mois
Durée de vie économique du bien	10 ans
Taux d'intérêt pour le preneur	9 %
Option d'achat	1 $
Valeurs actualisées des paiements minimums en vertu du contrat de location	3 144 $

Le bail est un contrat de location-financement, car il correspond à une situation où il y a transfert de risques et avantages du bailleur au preneur. En effet, en raison du prix de l'option d'achat (1 $), le preneur se prévaudra sûrement de son droit d'acquérir le photocopieur.

Il en découle les conséquences suivantes :

■ Même si, d'un point de vue juridique, le bien n'appartient pas au preneur, il est compris dans son actif (immobilisations corporelles) dans l'état de la situation financière.

■ Le solde qui figure dans l'actif, sous le poste Investissement net dans un contrat de location – Matériel de bureau, correspond au montant qu'il aurait fallu emprunter à un taux de 9 % pour être assujetti à 36 paiements mensuels de 100 $ (y compris les intérêts). Dans cet exemple, le solde en question s'élève à 3 144 $. Autrement dit, si le preneur avait voulu emprunter à la banque 3 144 $ au taux de 9 %, il aurait été assujetti à des remboursements mensuels de 100 $ pendant 36 mois, intérêts compris. En fait, les 3 144 $ représentent le coût réel du photocopieur pour le preneur. On comptabilise à 3 144 $ puisque ce montant est inférieur à la juste valeur du photocopieur, qui est de 3 500 $.

• • • ▶

- La somme de 3 144 $ figure également dans le passif non courant de l'état de la situation financière, sous le poste Obligation en vertu du contrat de location-financement.

- Chaque loyer de 100 $ versé par le preneur se répartit en intérêts et en capital. Durant l'année 2009, le preneur aura acquitté en loyers la somme de 1 200 $. De ce montant, environ 245 $ représentent les intérêts ; le solde, soit 955 $, est appliqué au remboursement du capital de la dette, ramené de 3 144 $ à 2 189 $.

- Le bien loué, comme toutes les autres immobilisations (sauf les terrains), doit être amorti tel que décrit dans la section 2.2.3 B du présent chapitre. L'amortissement annuel pourrait être de 314 $ (3 144 $/10 ans).

Les extraits ci-dessous de l'état de la situation financière et du compte de résultat permettent de résumer la situation.

Extraits de l'état de la situation financière au 31 décembre 2009

ACTIF NON COURANT

Investissement net dans un contrat de location – Matériel de bureau	3 144 $
Amortissement cumulé	(314)
	2 830 $

PASSIF NON COURANT

Obligation en vertu d'un contrat de location-financement	2 189 $

Extrait du compte de résultat pour l'exercice terminé le 31 décembre 2009

Charge d'intérêts	245 $
Amortissement	314 $

Poursuivons notre illustration par un autre exemple, en comparant la présentation des montants relatifs au contrat de location-financement avec celle des montants relatifs au contrat de location simple.

EXEMPLE 2 : Contrat de location simple

Reprenons le bail de l'exemple précédent, en enlevant la clause d'option d'achat au prix de 1 $ à l'échéance. Comme le bail ne correspond pas à une situation de transfert de risques et avantages du bailleur au preneur, il s'agit fort probablement d'un contrat de location simple. Le preneur devra rendre le photocopieur à son propriétaire (le bailleur) à l'échéance. Aucun bien ne sera comptabilisé dans l'actif du preneur, ni aucune dette dans le passif. La totalité du loyer sera passée en charges dans le compte de résultat du preneur.

Le **tableau A-1** illustre les inscriptions à faire dans les différents postes de l'état de la situation financière et du compte de résultat, selon qu'il s'agit d'un contrat de location-financement ou de location simple.

TABLEAU A-1 • Comparaison entre la comptabilisation des différents contrats de location

État de la situation financière
au 31 décembre 2009

Postes des états financiers du preneur	Location-financement	Location simple
ACTIF NON COURANT		
Investissement net dans un contrat de location – Matériel de bureau	2 830 $	s.o.
PASSIF NON COURANT		
Obligation en vertu d'un contrat de location-financement	2 189 $	s.o.
COMPTE DE RÉSULTAT		
de l'exercice terminé le 31 décembre 2009		
Loyer	s.o.	1 200 $
Charge d'intérêts	245 $	s.o.
Amortissement	314 $	s.o.

Il faut noter que, pour la durée d'utilité du bien (10 ans), les charges totales imputées au compte de résultat seront équivalentes, quelle que soit la catégorie du bail. Dans les deux cas, une charge totale de 3 600 $ sera imputée au compte de résultat sur 10 ans, comme le montre le **tableau A-2**.

TABLEAU A-2 • Comparaison entre les charges relatives aux contrats de location (en dollars)

Charges	Location-financement					Location simple			
	2009	2010	2011	2012 à 2018	Total	2009	2010	2011	Total
Intérêts	245	155	56	–	**456**	–	–	–	**–**
Amortissement	314	314	314	2 202	**3 144**	–	–	–	**–**
Loyer	–	–	–	–	**–**	1 200	1 200	1 200	**3 600**
Total	559	469	370	2 202	**3 600**	1 200	1 200	1 200	**3 600**

Cependant, le fait de comptabiliser un actif et une dette supplémentaires dans l'état de la situation financière modifie l'image financière de la société. Lorsqu'une société loue une part importante de ses immobilisations, la catégorisation des baux a des répercussions évidentes sur les ratios financiers, notamment le ratio d'endettement. Nous aborderons ces notions dans le chapitre 5.

Pour le bailleur, les critères de classification des baux sont sensiblement les mêmes que pour le preneur. Généralement, lorsque le bail est considéré comme une location simple pour le preneur, il en va de même pour le bailleur. Le bien demeure dans l'actif de l'état de la situation financière du bailleur. Le bailleur n'enregistre aucun prêt; toutefois, il inscrit des loyers et un amortissement dans le compte de résultat.

A.2 L'IMPÔT SUR LE RÉSULTAT

La comptabilisation de la charge d'impôt ne se résume pas à l'inscription du montant à payer selon les déclarations fiscales fédérale et provinciale d'une société pour un exercice donné. Les règles comptables étant différentes des règles fiscales, il est nécessaire d'effectuer des redressements.

Au départ, on calcule l'impôt sur le revenu des sociétés en multipliant le revenu imposable par le taux d'imposition auquel l'entreprise est assujettie. Or, le revenu imposable est calculé à l'aide de la déclaration fiscale qui, dans un premier temps, se base sur le résultat avant impôt indiqué dans le compte de résultat. Cependant, afin de rendre ce résultat comptable conforme à la législation fiscale, il faut effectuer certains redressements. Il existe des différences entre la *Loi de l'impôt sur le revenu* et les normes comptables relatives au calcul du résultat, car les objectifs du législateur fiscal (équité entre contribuables, incitations à investir ou à épargner, etc.) ne sont pas les mêmes que ceux des comptables (comparabilité, neutralité, utilité à la prise de décisions, etc.). Ces redressements donnent donc lieu à des différences entre le résultat avant impôts présenté dans le compte de résultat et le revenu imposable calculé dans la déclaration fiscale.

Pour traiter ces différences, on fait intervenir, entre autres, le fait que les différences entre la valeur comptable et la valeur fiscale se résorbent avec le temps. L'écart temporel entre le moment où une charge est déductible fiscalement et le moment où celle-ci est déduite dans les états financiers donne lieu à l'inscription d'impôts différés dans l'état de la situation financière. Ainsi, on crée un passif d'impôt différé chaque fois qu'on prévoit un paiement d'impôts dans l'avenir. Ce passif d'impôt différé se crée lorsque l'entreprise bénéficie plus rapidement de déductions sur le plan fiscal que sur le plan comptable. Inversement, lorsque l'entité bénéficie de déductions plus lentes au point de vue du fisc, il se crée un actif d'impôt différé puisqu'une économie d'impôt est prévue dans l'avenir.

Pour calculer les impôts différés, il faut d'abord comparer la valeur comptable avec la valeur fiscale de chacun des actifs et des passifs à la date de l'établissement des états financiers. Ensuite, on détermine les *différences temporelles imposables* et les *différences temporelles déductibles*, puis on calcule les impôts différés, en fonction du taux d'imposition en vigueur à cette date. En résumé :

- différences temporelles imposables × taux d'impôts = passifs d'impôts différés
- différences temporelles déductibles × taux d'impôts = actifs d'impôts différés

La différence temporelle la plus fréquente a trait à l'amortissement des immobilisations. Les règles fiscales liées à l'amortissement sont différentes des règles admises en comptabilité. Cependant, sur le plan de la fiscalité et de la comptabilité, le montant total de l'amortissement sur la durée de vie économique du bien est le même. Seule la répartition de ce montant global entre les exercices varie, d'où l'emploi de l'adjectif « temporelle ».

Par exemple, une entreprise achète un camion coûtant 30 000 $. On en estime la durée d'utilité à 10 ans. Si l'entreprise utilise le mode d'amortissement linéaire, la charge d'amortissement annuelle figurant dans les états financiers sera donc de 3 000 $. Or, aux fins fiscales, l'amortissement autorisé doit être calculé selon le mode de l'amortissement dégressif au taux de 30 % sur le solde non amorti. Le **tableau A-3** fait ressortir la différence annuelle entre l'amortissement comptable et l'amortissement fiscal, et illustre ainsi la nature temporelle de cette différence.

TABLEAU A-3 • Comparaison entre l'amortissement comptable et l'amortissement fiscal

| | Amortissement | | Différence |
Année	comptable	fiscal	temporelle
1	3 000 $	9 000 $*	(6 000)$
2	3 000	6 300 **	(3 300)
3	3 000	4 410	(1 410)
4	3 000	3 087	(87)
5	3 000	2 161	839
6	3 000	1 513	1 487
7	3 000	1 059	1 941
8	3 000	741	2 259
9	3 000	519	2 481
10	3 000	363	2 637
Suivantes	0	847	(847)
Total	**30 000 $**	**30 000 $**	**0 $**

* 30 % × 30 000 $
** 30 % × (30 000 $ – 9 000 $)

Quel est le lien entre les différences temporelles et la charge totale d'impôts présentée dans le compte de résultat ? La charge d'impôts présentée dans les états financiers sera constituée de deux montants : les impôts payables au cours de l'exercice, appelés « charge d'impôts exigibles », et les impôts différés résultant des différences temporelles imposables, appelés « passif d'impôts différés ».

Mentionnons également qu'il arrive que des charges comptables ne soient pas déductibles aux fins de l'impôt, de la même façon que certains produits ne sont pas imposables. Elles sont alors ajoutées au résultat comptable ou en sont déduites aux fins du calcul de l'impôt exigible, tel que décrit dans l'exemple ci-dessous, qui illustre la façon de les calculer.

Illustrons ces notions par un exemple simple.

EXEMPLE 3 : Impôt sur le résultat

Voici quelques données concernant une société sur une période de trois ans :

	2009	2010	2011
Résultat avant impôts dans le compte de résultat	100 000 $	100 000 $	100 000 $
Amortissement comptable	20 000 $	20 000 $	20 000 $
Amortissement fiscal	27 000 $	21 000 $	12 000 $
Charge non déductible	5 000 $	5 000 $	5 000 $
Taux d'imposition effectif	40 %	40 %	40 %

Supposons que la société a acquis les immobilisations au coût de 100 000 $ au début de l'exercice 2009, et qu'elle n'a fait aucune autre acquisition par la suite.

■ En 2009, le revenu imposable de cette société s'élève à 98 000 $, soit :

	2009	2010	2011
Résultat avant impôts	100 000 $	100 000 $	100 000 $
Plus : Charge non déductible	5 000	5 000	5 000
Résultat avant impôts rajusté, avant différences temporelles	105 000	105 000	105 000
Plus : Amortissement comptable	20 000	20 000	20 000
Moins : Amortissement fiscal	(27 000)	(21 000)	(12 000)
Revenu imposable	98 000 $	104 000 $	113 000 $
Impôts exigibles (40 %)	39 200 $	41 600 $	45 200 $

■ En 2009, la différence de 2 000 $ entre le résultat comptable de 100 000 $ et le revenu imposable de 98 000 $ s'explique comme suit :

5 000 $ Différence attribuable à la charge non déductible sur le plan fiscal.

(7 000 $)   Différence temporelle attribuable à la différence entre les amortissements comptable et fiscal.

La charge d'impôts exigibles de l'exercice 2009 est donc de 39 200 $, soit 98 000 $ × 40 %. Cette somme constitue le montant à verser aux autorités fiscales pour l'exercice 2009.

Le calcul de la charge totale d'impôts doit également tenir compte des différences imposables ou déductibles temporelles donnant lieu aux impôts différés. En 2009, l'entreprise a droit, sur le plan fiscal, à une déduction pour amortissement de 27 000 $, alors que sur le plan comptable l'amortissement s'élève à 20 000 $. La valeur comptable des immobilisations est donc supérieure de 7 000 $ à leur valeur fiscale.

• • • ▶

• • • ▶

	Valeur comptable	Valeur fiscale
Coût	100 000 $	100 000 $
Moins : Amortissement comptable	(20 000)	
Moins : Déduction pour amortissement		(27 000)
Valeur nette	80 000 $	73 000 $

Puisque l'entreprise bénéficie d'une déduction fiscale plus rapide, elle se retrouvera dans un avenir rapproché à ne plus bénéficier de la déduction fiscale et à inclure dans son revenu imposable le montant de l'amortissement comptable, qui, lui, n'est pas déductible. Ainsi, pour l'exercice de 2009, l'entreprise paie 2 800 $ de moins en impôts que s'il n'y avait eu aucune différence entre les valeurs comptable et fiscale des immobilisations (80 000 $ − 73 000 $ = 7 000 $ × 40 %). Par ailleurs, puisque cette diminution résulte de la différence temporelle entre le traitement comptable et le traitement fiscal de l'amortissement, l'entreprise devra inévitablement finir par payer les impôts payés en moins en 2009 (soit au moment où le bien sera complètement amorti en ce qui a trait au fisc), d'où l'obligation de comptabiliser un passif d'impôt différé de 2 800 $.

La charge totale d'impôts présentée au compte de résultat de 2009 sera donc de 42 000 $, présenté comme suit :

Charge d'impôts exigibles	39 200 $
Plus : Passif d'impôts différé	2 800 $
Charge d'impôts	42 000 $

Le même raisonnement s'applique aux deux autres exercices. Le processus d'établissement du passif différé se présente comme suit :

(en dollars)	Valeur comptable	Valeur fiscale	Différence temporelle	Taux d'imposition	Passif d'impôts différé
Coût d'acquisition	100 000	100 000	0		
Amortissement – année 2009	20 000	27 000	7 000		
Valeur nette – année 2009	80 000	73 000	7 000	40 %	2 800
Amortissement – année 2010	20 000	21 000	1 000		
Valeur nette – année 2010	60 000	52 000	8 000	40 %	3 200
Amortissement – année 2011	20 000	12 000	(8 000)		
Valeur nette – année 2011	40 000	40 000	0	40 %	0

• • • ▶

• • • ▶

Il en découle, dans le compte de résultat, les conséquences suivantes sur la charge d'impôts :

(en dollars)	2009	2010	2011
Résultat avant impôts	100 000	100 000	100 000
Revenu imposable	98 000	104 000	113 000
Charge (économie) d'impôts :			
– exigibles (revenu imposable × 40 %)	39 200	41 600	45 200
– différée	2 800	400 *	(3 200)**
– totale	42 000	42 000	42 000
Solde des passifs d'impôt différé			
(état de la situation financière)	2 800	3 200	0

* Passifs d'impôts différés Année 2010 – Passifs d'impôts différés Année 2009 = 3 200 $ – 2 800 $
** Passifs d'impôts différés Année 2011 – Passifs d'impôts différés Année 2010 = 0 $ – 3 200 $

Les tableaux précédents permettent de noter les faits suivants :

■ Dans le compte de résultat, la charge totale d'impôts est restée constante pour les trois années, bien que l'impôt exigible ait crû au cours des trois exercices ;

■ Dans l'état de la situation financière, le solde des impôts différés est nul après la troisième année, puisque les différences sont temporelles, c'est-à-dire qu'elles se résorbent avec le temps.

À la mesure de la charge d'impôts s'ajoute une autre composante : le report de pertes fiscales. Une entité qui réalise une perte au cours d'une période ne doit pas payer d'impôt. De plus, dans une telle situation, les autorités fiscales permettent à l'entité de récupérer des impôts payés dans le passé, ou encore de réduire les impôts qu'elle devra payer à l'avenir. C'est ce que l'on appelle le « report de pertes ». Au Canada, les autorités fiscales permettent à une entité de reporter une perte fiscale trois années en arrière et jusqu'à vingt années en avant. L'exemple suivant montre un cas de report de pertes fiscales :

> **EXEMPLE 4 :** Report de pertes fiscales
>
> Une entité réalise une perte fiscale de 20 000 $ au cours de sa troisième année d'existence. Elle est normalement assujettie à un taux d'imposition de 25 %. Au cours des deux années précédentes, elle avait réalisé des revenus imposables, respectivement de 5 000 $ et 10 000 $. Elle peut donc recouvrer les impôts qu'elle a versés au gouvernement au cours des deux derniers exercices, soit 3 750 $ (25 % de 15 000 $). Dans son état de la situation financière, elle inscrira donc un actif d'impôt à recevoir de 3 750 $, qui sera également constaté dans son compte de résultat sous la rubrique Recouvrement d'impôts dû à un report en arrière de perte. Ayant réalisé une perte fiscale de 20 000 $ et ayant reporté 15 000 $ dans le passé, il reste à cette entité la possibilité de reporter 5 000 $ dans l'avenir. Elle constatera un actif d'impôt différé et un recouvrement d'impôt dû à un report dans l'avenir dans la mesure où il est probable qu'elle puisse disposer de revenus imposables dans l'avenir. Dans la situation où l'entité ne peut considérer comme probable qu'elle disposera de bénéfices futurs sur lesquels ses pertes fiscales pourront être imputées, elle doit attendre que les bénéfices fiscaux se réalisent.

A.3 LES AVANTAGES DU PERSONNEL

Le régime d'avantages du personnel représente une entente conclue entre la société et ses salariés, en vertu de laquelle celle-ci s'engage, en échange des services rendus par les salariés, à leur procurer des avantages après leur période d'emploi.

Pour l'entreprise, ces avantages constituent des charges importantes. Dans les états financiers, elle doit les imputer à l'exercice pendant lequel les salariés ont rendu les services leur y donnant droit, dans le but de constater un passif et une charge durant l'exercice en question. En substance, les régimes d'avantages du personnel font partie de la rémunération du salarié.

Or, en vertu de certains de ces régimes, l'entité est tenue de fournir au salarié, au cours d'exercices financiers ultérieurs, des avantages en contrepartie de services rendus durant l'exercice courant. Le coût relatif à ces avantages futurs est constaté dans l'exercice au cours duquel le salarié les gagne, étant donné que l'obligation de verser les prestations se constitue à mesure que le salarié rend les services.

Selon l'*IAS 19*, les avantages du personnel sont constitués des quatre composantes suivantes :

1. les avantages du personnel à court terme, comme les salaires et les cotisations de sécurité sociale, les congés payés et les congés de maladie, l'intéressement et les primes (si elles sont payables dans les douze mois suivant la fin de la période) ainsi que les avantages non pécuniaires (comme l'assistance médicale, le logement, les voitures et les biens ou services gratuits ou subventionnés) dont bénéficient les membres du personnel en activité ;

2. les avantages postérieurs à l'emploi, comme les pensions et autres prestations de retraite, l'assurance-vie postérieure à l'emploi et l'assistance médicale postérieure à l'emploi ;

3. les autres avantages à long terme, comme les congés liés à l'ancienneté ou congés sabbatiques, les jubilés et autres avantages liés à l'ancienneté, les indemnités pour invalidité de longue durée et, s'ils sont payables douze mois ou plus après la fin de la période, l'intéressement, les primes et les rémunérations différées ;

4. les indemnités de fin de contrat de travail.

De tous ces avantages, c'est la comptabilisation des éléments liés aux prestations de retraite qui cause quelques difficultés. Voyons, dans ce qui suit, les caractéristiques liées à leur comptabilisation

A.3.1 Les prestations de retraite

De nombreuses sociétés ont instauré des régimes de retraite au profit de leurs employés. Ces régimes servent à accumuler des fonds provenant de cotisations du personnel, de l'employeur (la société) ou des deux, dans le but de verser à l'employé une rente, appelée « prestations », lorsqu'il atteindra l'âge de la retraite.

Il existe deux types de régimes de retraite : les régimes de retraite à « cotisations définies » et les régimes de retraite à « prestations définies ».

A. LES RÉGIMES À COTISATIONS DÉFINIES

Un régime de retraite à cotisations définies est une entente contractuelle qui oblige l'employeur à verser chaque année une cotisation égale à un pourcentage fixé d'avance du salaire annuel de chaque employé. Selon le régime, l'employé peut aussi être amené à cotiser. Dans ce cas, on parle de « régime contributif ». Les fonds sont confiés à un fiduciaire, qui les fait fructifier pour le compte de l'employé. Au moment de sa retraite, ce dernier se voit remettre le solde de son compte ou, s'il préfère, il peut acheter en contrepartie de ce solde une rente viagère dont l'importance sera en grande partie proportionnelle au solde en question.

Dans ce type de régime, l'employé court un risque : la rente de retraite est fonction des intérêts (dividendes, gains de capital) générés par le fonds durant ses années de service. Ainsi, un krach boursier pourrait diminuer sa rente de retraite. Inversement, dans des circonstances très favorables, l'employé tire profit des rendements exceptionnels de son fonds.

B. LES RÉGIMES À PRESTATIONS DÉFINIES

Dans un régime à prestations définies, ce ne sont pas les cotisations qui sont fixées d'avance, mais les rentes (ou prestations) de retraite versées aux salariés. Par exemple, le régime peut garantir une rente de retraite annuelle équivalant à 2 % du salaire moyen gagné durant les trois années de service au cours desquelles l'employé a été le mieux rémunéré, multiplié par le nombre total d'années de service. Dès lors, un employé ayant travaillé 30 ans et dont le salaire moyen des trois dernières années est de 50 000 $ recevra une rente de retraite annuelle de 30 000 $ ($30 \times 2\% \times 50\,000$ $).

Dans le cas des régimes à prestations définies, l'employeur ne s'engage pas à payer des cotisations, mais des prestations. Souvent, la date de paiement de ces prestations est très éloignée. La charge de retraite annuelle au titre des prestations versées pour les services rendus au cours d'une année donnée ne sera donc plus égale au montant cotisé au régime, car celui-ci est établi par l'employeur. Cette charge sera plutôt égale au *coût actualisé* de la proportion de la rente que l'employé a gagnée par son travail durant l'exercice. En d'autres termes, la charge annuelle équivaudra à la somme qu'il faudrait investir aujourd'hui pour que le fonds dispose d'assez d'argent pour payer annuellement, à compter du départ à la retraite de l'employé, la portion de rente qu'il a gagnée durant l'année, et ce, jusqu'à son décès.

Ce montant est estimé par un actuaire, à partir des hypothèses qu'il juge les plus probables en matière de taux d'intérêt futurs, de taux de mortalité, de roulement du personnel de l'entreprise, etc. Toute différence entre le montant estimatif et la cotisation que l'employeur a réellement versée au régime durant l'année est cumulée dans l'état de la situation financière. Cette différence apparaît soit dans le passif, sous la rubrique Passif au titre de prestations définies (si la cotisation versée est inférieure au coût actualisé), soit dans l'actif, sous la rubrique Actif au titre de prestations définies (si la cotisation versée est supérieure au coût actualisé). Il s'agit du seul montant au titre du régime de retraite que présente l'état de la situation financière de l'employeur.

Les fonds cumulés dans le régime de retraite ne sont pas compris dans l'état de la situation financière de l'employeur, puisque celui-ci ne peut utiliser ces sommes à d'autres fins que le paiement de rentes de retraite. Les fonds cumulés sont la propriété du régime de retraite, qui constitue une entité juridique distincte produisant ses propres états financiers. Néanmoins, la valeur de l'actif total du régime de retraite est présentée en notes aux états financiers de l'employeur. Par ailleurs, la note sur les avantages du personnel donne aussi des renseignements sur la « valeur actuarielle des prestations définies ». Cette valeur correspond au coût actualisé de la proportion des rentes cumulée par les employés depuis leur date d'embauche jusqu'à celle de l'état de la situation financière. En d'autres termes, il s'agit du montant que le fonds devrait contenir aujourd'hui, compte tenu des taux d'intérêt prévus, pour pouvoir payer la proportion des rentes à laquelle les employés ont droit, eu égard au travail qu'ils ont accompli jusqu'à présent. Voyons un exemple.

EXEMPLE 5 : Valeur actuarielle des prestations définies

La société XYZ a un seul employé, qui compte 10 ans d'ancienneté. Il prendra sa retraite dans 15 ans, et le régime de retraite à prestations définies de l'entreprise lui garantit une rente de retraite égale à 2 % de son salaire de fin de carrière multiplié par le nombre d'années de service. L'actuaire prévoit que cet employé vivra 12 ans après son départ à la retraite, que le taux d'intérêt à long terme sera de 10 % et que l'employé gagnera un salaire de 50 000 $ au moment de sa retraite.

La valeur actuarielle des prestations définies à ce jour correspond donc au coût actualisé de la proportion des rentes déjà acquise par l'employé. La rente déjà acquise par l'employé est de 10 000 $ (10 ans × 2 % × 50 000 $). Il est donc assuré d'une rente de retraite de 10 000 $ par an. Puisque l'espérance de vie de cet employé est de 12 ans après son départ à la retraite et que le taux d'intérêt est de 10 %, le coût actualisé de cette proportion des rentes s'élève à 16 345 $. Théoriquement, cela signifie que, si le fonds de retraite renferme aujourd'hui 16 345 $ (investi à un taux de 10 %), celui-ci contiendra dans 15 ans des sommes suffisantes pour verser à l'employé 10 000 $ par année pendant 12 ans.

La comparaison de l'actif du fonds et de la valeur actuarielle des prestations définies permet donc au lecteur de juger de la santé du régime de retraite. Si l'actif du fonds est supérieur à la valeur actuarielle des prestations définies, on est en présence d'un « surplus actuariel ». Dans le cas contraire, on parle de « déficit actuariel ». En théorie, si l'employeur versait toujours à la caisse de retraite le strict montant de la charge annuelle calculée par l'actuaire, et si les hypothèses de ce dernier se révélaient exactes, il n'y aurait ni surplus ni déficit : l'actif du fonds serait égal à la valeur actuarielle des prestations définies. Cependant, en pratique, ces montants ne sont jamais parfaitement égaux en raison des facteurs suivants :

- cotisations excédentaires ou insuffisantes de la part de l'employeur ;

- écarts entre la réalité et les hypothèses actuarielles ;

- révision des hypothèses actuarielles ;

- modifications apportées au régime, avec effet rétroactif.

 ## A.4 LES PARTICIPATIONS DANS D'AUTRES ENTITÉS

Une des stratégies de développement pour une entreprise qui souhaite prendre de l'expansion consiste à acquérir une participation dans d'autres entreprises. Il existe différents types de placements, classés selon le degré d'influence qu'exercera l'entité qui achète le placement dans la société dite « émettrice ». Ce degré d'influence dépend principalement du pourcentage d'actions avec droit de vote que détient la société acheteuse ou l'entité dite « participante ». Par exemple, une entité détenant plus de 50 % des actions avec droit de vote est présumée exercer un contrôle sur la société émettrice, laquelle est, dans ce cas, considérée comme sa filiale. Il arrive aussi qu'une société détenant moins de 50 % des actions avec droit de vote doive tout de même considérer la société émettrice comme une filiale si le degré d'influence qu'elle exerce sur cette dernière fait en sorte que, dans les faits, elle la contrôle. Il importe donc de déterminer si d'autres facteurs que la détention d'actions avec droit de vote permettent à la société participante d'exercer une influence sur la société émettrice. Par ailleurs, il arrive que la société participante exerce une influence sur les politiques financières et opérationnelles sans toutefois exercer le contrôle. Les normes comptables suggèrent qu'une entreprise détenant 20 % ou davantage des droits de vote est présumée avoir une influence notable. Bien sûr, le degré d'influence peut être important en deçà de ce seuil quantitatif si l'entité acheteuse exerce un pouvoir décisionnel important sur l'entité émettrice.

Du point de vue de la comptabilité, le pourcentage d'actions avec droit de vote détenues par la société acheteuse et son degré d'influence sur la société émettrice déterminent la méthode de comptabilisation du placement dans les états financiers de l'entité participante.

Voyons ci-dessous les catégories de placement répertoriées par les normes internationales d'information financière (IFRS) selon le degré d'influence de l'entité participante :

■ placement dans une société associée lorsque l'entité participante détient entre 20 % et 50 % des actions avec droit de vote ou exerce une influence notable par l'entremise d'autres facteurs ;

■ placement dans une filiale lorsque l'entité participante détient plus de 50 % de ses actions avec droit de vote ou qu'elle la contrôle de fait par l'entremise d'autres facteurs ;

■ placement dans une coentreprise lorsque deux parties ou plus conviennent, en vertu d'un accord contractuel, d'exercer une activité économique sous contrôle conjoint.

A.4.1 La comptabilisation d'une participation dans des entreprises associées

Une entité participante effectue un placement dans une société associée lorsqu'elle est en mesure d'exercer une influence notable sur la société émettrice. L'influence notable[1] est le pouvoir de participer aux décisions de politiques financières et opérationnelles d'une activité économique, sans toutefois exercer un contrôle ou un contrôle conjoint sur ces politiques. Il est habituellement considéré que l'entité participante qui détient entre 20 % et 50 % des actions avec droit de vote en circulation de la société émettrice est en mesure d'exercer une influence notable. Encore une fois, ce pourcentage sert de balise. Il faut vérifier les rapports existants entre l'entité participante et la société émettrice et évaluer l'influence globale exercée. L'entité participante en mesure d'exercer une influence notable sur une société émettrice pour en faire une entreprise associée doit alors comptabiliser sa participation dans l'entreprise associée selon la méthode de la mise en équivalence.

Dans un premier temps, selon cette méthode, on trouve dans l'état de la situation financière de la société participante le poste Participations dans une entreprise associée, dans lequel est comptabilisé le coût d'acquisition de la participation. Par la suite, on ajuste la valeur d'acquisition de la participation. Pour ce faire, on commence par ajouter au coût d'acquisition de la participation dans la société associée la quote-part de son bénéfice revenant à l'entité participante. Ensuite, on diminue la valeur de la participation de la quote-part des dividendes déclarés par la société émettrice revenant à la société participante. De la même manière, advenant une perte de la société émettrice, on diminuera

---

1. Norme internationale d'information financière (IFRS) du Bureau des standards comptables internationaux (IASB) *IAS 28 : Participations dans des entreprises associées*.

le coût de la participation dans la société associée de la quote-part de la perte revenant à la société participante.

Selon cette méthode, le dividende déclaré par la société émettrice n'est pas considéré comme un revenu de placement. Le revenu de placement correspond à la quote-part du résultat net de l'entreprise associée revenant à la société participante. Voici un exemple.

EXEMPLE 6 : Méthode de la mise en équivalence

Une société participante, la société A, achète 30 % des actions avec droit de vote de la société B. Le coût d'acquisition de cette participation est de 50 000 $. À la fin du premier exercice, la société B réalise un résultat net de 10 000 $ et déclare un dividende de 1 000 $.

Dans les états financiers de la société A, le poste Participation dans la société associée B sera de 52 700 $, soit :

Coût d'acquisition de la participation	50 000 $
Plus : Quote-part du résultat net de la société B (30 % × 10 000 $)	3 000
Moins : Dividende déclaré par la société B à la société A (30 % × 1 000 $)	(300)
	52 700 $

A.4.2 La comptabilisation d'une participation dans une filiale

Dans le cas d'une participation dans une filiale, l'acquéreur, appelé « société mère », sera considéré comme ayant le contrôle de la société émettrice, appelée sa « filiale », puisque la société mère contrôle la majorité des droits de vote rattachés aux actions de la filiale en question ou, bien qu'elle détienne moins de 50 % des actions avec droit de vote, elle exerce un contrôle de fait, en raison de son degré d'influence. Ce mode d'acquisition est prisé des investisseurs en raison de sa relative simplicité administrative, car la société acquise conserve la propriété de ses actifs. Légalement, les deux sociétés subsistent. Aucune ressource ne change de propriétaire légal ; seules les actions de la société acquise font l'objet d'un transfert entre les détenteurs précédents et l'acquéreur.

Pour refléter ce contrôle, on a recours à un processus comptable nommé « consolidation ». En résumé, ce procédé consiste à regrouper en un seul jeu les états financiers de toutes les filiales et ceux de la société mère, puisque, dans les faits, tous les actifs et passifs des filiales appartiennent à cette dernière.

Dans les états financiers consolidés, la participation dans la filiale ne figure pas dans l'état de la situation financière. Le principe de base consiste à additionner tous les postes de l'état du résultat global, de l'état de la situation financière, de l'état des variations des capitaux propres et du tableau des flux de trésorerie des filiales avec ceux de la société mère, que les filiales soient détenues à 100 % ou à moins de 100 %. Ce processus est appelé « consolidation intégrale ». Pour justifier ce traitement, il importe de comprendre que, dès que la société mère détient plus de 50 % des actions avec droit de vote d'une filiale (ou qu'elle exerce un contrôle de fait en raison d'autres facteurs), elle est en mesure d'exploiter la totalité de ses actifs et de ses activités, même si elle ne la détient qu'à 80 %, par exemple. Cela veut aussi dire que le groupe d'actionnaires minoritaires (détenant, dans ce cas-ci, 20 % des actions avec droit de vote), appelés aussi actionnaires sans contrôle, doit se soumettre à la volonté de la société mère en ce qui concerne la totalité des biens investis. Ainsi, le processus de consolidation intégrale permet à l'utilisateur de mesurer plus précisément le risque d'un placement de la société mère dans ses filiales.

Sans entrer dans le processus technique de consolidation, voici comment interpréter les postes des états financiers consolidés.

A.4.3 L'état du résultat global consolidé

Les produits et les charges (ventes, coût des ventes, coûts commerciaux, charges administratives, etc.) inscrits dans le compte de résultat consolidé représentent la somme de ces postes pour toutes les sociétés du groupe consolidé.

Par ailleurs, toutes les opérations internes (entre les entreprises du groupe) sont éliminées. Par exemple, les ventes de la filiale à la société mère sont exclues des ventes consolidées. De même, les dividendes que la société mère reçoit de ses filiales ne figurent pas dans le compte de résultat consolidé. En somme, on ne présente dans cet état que les opérations effectuées avec des intervenants externes, considérant le groupe de sociétés comme une entité économique en soi.

Il serait faux de dire d'une société mère qui détient moins de 100 % des actions de sa filiale qu'elle en possède 100 % des résultats. Pour cette raison, les postes Participation ne donnant pas le contrôle, Part des actionnaires sans contrôle ou Participation minoritaire doivent figurer dans le compte de résultat et le résultat global. Il s'agit de la part des résultats qui revient aux actionnaires minoritaires des filiales (voir les sections 2.3 E et 2.4 à la page 85).

A.4.4 L'état de la situation financière consolidée

Pour la consolidation de l'état de la situation financière, il faut additionner la totalité des actifs et des passifs (encaisse, stocks, immobilisations, fournisseurs, dettes à long terme, etc.) de l'état de la situation financière des filiales à ceux de la société mère. Par ailleurs, lors de la consolidation, on élimine les dettes ou les montants à recevoir d'une autre société du groupe.

Dans le cas d'une filiale détenue à moins de 100 %, il est à noter que les actifs et passifs sont repris en totalité dans l'état de la situation financière consolidé. Toutefois, le processus de consolidation intégrale oblige à reconnaître la quote-part des éléments de l'état de la situation financière n'appartenant pas au groupe consolidé. Nous retrouvons alors les postes Participation ne donnant pas le contrôle, Part des actionnaires sans contrôle ou Participation minoritaire, qui représentent la part des actifs nets (actifs moins passifs) du groupe consolidé appartenant aux actionnaires minoritaires. Un de ces postes apparaît dans la section des capitaux propres de l'état de la situation financière.

A.4.5 La comptabilisation d'une participation dans une coentreprise

Une coentreprise est un groupement par lequel plusieurs personnes ou entités s'associent selon des modalités diverses. À l'issue de cet accord, elles s'engagent à mener en coopération une activité industrielle ou commerciale, ou encore elles décident de mettre en commun leurs ressources et d'exercer un contrôle commun sur cette activité en vue d'atteindre un objectif particulier, tout en prévoyant partager les frais et les bénéfices. Le contrôle commun d'une activité économique est le pouvoir, exercé collectivement, de définir de manière durable les politiques stratégiques en matière d'exploitation et d'investissement d'une société. Le pouvoir exercé collectivement implique le consentement unanime des parties. On distingue trois catégories d'association dans une coentreprise, soit :

- les activités contrôlées conjointement ;

- les actifs contrôlés conjointement ;

- les entités contrôlées conjointement.

La comptabilisation d'une participation dans une coentreprise varie en fonction du type d'association choisie par les parties impliquées. Lorsque des coentrepreneurs s'associent pour des activités contrôlées conjointement ou encore pour contrôler conjointement des actifs, chacun d'eux doit comptabiliser ces activités en ajoutant à ses propres états financiers les actifs, passifs, produits et charges qui lui reviennent.

Par ailleurs, lorsque des coentrepreneurs contrôlent une entité conjointement, chacun d'eux doit comptabiliser sa participation dans la coentreprise, qui produit ses propres états financiers en utilisant soit la consolidation proportionnelle, soit la méthode de la mise en équivalence décrite précédemment.

Dans l'état de la situation financière découlant de la méthode de la consolidation proportionnelle, on ne trouve *pas* la participation dans la coentreprise sous le poste Participation dans une coentreprise. Ce type de placement est plutôt décrit dans la note qui détaille les conventions comptables utilisées, sous la rubrique Participations. De fait, pour appliquer la méthode de la consolidation proportionnelle, on additionne les postes des états financiers de la coentreprise à ceux des états financiers du coentrepreneur en tenant compte de la part que ce dernier détient dans la coentreprise. Ainsi, chacun des actifs, des passifs, des produits et des charges placés sous contrôle conjoint sont inscrits proportionnellement dans les postes correspondants des états financiers de l'un et l'autre des coentrepreneurs. Cette méthode diffère de la consolidation intégrale, puisqu'aucun des partenaires n'exerce d'influence dominante. Il n'y a donc pas de participation minoritaire pour ce type d'entité.

La méthode de la consolidation proportionnelle permet au coentrepreneur de mieux rendre compte de la substance de sa participation dans la coentreprise et de la réalité économique. En effet, il ne contrôle pas les ressources de la coentreprise, car le contrôle est partagé ; son droit à l'actif, au passif et aux résultats est limité à sa quote-part. L'information ainsi fournie permet aux utilisateurs de bien évaluer le risque auquel s'expose le coentrepreneur, car elle reflète fidèlement la part des activités qu'il exerce et des ressources financières dont il dispose.

Lorsqu'on utilise la méthode de la consolidation proportionnelle, on considère que les postes des états financiers du coentrepreneur et la part qui lui revient des postes de la coentreprise relèvent d'une seule entité économique. Les états financiers consolidés sont le fruit d'une opération extracomptable qui consiste à combiner, moyennant certains redressements, les postes des états financiers du coentrepreneur et la part lui revenant des postes de la coentreprise. Cette méthode doit être appliquée uniformément à tous les états financiers du coentrepreneur (état du résultat global, état des variations des capitaux propres, état de la situation financière et tableau des flux de trésorerie).

A.5 LES EFFETS DES VARIATIONS DES COURS DES MONNAIES ÉTRANGÈRES

Le phénomène de participation dans d'autres entités peut entraîner un autre enjeu comptable lorsque les sociétés acquises exercent leurs activités avec une monnaie différente de celle de la société participante. En effet, lors du travail de consolidation des états financiers sous contrôle de la société mère, il est nécessaire de convertir en une même monnaie (les états financiers des filiales, des entreprises associées ou de coentreprises libellés dans une autre monnaie que celle choisie par l'entité publiante).

De plus, le processus de conversion des monnaies s'applique aussi aux opérations effectuées en monnaies étrangères. En effet, il arrive fréquemment qu'une entité effectue des opérations en devises pour acheter ou vendre des biens ou des services, et ce, même si elle ne possède pas de filiales à l'étranger.

Les états financiers doivent rendre compte de manière uniforme des états financiers de filiales étrangères ou de coentreprises et des opérations effectuées en monnaies étrangères. Pour ce faire, il existe des normes comptables propres à la conversion de monnaies, que nous présentons brièvement ci-dessous.

Une entreprise est tenue d'enregistrer toutes ses transactions dans une même monnaie afin d'être en mesure de dresser des états financiers. Elle doit donc convertir toutes ses transactions effectuées en monnaies étrangères en monnaie dite fonctionnelle. Les normes comptables internationales définissent la monnaie fonctionnelle comme celle de l'environnement économique primaire dans lequel l'entreprise évolue. Le choix retenu représente normalement la monnaie dans laquelle la plus grande partie de ses transactions se négocient. Pour déterminer la monnaie fonctionnelle, une entité tient compte de divers facteurs, dont les suivants :

- la monnaie dans laquelle les ventes sont libellées et réglées ;

- la monnaie dans laquelle les charges sont libellées et payées ;

- la monnaie dans laquelle l'entreprise a reçu son financement.

A.5.1 La conversion de transactions effectuées en monnaies étrangères

Une entreprise effectue des transactions en monnaies étrangères lorsqu'elle traite à l'aide d'une monnaie autre que sa monnaie fonctionnelle. Par exemple, une entreprise canadienne dont la monnaie fonctionnelle est le dollar canadien effectue une transaction en monnaies étrangères si elle vend des biens en dollars américains.

Lorsqu'une entreprise effectue de telles transactions (achat, vente, paiement, recette, déboursé, emprunt, prêt, etc.), elle doit les enregistrer initialement dans la monnaie fonctionnelle, en appliquant au montant en monnaies étrangères le cours de change comptant entre la monnaie fonctionnelle et la monnaies étrangères à la date de la transaction, c'est-à-dire le cours de change à la date de la transaction.

Ultérieurement, soit à la date de reporting ou de fin d'exercice, cette entreprise doit convertir les actifs et les passifs résultant de ces transactions selon que ceux-ci sont des éléments monétaires ou des éléments non monétaires.

Dans l'état de la situation financière, les éléments comme la trésorerie, les comptes clients et les dettes diverses sont considérés comme des éléments monétaires. En effet, peu importe la situation, une dette d'un million de dollars exigera toujours un remboursement d'un million de dollars. Un élément est considéré comme monétaire si le nombre d'unités de monnaie qui y est associé est fixé d'avance par contrat ou autrement. Les postes monétaires doivent donc être convertis au cours de change en vigueur à la date de reporting ou date de fin d'exercice. Exprimée en dollars canadiens, la valeur de tels postes varie dans le temps en fonction des cours de change. Le fait de régulariser périodiquement la valeur de ces postes d'après le nouveau cours de change amène à constater des gains ou des pertes de change, qui représentent la différence entre le montant converti en monnaie fonctionnelle à la date de la transaction et celui calculé à la date de reporting, en résultat net dans l'état du résultat global.

Les actifs non monétaires, comme les stocks et les immobilisations, sont convertis en dollars canadiens en fonction du cours de change en vigueur au moment de leur acquisition ou de leur fabrication (taux historique). Ce traitement sert à exprimer en dollars canadiens le coût historique réel des stocks et des immobilisations, comme si ceux-ci avaient été achetés (ou produits) directement au Canada en dollars canadiens. Il en est ainsi de tous les autres actifs et passifs dits « non monétaires ». Les stocks et les immobilisations sont des éléments non monétaires, car le nombre d'unités de monnaie (dollars américains ou autres devises) associé à ces éléments n'est pas fixé d'avance. L'écart de change est donc nul étant donné que ce type de transactions a été enregistré à l'origine en fonction du cours de change à la date de la transaction.

D'autre part, les éléments non monétaires qui sont évalués à leur juste valeur doivent être convertis en utilisant les cours de change de la date à laquelle cette juste valeur a été déterminée. Il en est ainsi des postes de placements de portefeuille que nous avons décrits à la section 2.2.3 A. Encore une fois, il n'y a pas d'écart de conversion puisque ces transactions sont enregistrées au cours en vigueur à la date de réévaluation.

A.5.2 La conversion d'états financiers en monnaies étrangères

Il arrive également qu'une entreprise doive convertir ses états financiers afin qu'ils puissent être intégrés dans les états financiers de l'entité présentant les états financiers par voie de consolidation, de consolidation proportionnelle ou de mise en équivalence.

Selon la norme *IAS 21*, une telle entreprise doit donc convertir ses états financiers en monnaie de présentation[2] à l'aide des procédures suivantes :

■ Conversion de tous les postes d'actifs et de passifs de l'état de la situation financière au cours de change en vigueur à la fin de l'exercice (cours courant) ;

■ Conversion des postes de produits et de charges au cours de change en vigueur aux dates de transactions ou au cours moyen en vigueur durant l'exercice ;

■ Présentation de tous les écarts de change (ou écarts de conversion) dans le poste Gains et pertes de change latents sur conversion des états financiers de l'état des variations des capitaux propres.

A.6 LA RÉMUNÉRATION FONDÉE SUR LES ACTIONS

Il est courant que les entreprises offrent à leurs dirigeants occupant des postes clés une partie de leur rémunération sous forme d'actions de la société. Il s'agit d'un des moyens utilisés pour motiver les cadres. En effet, lier la rémunération au rendement des actions vise à aligner les intérêts des dirigeants sur ceux de l'entreprise. Car plus le cours des actions de la société monte, mieux se portent les employés qui sont détenteurs d'actions ou qui le deviendront. La forme la plus courante de rémunération à base d'actions est l'option d'achat d'actions, ou « option sur actions ».

Quand elle octroie une option d'achat d'actions à un employé, l'entreprise lui donne le droit d'acheter des actions à un prix prédéterminé, qui correspond généralement au cours du titre au moment de l'octroi. Ainsi, si le cours augmente, l'employé paiera moins que le cours pour acheter les titres, ce qui constituera un gain pour lui. Voyons un exemple.

---

2. La monnaie de présentation est la monnaie utilisée pour présenter les états financiers.

> **EXEMPLE 7 :** Option d'achat d'actions
>
> Le 4 janvier 2009, une société octroie à un employé le droit d'acheter 10 de ses actions à la fin de l'année, soit le 30 décembre 2009, au cours en date du 4 janvier 2009, c'est-à-dire 2,50 $. Si, le 30 décembre 2009, le cours est de 3 $, l'employé aura avantage à verser 25 $ (10 × 2,50 $) pour acquérir 10 actions qui valent en réalité 30 $ (10 × 3,00 $).

À quoi reconnaît-on cette forme de rémunération dans les états financiers d'une société ? Les normes comptables internationales obligent les sociétés qui octroient des options d'achat d'actions à comptabiliser, à la date d'octroi, une charge liée à la rémunération dont le montant correspond à la juste valeur des instruments de capitaux propres attribués, c'est-à-dire à celle de l'option d'achat d'actions. Pour estimer cette juste valeur, on a recours à des modèles financiers plutôt complexes. Ainsi, pour une option d'achat d'actions qui, au 4 janvier 2009, a une juste valeur de 0,40 $ sur le marché, on doit enregistrer à ce moment dans le compte de résultat une charge de 4 $ (10 × 0,40 $), ce qui réduit le résultat net de 4 $; on augmente d'autant les capitaux propres (à titre de surplus d'apport par exemple).

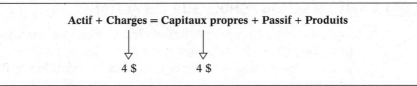

Au 30 décembre 2009, si l'employé décide d'acheter les 10 actions à 2,50 $, il versera pour ce faire un montant de 25 $ à la société.

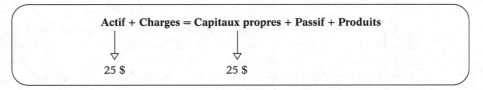

Les normes comptables obligent également les sociétés qui offrent une rémunération à base d'actions à décrire par voie de notes complémentaires aux états financiers les modalités des régimes en vigueur. Cette note doit, en autres, indiquer le nombre d'options attribuées ayant été exercées au cours de la période et en circulation à la fin de la période.

A.7 LES FRAIS DE RECHERCHE ET DE DÉVELOPPEMENT

L'étude de la section 2.2.3 B, notamment en ce qui a trait aux dépenses en capital, aux dépenses d'exploitation et aux autres actifs, nous conduit à nous pencher sur la comptabilisation des frais de recherche et de développement. En effet, bien que les gestionnaires des sociétés utilisent souvent l'expression « R & D » (pour recherche et développement), il est à noter que, du point de vue de la comptabilité, les frais de recherche et les frais de développement sont traités différemment.

Nous verrons dans ce qui suit que l'on considère les frais de recherche comme des charges d'exploitation, alors que, sous certaines conditions, les frais de développement représentent des dépenses en capital (actif).

Les normes internationales définissent ainsi les activités de recherche et de développement[2] :

■ Recherche : investigation originale et programmée entreprise en vue d'acquérir une compréhension et des connaissances scientifiques ou techniques nouvelles ;

■ Développement : application des résultats de la recherche ou d'autres connaissances à un plan ou à un modèle en vue de la production de matériaux, de dispositifs, de produits, de procédés, de systèmes ou de services nouveaux ou substantiellement améliorés, avant le commencement de leur production commerciale ou de leur utilisation.

Le traitement comptable des frais liés à la recherche et au développement comporte deux difficultés. Tout d'abord, la mesure proprement dite des frais de recherche et de développement, et, deuxièmement, la répartition de ces coûts entre ce qui revient à l'un et à l'autre.

La mesure ou le coût des frais de recherche et de développement doit comprendre tous les frais directement engagés pour mener à bien ces activités, qu'il s'agisse des salaires des chercheurs et des concepteurs, du coût du labo - ratoire (ou plutôt son amortissement), etc.

La répartition entre frais de recherche et frais de développement repose sur les avantages pouvant en découler dans l'avenir. Les fruits de la recherche et le moment où ils se matérialiseront étant impossibles à déterminer avec précision, il importe de passer en charges tous les frais de recherche au moment où ils sont engagés.

---

2. Norme *IAS 38 : Immobilisations incorporelles.*

Quant aux frais de développement, ils sont engagés pour mettre au point la commercialisation d'un bien ou d'un service. Il est donc possible d'en mesurer les avantages futurs. Ainsi, on peut « capitaliser » les frais de développement dans l'actif de l'état de la situation financière, si, et seulement si, *toutes* les conditions suivantes, tirées de la norme *IAS 38.57*, sont respectées :

1. faisabilité technique de l'achèvement de l'immobilisation incorporelle en vue de sa mise en service ou de sa vente ;

2. intention d'achever l'immobilisation incorporelle et de la mettre en service ou de la vendre ;

3. capacité à mettre en service ou à vendre l'immobilisation incorporelle ;

4. façon dont l'immobilisation incorporelle générera des avantages économiques futurs probables (l'entité doit notamment démontrer l'existence d'un marché pour la production issue de l'immobilisation incorporelle ou pour l'immobilisation incorporelle elle-même ou, si celle-ci doit être utilisée en interne, son utilité) ;

5. disponibilité de ressources techniques, financières et autres, appropriées pour achever le développement et mettre en service ou vendre l'immobilisation incorporelle ;

6. capacité d'évaluer de façon fiable les dépenses attribuables à l'immobilisation incorporelle au cours de son développement.

Lorsque les frais de développement satisfont à ces six conditions, ils sont d'abord inscrits dans l'état de la situation financière à titre d'actifs. Ils sont ensuite imputés aux résultats comme charges, dès que la société commence à en tirer des avantages, c'est-à-dire quand elle inscrit les ventes liées au bien ou au service développé. Les frais de développement capitalisés ne peuvent excéder le montant des avantages futurs que l'on croit pouvoir récupérer dans les exercices à venir. Si les avantages futurs sont trop incertains, les frais de développement doivent être passés en charges dans l'exercice où ils ont été engagés.

A.8 LES SECTEURS OPÉRATIONNELS

Il n'est pas rare qu'une entreprise œuvre dans plusieurs secteurs d'activité. Elle peut offrir des biens et services différents, ou encore vendre dans des secteurs géographiques diversifiés. Afin de mieux informer les utilisateurs sur sa performance financière, une telle entreprise est tenue de donner des informations sur chacun de ces éléments. Comme les états financiers d'une entreprise révèlent sa situation financière et ses résultats d'exploitation de façon globale, elle doit ajouter par voie de notes aux états financiers certains renseignements sur ses secteurs d'activité.

Selon la norme comptable internationale *IFRS 8*, un secteur opérationnel est une composante d'une entité :

■ qui se livre à des activités à partir desquelles elle est susceptible d'acquérir des produits des activités ordinaires et de supporter des charges (y compris des produits des activités ordinaires et des charges relatifs à des transactions avec d'autres composantes de la même entité) ;

■ dont les résultats opérationnels sont régulièrement examinés par le principal décideur opérationnel de l'entité en vue de prendre des décisions en matière de ressources à affecter au secteur et à évaluer sa performance ;

■ pour laquelle des informations financières isolées sont disponibles. En fait, un secteur opérationnel reflète la façon de gérer d'une entreprise. Pour qu'un gestionnaire puisse prendre de bonnes décisions, il a besoin d'informations sur les opérations dont il est responsable. C'est une partie de cette information qu'une entreprise a le devoir de communiquer par voie de note aux états financiers.

Pour se conformer aux normes en vigueur, une entreprise doit notamment fournir les informations suivantes relativement à chaque secteur opérationnel :

■ les produits des activités ordinaires provenant de clients externes ;

■ les produits des activités ordinaires provenant de transactions avec d'autres secteurs opérationnels de la même entité ;

■ les produits d'intérêts ;

■ les charges d'intérêts ;

■ les amortissements d'actifs corporels et incorporels ;

■ les éléments significatifs de produits et de charges ;

■ la quote-part de l'entité dans le résultat des entités associées et des coentre-prises comptabilisées selon la méthode de la mise en équivalence ;

■ la charge ou le produit d'impôt sur le résultat ;

■ les éléments significatifs sans contrepartie en trésorerie, autres que les amortissements sur actifs corporels et incorporels.

Quant au détail des informations à fournir, ils doivent, dans la mesure du possible, dépendre de l'information financière utilisée pour les états financiers de l'entreprise. Il va de soi que la somme des renseignements sectoriels doit correspondre au total des postes présentés dans les états financiers de l'entreprise.

CHAPITRE 3

Le processus de normalisation internationale et le cadre conceptuel

3.1 La raison d'être des normes internationales......................**126**

3.2 Le cadre conceptuel international....................................**130**

3.3 Les états financiers : le concept d'entité........................**132**

3.4 Les hypothèses de base..**133**
    3.4.1   La continuité d'exploitation.....................................133
    3.4.2   La comptabilité d'engagement (et la notion
             de spécialisation des exercices)..............................134

3.5 Les caractéristiques qualitatives.....................................**135**
    3.5.1   L'intelligibilité..135
    3.5.2   La pertinence...135
    3.5.3   La fiabilité...137
    3.5.4   La comparabilité...141

3.6 Les contraintes..**141**
    3.6.1   La célérité...141
    3.6.2   Le rapport avantage/coût.......................................142

3.7 L'évaluation..**142**
    3.7.1   Le coût historique..142
    3.7.2   Le coût actuel..143
    3.7.3   La valeur de réalisation..143
    3.7.4   La valeur actuelle..143
    3.7.5   La juste valeur..143
    3.7.6   Que conclure de ces diverses méthodes ?...................143

3.8 La comptabilisation (ou constatation).............................**144**
    3.8.1   Les critères généraux...144
    3.8.2   Les actifs et les passifs..145
    3.8.3   Les produits..145
    3.8.4   Les charges (et le rattachement des charges
             aux produits)...150

3.9 Le jugement et les considérations éthiques......................**150**

*Dans une logique de mondialisation des marchés des capitaux,
les IFRS aideront les sociétés canadiennes à demeurer concurrentielles.*
Paul Cherry, président du Conseil des normes comptables du Canada,
avril 2008[1]

Le milieu des affaires, les gouvernements et la profession comptable reconnaissent que, pour être utiles, les états financiers doivent être établis selon des règles communes. La normalisation comptable vise à généraliser les méthodes de traitement et de présentation de l'information financière. Le présent chapitre traite de la raison d'être du processus de normalisation internationale ainsi que du cadre conceptuel permettant d'étayer l'élaboration de ces mêmes normes.

3.1 LA RAISON D'ÊTRE DES NORMES INTERNATIONALES

En 2011, les sociétés ouvertes canadiennes (c'est-à-dire celles qui sont cotées en Bourse) devront adopter, en matière d'états financiers, des normes comptables conformes à la pratique internationale. Les enjeux suscités par l'introduction de telles normes nous amènent à poser deux questions reliées au pourquoi des normes internationales ainsi qu'à leur origine.

Pourquoi des normes comptables internationales ?

Une des explications tient de la mondialisation des affaires et des marchés des capitaux. En effet, en matière d'accès aux capitaux, les analystes doivent pouvoir faire des comparaisons et des analyses avec le moins de perturbations et de biais possibles dans l'interprétation des données. Ainsi, les analyses auxquelles les entreprises procèdent avant de prendre des décisions d'investissement déboucheront sur un suivi plus aisé grâce à la clarté de la clef d'interprétation des données financières. De plus, de quelque pays qu'ils proviennent, les utilisateurs de l'information financière suivront un même ensemble de normes comptables, d'où une pertinence accrue de cette information d'un pays à l'autre.

Dans un article publié dans le *Financial Post* et abondamment cité, Paul Cherry, président du Conseil des normes comptables du Canada, exposait les

---

1. Cité dans Christian Bellavance, « IFRS : à vos marques, prêts, partez ! », *CA magazine*, avril 2008, p. 3.

raisons justifiant le passage aux normes IFRS au Canada. Parmi les arguments invoqués figuraient notamment les éléments exposés dans le tableau suivant.

TABLEAU 3-1 • Arguments pour l'adoption des normes IFRS

Arguments pour l'adoption des normes IFRS	Cherry 2008, extraits[2]
1. L'adhésion mondiale aux IFRS	« Le Canada ne peut rester à l'écart du mouvement d'acceptation grandissante d'une langue d'information financière commune. Le Canada ne représente même pas 4 % d'un marché financier devenu mondial. »
2. Les coûts d'accès aux marchés des capitaux	« Les investisseurs ont du mal à comparer les sociétés entre elles, et ce sont eux finalement qui supportent le coût de la traduction. Avoir une langue comptable mondiale est la meilleure solution pour les sociétés ouvertes et les investisseurs. »
	« Les IFRS multiplieront les opportunités [sic] pour les entreprises canadiennes et leurs investisseurs, en abaissant le coût du capital, en facilitant l'accès aux marchés financiers internationaux et en éliminant la nécessité coûteuse des rapprochements. »
3. Des normes comptables canadiennes jusqu'alors « ni blanches ni noires »... et la validité des normes IFRS	« Nombre d'acteurs des marchés financiers canadiens étaient gênés des normes canadiennes ni blanches ni noires, c'est-à-dire ni conformes aux IFRS, ni conformes aux PCGR américains, mais composées d'un mélange des deux. »
	« Ainsi, l'Organisation internationale des commissions de valeurs a jugé que les IFRS étaient « exhaustives, polyvalentes et susceptibles d'une interprétation et d'une application uniformes. »
	« [...] les IFRS constituent un mélange équilibré de principes généraux et de modalités d'application précises. »
4. Au diapason d'une centaine de pays pour la prise de décision sur toile de fond mondiale	« À l'heure où les entreprises prennent de plus en plus leurs décisions sur une toile de fond mondiale, le passage aux IFRS mettra le Canada au diapason d'une bonne centaine de pays, dont notamment ceux de l'Union européenne (à commencer par le Royaume-Uni) et l'Australie, ainsi que le Japon, la Chine, l'Inde, le Brésil, la Corée du Sud et Israël. »
5. Une « approbation » des IFRS par la Securities and Exchange Commission (SEC, États-Unis) pour les émetteurs étrangers	« À la fin de 2007, la Securities and Exchange Commission (SEC) a décidé de permettre aux émetteurs privés étrangers de déposer des états financiers établis selon les IFRS, au même titre que s'ils étaient établis selon les PCGR américains. Cela signifie que les sociétés canadiennes qui établiront leurs états financiers selon les IFRS ne seront plus tenues de rapprocher leurs états financiers des PCGR américains : une économie appréciable. »

2. Paul Cherry, « Time for common accounting standards », *Financial Post*, 30 janvier 2008 ; traduction : « Il est temps d'adopter des normes comptables communes », *CA magazine*, avril 2008, p. 16-17.

Cependant, le passage aux normes IFRS exigera des efforts de la part des sociétés canadiennes et pourra entraîner des coûts importants, mais non récurrents pour certaines d'entre elles. À cet égard, on dit qu'il s'agit plus d'une course de fond que d'une course de vitesse[3].

D'où proviennent les normes internationales ?

Le passage aux normes IFRS résulte d'un long processus au cours duquel divers courants d'influence se sont affrontés à propos de l'élaboration des normes comptables nationales de chaque pays et de leur contenu. Ainsi, dans les années 1980, différentes recherches[4] ont permis de distinguer les pays et de les regrouper en fonction de leurs différences « comptables ». Parmi ces recherches, le schéma élaboré par Nobles permet de regrouper les pays selon que l'approche qu'ils suivent repose sur la microéconomie ou sur la macroéconomie uniforme.

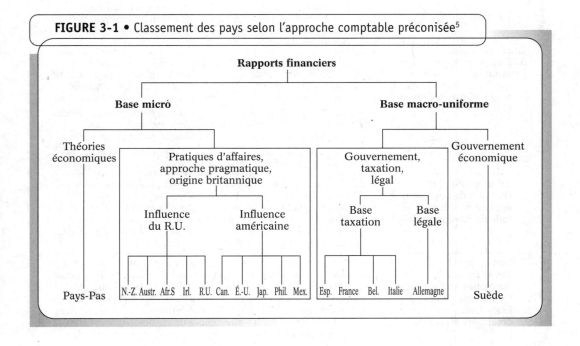

FIGURE 3-1 • Classement des pays selon l'approche comptable préconisée[5]

---

3. Voir Christian Bellavance, *op. cit.*

4. Par exemple, des illustrations apparaissent dans D.-Claude Laroche, « La comptabilité financière, la normalisation, les valeurs et l'état », dans *Actes du colloque : Le comptable contemporain, professionnel de valeurs*, Montréal, HEC, 1985.

5. Dans F. D. S. Choi et G. G. Mueller, *International Accounting*, Prentice-Hall, 1984.

Ce schéma a permis d'opposer deux grands modèles : le modèle franco-allemand (base macro-uniforme) et le modèle anglo-saxon (basé sur les pratiques d'affaires et l'approche pragmatique). À un extrême, on trouve une famille de pays influencée par une approche macro-uniforme dans laquelle le système comptable sert des objectifs économiques nationaux et contribue à l'élaboration de politiques nationales, et qui se caractérise par une grande uniformité dans la présentation de l'information, et ce, à des fins de compilation de statistiques, avec un cadre juridique qui impose un format standard de comptes et de règles (avec incidences fiscales). À l'autre extrême, on trouve des pays influencés par une approche microéconomique qui met l'accent sur les entreprises individuelles, privilégie l'élaboration de normes au cas par cas (pragmatisme), et dans laquelle on considère que les propriétaires d'entreprise sont les principaux destinataires des rapports. On peut dire aujourd'hui que, en vertu de la primauté accordée aux besoins d'accès aux marchés des capitaux, les normes IFRS se sont développées dans un cadre influencé par le modèle anglo-saxon.

Actuellement, les normes internationales d'information financière (IFRS) sont élaborées par l'International Accounting Standards Board (IASB), dont la vocation est la suivante : « To provide the world's integrating capital markets with a common language for financial reporting[6]. » L'IASB est l'organisme indépendant responsable de l'élaboration de ces normes. Il se compose de 14 membres provenant de divers domaines d'expertise et pays. L'IASB est la seule instance responsable de l'élaboration des normes. L'International Accounting Standards Committee Foundation (IASC Foundation) nomme les membres de l'IASB et assure son financement.

Au Canada, on a fixé la date de passage aux normes internationales au 1er janvier 2011 pour les entreprises qui ont une obligation publique de reddition de comptes. Puisque les états financiers sont présentés sur une base comparative, il faudra également ajuster ceux de 2010 et les présenter selon les IFRS puisqu'ils feront partie intégrante des états financiers présentés à partir de 2011. L'introduction des normes IFRS amènera un nouveau langage, ou « référentiel ». Il s'agit des règles utilisées à la fois pour produire les états financiers et pour les interpréter. Jusqu'à présent, il n'y avait implicitement qu'un seul référentiel au Canada (les PCGR canadiens) ; toutefois, dans un avenir prochain, il y en aura plusieurs, selon les secteurs ou types d'activités (par exemple, pour les organismes à but non lucratif ou les sociétés fermées). Pour le moment, les normes IFRS constitueront le référentiel pour les entités canadiennes ayant une obligation publique de rendre des comptes : sociétés cotées, certaines coopératives, institutions

---

6. Voir International Accounting Standards Board (IASB), *Who we are and what we do*, www.iasb.org/NR/rdonlyres/95C54002-7796-4E23-A327-28D23D2F55EA/0/April09 Whoweareandwhatwedo.pdf.

financières, maisons de courtage. La décision reste à venir pour ce qui est des autres référentiels qui seront utilisés.

Le cadre des IFRS définit les normes minimales qu'il faut respecter, tout en laissant une certaine liberté en ce qui a trait à la présentation d'états financiers allant au-delà de ces normes. En vertu de certaines « traditions » ou « préférences culturelles », la forme des états financiers pourrait donc varier. L'IASB a publié un cadre conceptuel pour la préparation et la présentation des états financiers permettant de comprendre les différents choix effectués quant à certaines normes.

3.2 LE CADRE CONCEPTUEL INTERNATIONAL

Compte tenu de la diversité des ressources, des modes de financement et des échanges économiques possibles, il n'est pas simple de rendre compte de la réalité économique des entreprises aux utilisateurs des états financiers, d'autant plus qu'il existe plusieurs façons de présenter cette réalité et que ces divers groupes d'utilisateurs ont des besoins variés. Il a donc fallu faire des choix, notamment parmi les informations à fournir, parmi les méthodes de mesure des échanges économiques et parmi les modes de présentation de l'information financière à adopter.

Dans la présente section, nous décrirons le cadre dans lequel sont élaborées les normes comptables. Soulignons également l'importance que revêt ce cadre pour les préparateurs comme pour les lecteurs des états financiers, dans un contexte où leur analyse nécessite un fréquent exercice du jugement. Les divers éléments du cadre conceptuel servent principalement à l'identification des états financiers et de leurs composantes et à définir la qualité de l'information ainsi que les notions d'évaluation (ou de mesure) et de comptabilisation (ou de constatation). Cet ensemble conceptuel, rappelons-le, est particulièrement utile non seulement pour comprendre et appliquer les règles actuelles, mais aussi pour mieux cerner les règles en émergence. Le gestionnaire, sur qui repose la responsabilité de préparer les états financiers, est particulièrement soucieux de ces notions, car elles le guident dans des situations nouvelles et complexes où il se doit d'exercer son jugement. L'IASB a approuvé son cadre conceptuel en 2001 dans un document intitulé *Framework for the Preparation and Presentation of Financial Statements,* mais d'autres éléments conceptuels sont aussi discutés dans d'autres prises de position. À cause de l'évolution des besoins des utilisateurs des états financiers et de l'évolution de l'économie en général, le cadre international actuel continue de faire l'objet de discussions. L'IASB a un projet visant à étayer le cadre actuel et à préciser plusieurs éléments.

FIGURE 3-2 • Le cadre conceptuel international

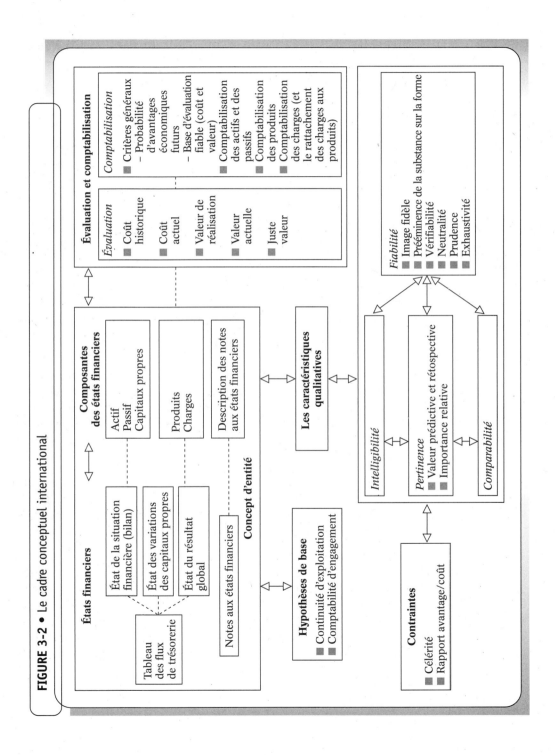

Nous discuterons du cadre conceptuel en traitant des catégories suivantes :

■ les états financiers : le concept d'entité ;

■ les hypothèses de base ;

■ les caractéristiques qualitatives ;

■ les contraintes ;

■ l'évaluation ;

■ la comptabilisation (ou constatation).

3.3 LES ÉTATS FINANCIERS : LE CONCEPT D'ENTITÉ

Dans le chapitre 1, nous avons indiqué que le propriétaire d'une entreprise individuelle est légalement responsable de l'exploitation de celle-ci. Celui-ci détient par ailleurs un droit sur les biens de l'entreprise dont il peut disposer à sa guise. En conséquence, on peut dire que le propriétaire et son entreprise forment, d'un côté, une seule et même entité.

D'un autre côté, si nous adoptons le point de vue du propriétaire, nous pouvons estimer que son capital constitue une source de financement pour l'entreprise, au même titre que les emprunts, de sorte qu'il est en droit d'exiger un rendement de son investissement. Ce rendement est exprimé par le résultat net de l'entreprise. Par conséquent, nous dirons que l'entreprise est en fait une entité économique distincte de son propriétaire, quelle qu'en soit la forme juridique.

Le concept d'entité (ou de personnalité de l'entité) s'inscrit dans un courant de pensée qui favorise l'intérêt de ses propriétaires (actuels et futurs). Ceux-ci ont besoin d'une information financière les aidant à juger de l'efficacité de la direction et à évaluer le rendement qu'ils obtiendront de leur investissement.

Pour répondre à ce besoin, il fallait fixer les limites de l'entreprise. En d'autres termes, il fallait déterminer où commencent et où s'arrêtent ses activités. Cette démarcation se traduit de la manière suivante dans les états financiers : seuls les actifs et les passifs de l'entreprise figurent dans l'état de la situation financière, quelle que soit la forme juridique de l'entreprise. De la même façon, le concept de l'entité exclut les charges et les produits personnels des propriétaires. L'état du résultat global doit rendre compte exclusivement des produits et des charges de l'entité dans le cadre de son exploitation et des activités connexes (voir également la discussion sur la question de la substance économique).

3.4 LES HYPOTHÈSES DE BASE

Deux hypothèses sont à la base des états financiers, à savoir la continuité d'exploitation et la comptabilité d'engagement.

3.4.1 La continuité d'exploitation

Il fut un temps où l'état de la sitation financière visait à rendre compte aux créanciers de la situation financière de l'entreprise. On insistait donc, dans sa présentation, sur la valeur de réalisation des actifs à une date donnée.

Le recours de plus en plus fréquent à des capitaux apportés par des investisseurs et l'importance de cet apport a eu pour conséquence de modifier l'objectif des états financiers. Au début des années 1930, dans les pays anglo-saxons, on a mis l'accent sur l'information nécessaire aux investisseurs et aux actionnaires, lesquels sont principalement intéressés par le rendement que procure l'exploitation de l'entreprise plutôt que par le montant qu'ils pourraient tirer de sa liquidation. Par conséquent, on a émis l'hypothèse voulant que l'exploitation de l'entreprise puisse se poursuivre indéfiniment.

Cette hypothèse a eu de nombreuses retombées en comptabilité. Elle a modifié considérablement la vision comptable à l'égard des ressources appartenant à l'entreprise. C'est ainsi qu'on a établi l'état de la situation financière en supposant que l'entreprise conserverait indéfiniment ses ressources, celles-ci étant essentielles à l'exploitation.

Il arrive que la pérennité d'une entreprise soit menacée. La présence de certains facteurs peut être un indice de son incapacité à réaliser ses actifs à leur valeur comptable, à s'acquitter de ses dettes à l'échéance ou à poursuivre son exploitation. L'incapacité de l'entreprise à payer ou à financer ses dettes courantes, un déficit accumulé important ou une forte probabilité de pertes comptent au nombre de ces facteurs. Néanmoins, de tels facteurs ne l'empêchent pas nécessairement de poursuivre son exploitation. À moins que les problèmes ne soient très graves et que l'entreprise ne soit déjà sous séquestre ou en faillite, l'hypothèse de la continuité d'exploitation continue de prévaloir, et les états financiers sont établis en conséquence. Cependant, la direction et l'auditeur externe, s'il y a lieu, devront veiller au fond et à la forme des états financiers, afin qu'on y mentionne tous les renseignements relatifs à ces facteurs et qu'on y attire explicitement l'attention des utilisateurs sur la possibilité que l'entité cesse ses activités[7].

3.4.2 La comptabilité d'engagement (et la notion de spécialisation des exercices)

Selon le concept de la continuité d'exploitation, la vie de l'entreprise est illimitée. Pour répondre aux besoins des utilisateurs des états financiers, on divise celle-ci en périodes d'égale longueur, l'état de la situation financière étant présenté à la date de clôture et le résultat net étant calculé à la fin de chaque période. Par convention, cette période étalon, fixée à un an, est appelée « exercice ». À la fin de chaque exercice, l'entreprise doit présenter des états financiers. Soulignons que cette dernière est libre de choisir la date à laquelle son exercice se termine, de sorte que la fin de l'exercice ne coïncide pas nécessairement avec la fin de l'année civile. Cependant, pour que la comparaison entre les exercices soit possible, cette date ne peut être modifiée une fois arrêtée, sauf si la situation le justifie. On parle alors de l'indépendance ou de spécialisation des exercices. Nous savons que le résultat net représente l'excédent des produits sur les charges, soit le résultat des opérations effectuées durant un exercice. Afin d'obtenir un résultat qui traduise réellement le résultat net d'un exercice donné, il faut isoler les charges et les produits liés aux opérations de cet exercice de ceux des autres exercices. L'enjeu est alors d'identifier le moment où les produits et les charges seront reconnus.

Par conséquent, on considère que chaque exercice est indépendant des autres. C'est cette indépendance qui constitue la spécialisation d'un exercice. On se préoccupera alors d'être certain qu'un produit ou une charge se rapporte à un exercice donné. On parlera alors de comptabilité d'engagement[8]. Par conséquent, la comptabilisation des produits et des charges revêt une grande importance (de même que le concept de rattachement des charges aux produits). Notons toutefois que le moment de comptabilisation ne sera pas nécessairement relié aux flux de trésorerie, mais à d'autres critères que nous aborderons dans la section 3.8 (voir p. 144).

---

7. En cas de liquidation, on renonce évidemment à l'hypothèse de la continuité d'exploitation. On peut alors présenter les éléments de l'état de la situation financière à leur valeur de liquidation.

8. Ou comptabilité d'exercice.

3.5 LES CARACTÉRISTIQUES QUALITATIVES

Le cadre conceptuel des états financiers sert notamment à décrire les caractéristiques de l'information apparaissant dans les états financiers, en ce qui a trait à l'utilité de ces derniers. Nous abordons les caractéristiques à l'aide de la **figure 3-2** (voir p. 131).

3.5.1 L'intelligibilité

L'une des premières qualités exigées des états financiers est leur compréhensibilité. Pour que ceux-ci puissent remplir leur fonction, il faut que le lecteur soit en mesure d'en comprendre le sens. Cependant, le langage des affaires et celui de la comptabilité comportent leur lot de termes particuliers. Faut-il alors rédiger des états financiers dans une forme pouvant être interprétée même par ceux qui n'ont aucune connaissance du monde des affaires ? La réponse est non. Les termes employés s'adressent aux utilisateurs qui connaissent bien le monde des affaires, de l'économie et de la comptabilité. Les états financiers contiennent donc des termes qui n'y sont pas définis, qu'un lecteur averti est en mesure de décoder. Il arrive cependant qu'une entreprise présente des situations particulières qui l'amènent à donner plus d'explications. C'est à l'entité de choisir les termes et le niveau de langue permettant au lecteur averti de s'y retrouver.

3.5.2 La pertinence

La pertinence fait référence à ce qui est utile pour le lecteur des états financiers. Ce concept sert de balise aux normalisateurs qui élaborent de nouvelles directives, et aux entités qui doivent déterminer l'information à fournir dans les états financiers. Le principe de pertinence chevauche les concepts d'importance relative (voir page suivante) et d'intelligibilité. En effet, les trois reposent sur le point de vue du lecteur des états financiers. Qu'il s'agisse d'évaluer la gérance d'une entité ou d'établir des prévisions, les états financiers doivent, autant que possible, répondre, bien que partiellement, aux besoins des lecteurs. (Par exemple, avant de choisir d'investir, un actionnaire potentiel analysera en profondeur les états financiers de l'entité ; toutefois, il devra aussi évaluer les risques reliés à l'économie en général et au secteur dans lequel l'entité exerce ses activités).

Il arrive aussi que les utilisateurs des états financiers s'interrogent sur la concordance entre les chiffres figurant dans les états financiers et ceux publiés à des fins fiscales. Pour répondre à cette question, il faut revenir aux objectifs des règles comptables et des règles fiscales, ainsi qu'à leur pertinence. Le système normatif de la comptabilité des états financiers met l'accent sur les règles qui permettent aux créanciers et aux investisseurs (obligataires et actionnaires) de prendre des décisions judicieuses. C'est notamment le cas des règles qui président à la comptabilisation de produits ou à l'information sur les secteurs opérationnels. Par ailleurs, en ce qui a trait à la fiscalité, les législateurs font varier les règles fiscales en fonction de considérations économiques ou sociales, notamment dans le but de stimuler les investissements dans un secteur d'activités précis. C'est ainsi qu'on peut autoriser un mode d'amortissement accéléré pour certains actifs, même si cela ne correspond pas à l'utilisation économique du bien, le législateur voulant par cette méthode rapide permettre une économie d'impôt, du moins à court terme.

Dans le cadre normatif international de la comptabilité, le concept de pertinence comporte deux dimensions, la première étant la valeur prédictive et rétrospective, et la seconde l'importance relative.

A. LA VALEUR PRÉDICTIVE ET RÉTROSPECTIVE

La valeur prédictive des états financiers permet de répondre, en partie, aux préoccupations des investisseurs et des créanciers. En effet, les états financiers doivent faciliter l'établissement de prévisions : la structure du compte de résultat en est un exemple. Si l'investisseur est en mesure de distinguer dans ce document les éléments inhabituels et les activités ordinaires, il disposera de bases pour établir ses prévisions. C'est pour cette raison que le compte de résultat présente séparément les éléments inhabituels et les activités abandonnées.

La valeur rétrospective des états financiers vient surtout soutenir la confrontation des résultats réels avec des prévisions du marché financier. Parmi ces dernières, le résultat par action[9] constitue un élément de premier plan. En effet, la normalisation du résultat par action permet de comparer le résultat réel et le résultat attendu. Quand on sait l'importance que le marché attache à cette notion, les états financiers remplissent alors leur rôle en favorisant ce rapprochement.

B. L'IMPORTANCE RELATIVE

Lorsqu'on convertit les activités économiques d'une entreprise en information financière, on obtient une énorme quantité de données qui, sous leur forme brute, ne sont pas toutes significatives pour les utilisateurs. Puisque la qualité première des états financiers réside dans leur utilité, il ne sert à rien de submerger les utilisateurs sous une masse de renseignements qu'ils doivent analyser pour ne garder que ceux qu'ils jugent importants.

---

9. Le résultat par action fait l'objet d'explications au chapitre 5, voir p.183.

Il revient donc à l'entreprise de regrouper les renseignements afin de ne retenir que ceux dont l'importance relative est grande pour les utilisateurs. Cependant, comment distinguer ce qui est important pour les utilisateurs de ce qui ne l'est pas ?

Généralement, le concept de l'importance relative est un critère de choix, selon lequel une information est considérée comme essentielle si sa publication, dans les états financiers, est en mesure d'influer sur les décisions des utilisateurs, particulièrement les actionnaires, les investisseurs et les créanciers. Dans sa norme comptable sur la *Présentation des états financiers*, l'IASB mentionne en outre que l'appréciation de l'importance relative dépend de la taille, mais aussi de la nature de ce qui pourrait alors être une omission ou une inexactitude.

3.5.3 La fiabilité

Le cadre conceptuel définit la fiabilité des états financiers à l'aide des notions plus précises d'image fidèle, de prééminence de la substance sur la forme, de vérifiabilité, de neutralité, de prudence et d'exhaustivité. On dit des états financiers qu'ils sont fiables s'ils respectent toutes ces caractéristiques. Voyons de plus près le sens de ces différentes dimensions de la fiabilité de l'information.

A. L'IMAGE FIDÈLE

Les états financiers constituent une forme de représentation de la réalité économique, ils doivent en rendre une image fidèle. Il y a donc concordance avec les faits. Plus concrètement, cette notion repose également sur le concept de prééminence de la substance sur la forme, que nous présentons ci-dessous.

B. LA PRÉÉMINENCE DE LA SUBSTANCE SUR LA FORME

La prééminence de la substance sur la forme a pour objectif d'intégrer les opérations aux états financiers en fonction de leur réalité économique plutôt que de leur forme juridique. Certaines opérations ont une forme juridique fort différente de leur réalité économique. Or, les états financiers doivent présenter l'essence économique de l'opération. Par exemple, dans le cas des contrats de location-financement, présentés dans l'annexe 2-1 du chapitre 2 (voir p. 97), on comptabilise le bien dans l'actif de l'état de la situation financière même si l'entreprise n'en est pas légalement propriétaire. La substance économique de l'opération (acquisition financée par bail) l'emporte alors sur sa forme juridique (location du bien).

La consolidation des états financiers, également expliquée dans le chapitre 2, est un autre exemple de ce principe : en effet, on regroupe dans des états financiers communs ceux de différentes entreprises comme si elles ne faisaient qu'une, alors qu'il s'agit d'entités juridiquement indépendantes. Ainsi, chaque filiale possède ses propres statuts, paie ses propres impôts et dispose d'un statut juridique distinct. Cependant, aux fins de présentation des états financiers, on rassemble leurs actifs, passifs, produits et charges avec ceux de la société mère ou participante, soit celle qui détient le contrôle économique.

Le concept de substance économique des opérations joue donc un rôle de « décodeur » : il permet de transformer l'information juridique brute en information financière et de donner ainsi au lecteur d'états financiers une image claire de la réalité économique de l'entreprise.

C. LA VÉRIFIABILITÉ

Bien que l'on mentionne ce concept de manière indirecte dans le cadre conceptuel, on admet qu'il fait partie de la fiabilité[10]. Les utilisateurs des états financiers prennent des décisions économiques en se fondant sur l'information qu'ils reçoivent ; ils doivent donc pouvoir s'y fier. Une information financière fiable repose sur des faits vérifiables. La vérifiabilité consiste dans la possibilité de disposer d'éléments probants dont l'examen par d'autres personnes mènera aux mêmes conclusions.

En raison des nombreuses estimations nécessaires à leur préparation, les états financiers sont inévitablement empreints d'une certaine subjectivité, laquelle doit être encadrée. Pour ce faire, on effectue des choix comptables en tenant compte de la possibilité de fournir des preuves à l'appui des montants et des informations qu'on veut inscrire dans les états financiers, et en tentant de s'appuyer sur des estimations aussi objectives que possible.

Mais alors, peut-on intégrer dans les états tout élément ayant une base rationnelle ? Par exemple, la façon dont les dirigeants gèrent leur entreprise constitue généralement un élément clé de son succès ou de son l'échec. Le succès dépend notamment de la compétence et de l'expérience des dirigeants. La qualité des dirigeants constitue donc une valeur pour l'entité. Pourtant, celle-ci n'apparaît pas dans les états financiers. En effet, comment mesurer et vérifier la valeur d'une personne ? Quel point de référence permettrait de le faire ? Bien sûr, il serait sans doute intéressant pour les utilisateurs de pouvoir l'apprécier. Il n'en demeure pas moins périlleux de vouloir établir formellement la valeur de l'équipe de dirigeants, car cette opération peut donner des résultats

---

10. Voir paragraphe 31 du cadre conceptuel des IFRS.

difficiles à vérifier et susceptibles de varier d'une personne à l'autre. Il vaut mieux attendre la mise en vente de l'entreprise pour procéder à une telle évaluation. En effet, une équipe de dirigeants qui permet à l'entreprise de se démarquer de ses concurrents peut faire en sorte que l'entreprise soit vendue à un prix plus élevé, ce prix prenant ainsi en compte la « valeur » de l'équipe de dirigeants.

D. LA NEUTRALITÉ

Lorsqu'il s'agit de déterminer s'il faut ou non divulguer une information, ou encore opter pour un traitement comptable ou un mode de présentation particulier, le choix ne doit pas reposer sur une idée préconçue.

Certains prétendront que la comptabilité n'est pas neutre, puisque les états financiers s'adressent particulièrement aux actionnaires (actuels et potentiels) et aux créanciers. Par exemple, pourquoi mettre l'accent sur la valeur résiduelle qui revient aux actionnaires (les capitaux propres) dans l'état de la situation financière ? Pourquoi ne pas considérer les impôts comme des distributions du bénéfice plutôt que comme des charges ? Dans notre économie, la notion de résultat est avant tout déterminée par les besoins des fournisseurs de capitaux. En conséquence, les principes et les conventions comptables doivent être interprétés en fonction des avantages qu'ils procurent aux investisseurs et aux créanciers. La neutralité fait ainsi référence à l'absence de parti pris. Bien entendu, on est en droit de s'interroger sur le degré d'objectivité de la direction d'une entreprise à l'égard des états financiers qu'elle produit. Sans mettre en doute l'honnêteté des dirigeants, on conçoit aisément que ceux-ci sont conscients des conflits d'intérêts potentiels lorsqu'ils rendent compte de leurs actes. L'éthique du dirigeant constitue alors une assise majeure de l'élaboration des états financiers. De plus, l'auditeur indépendant attestera de la conformité des états financiers au référentiel comptable. Son travail consiste essentiellement à chercher des preuves à l'appui de l'information financière contenue dans les états financiers. Pour les utilisateurs, le rapport de l'auditeur renforce la crédibilité des états financiers.

Aussi, lorsqu'on rend compte des activités économiques d'une entreprise, on a recours à de nombreuses estimations qui ne permettent pas d'atteindre une parfaite exactitude (la provision pour créances douteuses, la dépréciation des actifs, la durée d'utilité probable des immobilisations corporelles en sont des exemples). L'application du concept de neutralité implique que les choix comptables doivent être libres de toute influence et effectués avec le souci de ne pas induire les utilisateurs en erreur. La confiance du public envers les états financiers repose en grande partie sur la reconnaissance de ces qualités.

Bien entendu, aucun préparateur ni utilisateur des états financiers n'est infaillible. Il ne faut pas perdre de vue que la responsabilité de la reddition des comptes incombe à la direction de l'entreprise. C'est cette dernière qui impose les mécanismes de contrôle lui permettant de s'assurer que les chiffres figurant dans ses états financiers reflètent la réalité économique.

E. LA PRUDENCE

La direction de l'entreprise établit des états financiers afin de rendre compte de sa situation financière et de ses résultats d'exploitation. La prudence (parfois appelée « conservatisme ») consiste à éviter que les états financiers ne soient faussés par des estimations trop optimistes dans des situations d'incertitude. Ce concept est hérité du krach de 1929, pendant lequel on avait constaté la surévaluation de certaines valeurs attribuées à des actifs.

La règle de prudence doit être appliquée judicieusement : il importe de l'utiliser dans le but de produire des états financiers ni trop optimistes ni trop pessimistes. Ainsi, elle ne permet pas de cautionner une sous-évaluation délibérée des actifs, mais elle vise avant tout à éviter leur surévaluation et la sous-évaluation des passifs, ainsi que la surévaluation des produits et la sous-évaluation des charges. Dans certains cas, la prudence incite à constater la perte de valeur d'un actif ou l'augmentation d'un passif avant que l'une ou l'autre ne se réalise.

Prenons l'exemple des stocks. Lorsque la « valeur du marché » est inférieure au coût du stock, il faut immédiatement inscrire cette perte de valeur. En effet, cet actif perd de son utilité à cause de la baisse de valeur qu'il a subie. Les avantages économiques futurs s'en trouvent réduits et, dans ce cas, les stocks sont présentés à la « valeur nette de réalisation » (voir aussi le chapitre 2). Dans le cas des clients, cet élément constitue une créance découlant de la vente de biens ou de la prestation de services. Entre le moment où la vente a lieu et celui où la créance est encaissée, il peut arriver qu'on doute de la possibilité de recouvrer cette dernière. Par conséquent, au moment d'établir l'état de la situation financière, il faut se demander si le total des comptes clients inscrit aux registres représente réellement les montants qui seront encaissés. Lorsque la possibilité de recouvrement de certains comptes est mise en doute, on doit réduire la valeur totale des comptes clients en constituant une provision pour créances douteuses.

F. L'EXHAUSTIVITÉ

L'omission d'information peut avoir un effet majeur sur l'interprétation des états financiers par le lecteur et, par conséquent, sur les décisions qu'il prendra. Ainsi, une omission, par exemple dans une note, peut aussi rendre les états financiers trompeurs.

3.5.4 La comparabilité

Pour choisir entre plusieurs possibilités d'investissement, l'investisseur doit être en mesure de comparer la performance et la situation financière de différentes entreprises. De plus, l'analyse des états financiers sur diverses périodes permet de dégager des tendances afin d'évaluer les risques et le rendement liés à l'investissement dans une entreprise donnée. Cette analyse n'est valable que si les données financières sont comparables d'un exercice à l'autre.

La normalisation comptable assure en soi une certaine comparabilité, puisqu'elle fixe les méthodes de traitement et de présentation de l'information financière. Cependant, celles-ci constituent des règles flexibles qui débouchent souvent sur plusieurs méthodes acceptables. Une fois fixés, ces choix doivent être spécifiés et décrits dans les notes aux états financiers, puis maintenus afin que le lecteur puisse comparer un exercice à un autre.

En effet, la comparabilité entre les exercices n'est possible que si les traitements comptables employés et le mode de présentation sont identiques d'un exercice à l'autre. Le cadre conceptuel comprend donc un concept relatif à la permanence dans le choix et dans l'application des méthodes comptables, de telle sorte qu'une entreprise qui choisit une méthode (par exemple, l'amortissement linéaire) la conserve d'un exercice à l'autre.

Bien entendu, cette règle n'oblige pas l'entreprise à conserver une méthode comptable devenue inappropriée. Il est parfois nécessaire de changer de méthode pour rendre les états financiers conformes à la réalité économique. Dans ce cas, on doit expliquer la modification dans une note jointe aux états financiers afin d'en informer les utilisateurs. S'il y a lieu, on appliquera ce remaniement rétrospectivement, de façon à retraiter les états financiers antérieurs pour que les données demeurent comparables.

3.6 LES CONTRAINTES

Les contraintes ont trait à des aspects reliés à l'information pertinente et fiable. Elles concernent principalement la rapidité de publication (la célérité) et le rapport avantage/coût.

3.6.1 LA CÉLÉRITÉ

Rappelons que l'objet principal des états financiers est d'aider les utilisateurs à prendre des décisions. On reconnaît généralement que celles-ci doivent reposer sur l'information la plus récente, d'où l'importance de la rapidité de publication.

Cette rapidité ne doit toutefois pas nuire au respect d'autres concepts, principalement la fiabilité. Néanmoins, faire attendre les utilisateurs trop longtemps en vue de leur donner une information totalement fiable ne les sert pas mieux, puisque les états financiers ont le temps de perdre de leur pertinence.

3.6.2. Le rapport avantage/coût

La notion de rapport avantage/coût a trait au coût de production de l'information versus sa valeur. Cependant, il peut être difficile pour les préparateurs d'états financiers de faire cette analyse puisque la valeur de l'information pour un banquier, par exemple, n'est pas évidente à établir. Les normalisateurs auront toutefois considéré cet aspect dans l'élaboration des normes.

3.7 L'ÉVALUATION

La comptabilité, on l'a dit, a pour objet de traduire les activités économiques de l'entreprise sous forme de données compréhensibles par tous les utilisateurs. Elle a pour fonction principale de quantifier – c'est-à-dire de mesurer – les échanges économiques qui ont lieu entre l'entreprise et les autres intervenants. La monnaie étant l'instrument principal d'évaluation des biens et des services, elle est donc l'étalon retenu. En fonction de leur pertinence et de leur fiabilité, les différentes bases de mesure énumérées ci-dessous peuvent être utilisées.

3.7.1 Le coût historique

Le concept de coût historique (ou coût d'acquisition) se rapporte au fait que, dans les états financiers, les actifs sont inscrits à leur coût d'acquisition. C'est en vertu de ce principe directeur que l'on établit les états financiers. L'intérêt du coût historique est qu'il constitue une valeur étayée par des preuves concrètes et objectives, celui-ci témoignant d'une opération survenue entre deux parties indépendantes. Bien entendu, la conservation des actifs à leur coût historique offre l'avantage d'une grande *vérifiabilité*, laquelle permet à son tour d'assurer la *fiabilité* de l'information financière, soit deux caractéristiques présentées précédemment. Toutefois, lorsque l'évaluation est envisagée sous l'angle des notions de « prudence », de « pertinence » et de « substance des opérations », il arrive que le coût historique ne soit plus la méthode d'évaluation appropriée pour rendre compte aux utilisateurs d'une valeur aux états financiers. Ainsi, au fil du temps, le concept du coût historique a fait de plus en plus de place à d'autres valeurs (ou à d'autres méthodes de mesure). Nous les présentons ci-dessous.

3.7.2 Le coût actuel

En vertu de ce concept, un actif est évalué au coût qu'il serait nécessaire de débourser aujourd'hui pour le remplacer. Ceci se présente par exemple, lorsque l'entreprise choisit de réévaluer ses immobilisations corporelles et qu'il n'existe pas de marché pour un actif, elle peut alors recourir au coût de remplacement, en prenant soin d'y soustraire l'amortissement cumulé reflétant l'utilisation du bien par l'entité. On parlera du coût de remplacement net d'amortissement.

3.7.3 La valeur de réalisation

La valeur de réalisation a trait au montant que l'entité peut obtenir de la vente d'un actif dans un marché « ordonné ». Il ne s'agit donc pas d'une valeur de liquidation rapide. Cette méthode d'évaluation est notamment utilisée pour dévaluer des stocks dont la valeur de vente sur le marché diminue.

3.7.4 La valeur actuelle

Cette notion a trait à la « valeur », au moment présent, de l'argent reçu (ou versé) dans le futur. Elle tient compte d'un taux d'actualisation pour exprimer en dollars d'aujourd'hui les sommes d'argent futures. On utilise notamment cette méthode pour évaluer le coût d'un actif loué, où l'on exprime les sommes à verser en loyers futurs dans leur valeur d'aujourd'hui.

3.7.5 La juste valeur

La notion de juste valeur n'apparaît pas comme telle dans le cadre conceptuel. Cependant, on la rencontre très souvent dans d'autres normes. Dans l'IAS 39, qui traite des instruments financiers, on définit la juste valeur comme étant le montant pour lequel un actif « pourrait être échangé entre parties bien informées, consentantes et agissant dans des conditions de concurrence normale ». Par exemple, pour des placements à des fins de transaction, la juste valeur des placements serait le prix coté sur le marché, soit le cours pour l'acheteur.

3.7.6 Que conclure de ces diverses méthodes ?

Bien que l'on parle encore d'états financiers reposant sur le coût historique, force est de constater que les valeurs apparaissant dans les états financiers sont de plus en plus hybrides. Que doit donc faire le lecteur des états financiers pour s'assurer qu'il comprend bien sur quelles bases reposent les montants présentés ? Il doit se familiariser avec les méthodes d'évaluation et lire attentivement les notes accompagnant les états financiers. On le voit : bien que les bases d'évaluation utilisées reposent sur le coût historique, elles peuvent aussi faire intervenir d'autres valeurs. Celles-ci se démarquent du coût d'acquisition et peuvent amener le lecteur à s'interroger sur la plausibilité des données présentées. Toutefois, même dans ces cas, la fiabilité (et la vérifiabilité) des valeurs utilisées est toujours de mise : il est nécessaire de les étayer et de les expliquer dans les états financiers. Actuellement, on reconnaît que les bases d'évaluation (par exemple, la juste valeur) dont on dispose permettent d'assurer cette fiabilité. En revanche, si elles ne sont pas fiables, il faut revenir au coût historique. Le lecteur doit donc être conscient que les états financiers renferment un ensemble hybride de valeurs, où se côtoient la pertinence, la prudence et la substance des méthodes d'évaluation employées.

3.8 LA COMPTABILISATION (OU CONSTATATION)

La comptabilisation (ou constatation) se rapporte au moment où une opération doit figurer dans les états financiers. Elle touche autant les actifs et les passifs que les produits et les charges.

3.8.1 Les critères généraux

À cette fin, deux critères généraux s'appliquent :

1. La probabilité qu'il existe des avantages économiques futurs qui reviendront à l'entité ou qui en sortiront ;

2. Une base d'évaluation fiable (coût ou valeur).

Ces deux critères permettent de situer le contexte de la comptabilisation (ou constatation), *qui n'en est pas un de certitude absolue*. Le premier critère tient compte de la probabilité (ou non) d'avantages économiques. Par exemple, comme le souligne l'IASB, la comptabilisation des créances à recevoir des clients (les débiteurs) à titre d'actif sous-entend qu'il est probable que l'entité encaisse ces sommes. Par ailleurs, une incertitude quant à l'encaissement entraîne une réduction de valeur du poste Clients et l'inscription d'une charge de créances douteuses.

Quant au deuxième critère, il a trait à l'existence d'une base d'évaluation fiable. Bien que les états financiers utilisent plusieurs estimations, il est constamment nécessaire de s'interroger sur leur fiabilité. Par exemple, dans le cas d'une poursuite où l'entité aurait un montant à verser, mais que ce dernier soit difficilement estimable au moment de la préparation des états financiers, un tel passif n'y apparaîtrait pas, car on ne disposerait pas d'une méthode d'évaluation fiable. Dans ce cas, l'information apparaîtrait en note.

Voyons de manière plus précise certains aspects reliés aux actifs et aux passifs ainsi qu'aux produits et aux charges.

3.8.2 Les actifs et les passifs

Pour qu'un actif ou un passif puisse être inclus dans les états financiers, il doit à la fois respecter les critères de comptabilisation (voir sous-section 3.8.1) et présenter les caractéristiques d'un actif ou d'un passif. Le tableau suivant présente ces dernières de manière plus précise.

TABLEAU 3-2 • Les caractéristiques d'un actif et d'un passif

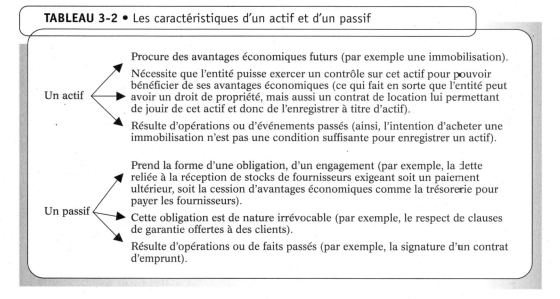

Un actif

Procure des avantages économiques futurs (par exemple une immobilisation).

Nécessite que l'entité puisse exercer un contrôle sur cet actif pour pouvoir bénéficier de ses avantages économiques (ce qui fait en sorte que l'entité peut avoir un droit de propriété, mais aussi un contrat de location lui permettant de jouir de cet actif et donc de l'enregistrer à titre d'actif).

Résulte d'opérations ou d'événements passés (ainsi, l'intention d'acheter une immobilisation n'est pas une condition suffisante pour enregistrer un actif).

Un passif

Prend la forme d'une obligation, d'un engagement (par exemple, la dette reliée à la réception de stocks de fournisseurs exigeant soit un paiement ultérieur, soit la cession d'avantages économiques comme la trésorerie pour payer les fournisseurs).

Cette obligation est de nature irrévocable (par exemple, le respect de clauses de garantie offertes à des clients).

Résulte d'opérations ou de faits passés (par exemple, la signature d'un contrat d'emprunt).

3.8.3 Les produits

La comptabilisation des produits obéit également aux critères généraux de constatation, c'est-à-dire qu'il est probable que des avantages économiques futurs (encaissements) aillent à l'entité et que ceux-ci puissent être évalués de manière fiable. Plus précisément, l'IAS 18, portant sur les règles de la comptabilisation, donne des directives concernant la comptabilisation de différents types de produits (nous ne couvrirons ici que la vente de biens et la prestation de services).

Le **tableau 3-3** de la page suivante présente les directives et appelle quelques commentaires. Rappelons que, en vertu de la notion de spécialisation des exercices (voir la section 3.4.2 « La comptabilité d'engagement », p. 134), un produit doit être comptabilisé dans l'exercice au cours duquel il est gagné.

TABLEAU 3-3 • Les critères de l'IAS 18

IAS 18	Critères généraux	Critères spécifiques
(A) La vente de biens	■ Il est probable que des avantages économiques associés à la transaction aillent à l'entité. ■ Le montant des produits peut être évalué de façon fiable.	■ L'entité a transféré à l'acheteur les risques et avantages importants inhérents à la propriété des biens. ■ L'entité ne continue à être impliquée ni dans la gestion, tel qu'elle incombe normalement au propriétaire, ni dans le contrôle effectif des biens cédés. ■ Les coûts engagés ou à engager concernant la transaction peuvent être évalués de façon fiable.
(B) La prestation de services		■ Le degré d'avancement de la transaction à la fin de la période de reporting peut être évalué de façon fiable. ■ Les coûts engagés pour la transaction et les coûts pour achever la transaction peuvent être évalués de manière fiable.

Puisque l'activité commerciale est un processus continu qui ne prend pas fin avec l'exercice, il est difficile d'isoler les produits provenant d'efforts accomplis au cours d'un exercice donné de ceux qui sont engagés au cours d'un autre exercice. Le **tableau 3-4** illustre le processus de génération des produits à l'intérieur du cycle d'exploitation.

Le problème est le suivant : à quel moment du processus peut-on dire que le produit est gagné ? Comme chaque étape du cycle d'exploitation comporte des

TABLEAU 3-4 • Le cycle d'exploitation

1. Commande de marchandises (ou de matières premières)
2. Réception de marchandises (ou de matières premières)
3. Production (entreprise industrielle)
4. Entreposage
5. Efforts de vente
6. Commande de la part du client
7. Expédition de marchandises
8. Facturation
9. Encaissement ou retour de marchandises

efforts de réalisation du produit, on pourrait être tenté de comptabiliser la partie du produit total correspondant à chaque étape. Toutefois, selon le concept de prudence qui nous amène à la probabilité d'avantages économiques, il faut considérer un moment du processus où l'on sait que le produit se matérialisera, tout en réduisant l'incertitude. Par ailleurs, il faut tenir compte de la fiabilité de la méthode d'évaluation. Par conséquent, pour comptabiliser un produit, on doit attendre le moment où de telles preuves sont disponibles.

Voici deux situations illustrant le moment auquel une entreprise peut comptabiliser ses produits.

A. LA VENTE DE BIENS

Dans le cas de la vente de biens, c'est généralement au moment du transfert de propriété de la marchandise du vendeur à l'acheteur qu'on a le plus de certitude quant à la réalisation du produit. Ce transfert a habituellement lieu lors de la livraison de la marchandise. Dès lors, le vendeur est en droit d'exiger la contrepartie de l'acheteur, c'est-à-dire le prix de vente, et donc de comptabiliser le produit. Les avantages et les risques reliés au droit de propriété sont alors transférés du vendeur à l'acheteur. Cependant, on doit aussi s'assurer que les coûts associés à cette transaction sont évalués de manière fiable (voir point 3.8.4, à la page 150), ce qui permet aussi de rattacher les coûts aux produits.

Toutefois, pour compléter cet aspect, on doit aussi se demander si le propriétaire du bien continue à être impliqué dans sa gestion. Ainsi, dans le cas des biens mis en consignation, le consignataire n'a que la garde des biens sans en être le propriétaire : le consignateur lui a transféré la marchandise pour qu'il la vende, mais conserve un droit de gérance sur ce bien. Dans ce cas, il ne peut y avoir réalisation du produit pour le consignateur.

Il arrive que le transfert de propriété n'apporte pas une certitude suffisante pour la comptabilisation d'un produit. Certains biens spécialisés nécessitent des travaux d'installation complexes que le vendeur est tenu d'exécuter, de sorte que, même si le transfert de propriété a lieu, celui-ci ne peut exiger sa contrepartie tant que l'acheteur n'est pas en mesure d'utiliser le bien qu'il a acquis. Dans ce cas, le moment le plus important du processus survient après l'installation (par exemple, un logiciel dont le fonctionnement exige des travaux d'installation personnalisés).

Supposons, de la même façon, qu'une vente comporte une clause exigeant le respect de critères de rendement propres à un client, et que le non-respect de cette clause permette à celui-ci de retourner le bien fabriqué. On considère alors que le vendeur conserve une partie substantielle des risques inhérents à la propriété même si le transfert a eu lieu. Le produit ne peut être comptabilisé que lorsque ces critères sont respectés.

B. **LA PRESTATION DE SERVICES**

Pour les entreprises offrant des services, dont la nature est déterminée par contrat, il est possible d'employer une méthode reflétant les efforts déployés. Dans ce cas, on peut considérer que l'entité est en droit de comptabiliser le produit correspondant à mesure que le service est rendu.

Par exemple, supposons qu'une entreprise de consultation effectue, pour un client donné, des travaux de longue durée pour lesquels il existe une formule de détermination du prix. Que se passe-t-il si l'on attend la fin des travaux pour constater l'accroissement de l'actif net en résultant ? Pendant toute la durée de ces derniers, l'actif net, de même que les résultats d'exploitation, sont sous-évalués, alors que ceux de l'exercice où prennent fin les travaux sont surévalués. Posons alors la question suivante : peut-on dire que les travaux de construction en soi donnent une certitude suffisante que le produit est gagné

EXEMPLE 1 : La prestation de services

Prenons l'exemple où une entreprise de consultation s'est engagée à exécuter un contrat d'une valeur de 1 000 000 $ sur une durée de deux ans, soit du 1er mars 2008 au 28 février 2010. L'exercice de l'entreprise se termine le 31 décembre. Le 31 décembre 2008, une expertise révèle que 25 % des travaux ont été exécutés pendant l'exercice. L'entreprise peut donc comptabiliser 25 % du produit total, soit 250 000 $, pour l'exercice 2008. Au 31 décembre 2009, 95 % des travaux sont terminés. Par conséquent, l'entreprise a gagné 70 % du produit total durant l'exercice 2009 (95 % au total moins 25 % en 2008) et peut comptabiliser 700 000 $ à titre de produit. Finalement, pour l'exercice 2010, marquant la fin des travaux, l'entreprise enregistrera un produit de 50 000 $.

Supposons que les coûts sont de 175 000 $, 490 000 $ et 35 000 $ pour chacun des exercices 2008, 2009, 2010. Pour chacun des exercices, les montants se présenteront comme suit :

	2008 $	2009 $	2010 $	Total $
Produits	250 000	700 000	50 000	1 000 000
Coût	175 000	490 000	35 000	700 000
Marge brute	75 000	210 000	15 000	300 000

Cependant, si en cours de route on se rend compte que le degré d'avancement doit être révisé, c'est dans l'exercice où ce constat a été fait que l'ajustement sera effectué.

progressivement ? On peut répondre par l'affirmative, car il existe un contrat signé avec un client (élément probant objectif), et l'engagement de l'entrepreneur est attesté par les travaux effectués. Ceux-ci constituent des efforts propres à un contrat donné qu'on peut reconnaître en comptabilisant les produits à mesure que progressent les travaux.

On ne peut adopter cette méthode de comptabilisation en fonction de l'avancement des travaux que si le prix de vente est déterminé. Par conséquent, le contrat doit énoncer clairement les obligations de chacune des parties et les modalités de fixation du prix exigé par l'entrepreneur. De plus, on doit être en mesure d'estimer le degré d'avancement des travaux avec fidélité. Finalement, on doit tenir compte des modalités du contrat aux fins de comptabilisation des produits.

Tout comme dans le point A ci-dessus, on doit également être en mesure d'identifier les coûts se rapportant aux travaux effectués.

C. LES INCERTITUDES

Jusqu'ici, nous avons étudié des situations où les éléments prédominants étaient fiables. Analysons maintenant une autre situation. Supposons que, après avoir conclu une vente, le vendeur ne soit pas sûr de pouvoir recouvrer en totalité les sommes payables par l'acheteur. En raison de la très grande incertitude relative à l'encaissement de la vente et en vertu du concept de prudence, l'entreprise se voit alors dans l'obligation (rare) de ne comptabiliser le produit qu'au moment de l'encaissement. Toutefois, si l'incertitude quant au recouvrement final ne survient qu'après la vente, le vendeur doit constituer une provision pour créances douteuses (voir le chapitre 2).

Voyons également l'exemple d'un autre acheteur, qui a le loisir de retourner les biens vendus. Lorsque le vendeur peut déterminer avec une certitude suffisante la somme totale des biens pouvant lui être rendus, il peut comptabiliser le produit de la vente immédiatement. En contrepartie, il lui faut constituer une provision pour les retours prévus. Cependant, s'il n'est pas possible de prévoir le montant des retours, il ne peut comptabiliser le produit de la vente. Il doit attendre la date à laquelle le droit de retour de l'acheteur expire. Prenons le cas d'une maison d'édition qui s'engage à reprendre aux libraires tous les livres invendus. En leur offrant ainsi une forme de garantie (soit ils écoulent le stock, soit on le leur reprend), l'éditeur conserve les risques et les avantages inhérents aux livres. Comme il lui est difficile d'évaluer les invendus, les ventes de livres ne sont comptabilisées qu'au moment où ceux-ci sont effectivement vendus par les libraires.

3.8.4 Les charges
(et le rattachement des charges aux produits)

Une charge représente le coût lié aux efforts nécessaires pour obtenir un produit. En règle générale, les charges doivent être comptabilisées dans l'exercice où les produits correspondants ont été gagnés ou dans celui où les biens ont été utilisés ; lorsque les charges résultent de l'obtention de services, on doit les comptabiliser dans l'exercice durant lequel ces services ont été reçus. Plus précisément, la charge représente l'avantage économique qui a été consommé. Ainsi, un stock qui se définit comme un actif devient une charge lorsqu'il génère un produit, puisque l'avantage économique de ce bien a été réalisé.

Il en va de même d'autres types de charges. Ainsi, les frais de livraison d'une marchandise comprennent l'amortissement du coût des camions, l'entretien, les réparations, les assurances, l'essence, le salaire du chauffeur, etc. D'autres frais comme la publicité ou les salaires des vendeurs s'y ajoutent. En conséquence, on comptabilise ces charges dans l'exercice au cours duquel on a utilisé les biens ou les services pour réaliser ces ventes.

Toutefois, si des frais engagés ne peuvent être associés directement à un produit, mais qu'ils ne se qualifient pas non plus comme actif, ils sont alors considérés comme une charge. C'est le cas, par exemple, d'une campagne de publicité dont les effets sont attendus sur 18 mois. L'incertitude reliée à la probabilité d'avantages économiques nous amène alors à considérer cet élément comme une charge plutôt que comme un actif.

Par ailleurs, il arrive que des actifs voient leur capacité à générer des bénéfices diminuer. C'est le cas, par exemple, de la baisse de rentabilité d'une filiale qui aurait, lors de son acquisition, généré un goodwill. Dans ces circonstances, à cause de la perte d'avantages économiques générée par la filiale, il faut réduire la valeur du goodwill et constater cette perte de valeur dans le compte de résultat. Il en va de même pour la comptabilisation d'un passif (par exemple, une pénalité imposée par un tribunal) où, bien que le coût ne soit pas relié à un produit, la charge doit être immédiatement comptabilisée.

3.9 LE JUGEMENT ET LES CONSIDÉRATIONS ÉTHIQUES

Nous venons de présenter le cadre conceptuel des états financiers. On l'aura constaté, son application repose sur deux aspects essentiels qu'il est nécessaire de considérer simultanément : l'exercice du jugement et les considérations éthiques. Ces aspects sont complémentaires, évoquant tous deux la souplesse requise pour élaborer et présenter les états financiers. Cette souplesse ne rime pas avec absence de rigueur, loin de là. Elle concerne plutôt la préoccupation constante de présenter, d'une part, la réalité économique d'une entité aussi fidèlement que possible, et, d'autre part, la diversité des points de vue permettant d'envisager cette réalité.

La rigueur soutenue dont il faut faire preuve va aussi plus loin : il importe d'en user dans l'application des règles comptables et dans l'interprétation des faits. Ces dernières années, on a vu des entreprises monter de toutes pièces des scénarios financiers afin d'échapper à l'application stricte de certaines règles. On en a vu d'autres faire preuve d'un jugement exagérément optimiste[11] dans leur interprétation des faits, et d'autres tomber dans l'excès contraire[12]. Les organismes de réglementation se sont préoccupés de ces questions et ont renforcé leurs exigences et leur encadrement. Dans tous les cas, l'application du cadre conceptuel ne peut se faire qu'avec discernement et en engageant la pleine responsabilité des différents intervenants.

---

11. On appelle « gestion du bénéfice » (*earning management*) les divers partis pris et interprétations.

12. Le « bain de sang » est une technique consistant à faire preuve d'un pessimisme excessif. On survalue les charges futures au cours d'un seul exercice afin de se ménager une marge de manœuvre au cours d'exercices futurs.

CHAPITRE 4

Le tableau des flux de trésorerie

**4.1 Le lien entre les divers états financiers
et les flux de trésorerie**..**155**

4.1.1 Les flux de trésorerie..155

4.1.2 La comptabilité d'engagement (et la notion de
spécialisation ou d'indépendance des exercices) 155

4.1.3 La conversion des divers états financiers
en flux de trésorerie...160

4.1.4 Les composantes du tableau des flux
de trésorerie...160

4.1.5 Les flux de trésorerie liés aux activités
d'exploitation..161

4.1.6 Les flux de trésorerie liés aux activités
d'investissement et de financement........................169

4.2 L'utilité et le contenu du tableau des flux de trésorerie......**173**

4.2.1 La trésorerie et les équivalents de trésorerie 174

4.2.2 La présentation du tableau des flux de trésorerie........175

Conclusion..**181**

Comme nous l'avons annoncé dans le chapitre 2, nous consacrerons tout le chapitre 4 au tableau des flux de trésorerie. Cet autre état financier s'ajoute aux autres états vus précédemment et qui contiennent tous des renseignements essentiels. L'état de la situation financière présente la situation financière de l'entreprise en ce qui a trait à ses actifs, passifs et capitaux propres à une date donnée ; l'état du résultat global permet de connaître les résultats de l'exploitation de l'entreprise pour un exercice donné ; l'état des variations des capitaux propres fait état des opérations ayant influé sur les capitaux propres entre le début et la fin de l'exercice, soit, principalement, les variations du capital-actions, des résultats non distribués et des autres éléments du résultat global. Certains renseignements, utiles pour les lecteurs des états financiers, ne ressortent toutefois pas de façon évidente de ces divers états.

Prenons l'exemple de l'état de la situation financière. Bien que celui-ci établisse la liste des actifs et des passifs de l'entreprise à la fin de l'exercice courant (et habituellement, à titre comparatif, à la fin de l'exercice précédent), il ne précise pas comment ceux-ci ont été gérés durant l'exercice. En d'autres termes, cet état financier ne permet pas de savoir quelles opérations (notamment l'acquisition et la vente d'actifs à long terme, l'obtention de nouveaux prêts et le remboursement d'emprunts) ont eu un effet sur les actifs et les passifs durant l'exercice, ni de connaître l'incidence de ces opérations sur la trésorerie, c'est-à-dire sur les espèces et quasi-espèces (notamment l'encaisse), parfois appelées « liquidités[1] ».

De son côté, le compte de résultat présente les produits engendrés et les charges engagées dans le cadre des activités d'exploitation, d'investissement et de financement. Toutefois, selon la comptabilité d'engagement, il ne rend pas forcément compte des rentrées ni des sorties de fonds liées à ces activités. Il n'en précise pas non plus le montant exact.

Ces rentrées et sorties de fonds, également appelées « mouvements de l'encaisse[2] » ou « flux de trésorerie », sont un indice précieux de la viabilité à court terme de l'entreprise, car elles témoignent de sa solvabilité. Comme l'évaluation de la solvabilité est au cœur du processus décisionnel des investisseurs et des créanciers, la direction a intérêt à fournir, dans ses états financiers, des renseignements sur la manière dont elle assure la survie immédiate de l'entreprise. C'est pour répondre à ce besoin que les dirigeants ajoutent normalement aux trois premiers états financiers un état portant exclusivement sur les liquidités et appelé « tableau des flux de trésorerie », soit les entrées et sorties de trésorerie et d'équivalents

---

1. Nous reviendrons sur la notion de liquidités dans la section 4.2.1, voir p. 174.

2. On notera que le terme encaisse est pris dans son sens large et comprend les espèces et quasi-espèces. Cette notion est expliquée plus loin dans ce chapitre.

de trésorerie. Selon les IFRS, la *trésorerie* comprend les fonds en caisse et les dépôts à vue, alors que les *équivalents de trésorerie* sont les placements à court terme, très liquides, facilement convertibles en un montant connu de trésorerie et soumis à un risque négligeable de changement de valeur.

4.1 LE LIEN ENTRE LES DIVERS ÉTATS FINANCIERS ET LES FLUX DE TRÉSORERIE

Avant d'étudier le rôle du tableau des flux de trésorerie, voyons en quoi consistent exactement les flux de trésorerie, comment on les inscrit dans les états financiers et comment ceux-ci peuvent en témoigner.

4.1.1 Les flux de trésorerie

Les flux de trésorerie (ou mouvements de l'encaisse) correspondent aux rentrées (encaissements) et aux sorties de fonds (décaissements). L'encaissement peut découler de plusieurs types d'opérations, comme la réception d'une somme payable par un client, d'un emprunt consenti par une banque ou du produit de la vente d'un actif à long terme. Il se traduit toujours par une augmentation de l'encaisse (ou la trésorerie).

À l'inverse, lorsque l'entreprise émet un chèque ou verse de l'argent comptant, elle effectue un décaissement. Le décaissement découle de plusieurs types d'opérations, comme le remboursement du capital et le paiement des intérêts d'un emprunt, ou encore l'acquisition au comptant d'immobilisations ou de biens destinés à la vente. Peu importe la nature économique de l'opération, le décaissement constitue toujours une sortie de fonds qui fait diminuer l'encaisse (ou la trésorerie).

4.1.2 La comptabilité d'engagement (et la notion de spécialisation ou d'indépendance des exercices)

La comptabilité d'engagement et la notion de spécialisation des exercices (ou indépendance des exercices) exigent que les produits et les charges d'un exercice donné soient comptabilisés dans les états financiers portant sur cet exercice précis, peu importe le moment où se produisent les encaissements et les décaissements correspondants[3].

---

3. Bien entendu, le principe de prudence incite à tenir compte de la probabilité réelle des encaissements ou des décaissements (voir le chapitre 3, p. 125).

Illustrons ce principe à l'aide d'une opération. Imaginons que, le 25 mai 2009, une société appelée Les Entreprises P.L. inc. accepte de vendre à crédit des marchandises au prix de 5 000 $ à l'un de ses clients, livraison comprise. Elle pose comme condition de crédit que le client en question puisse payer son achat dans un délai d'un mois suivant la vente, soit le 25 juin 2009.

Voici comment Les Entreprises P.L. enregistre cette opération. Elle inscrit dans ses registres comptables une vente en date du 25 mai 2009. Au même moment, elle inscrit que le client lui doit une somme de 5 000 $, qu'il doit régler avant le 25 juin.

Lorsqu'elle établit ses états financiers au 31 mai 2009, soit à la fin de son exercice financier, elle y inclut un montant de 5 000 $ à la fois dans ses débiteurs et dans ses ventes. Le 25 juin 2009, la société Les Entreprises P.L. reçoit le chèque du client. Elle inscrit alors l'encaissement des 5 000 $ en question et annule le montant initialement inscrit aux débiteurs. La vente est donc enregistrée dans le compte de résultat pour l'exercice financier terminé le 31 mai 2009, bien que l'encaissement n'ait eu lieu qu'au cours de l'exercice suivant, compris entre le 1er juin 2009 et le 31 mai 2010.

Illustrons maintenant ces notions dans le cadre d'un exercice complet. Reprenons l'exemple des Entreprises P.L. Le compte de résultat de cette société, présenté dans le **tableau 4-1**, montre qu'elle a inscrit des ventes de 1 800 000 $ durant l'exercice se terminant le 31 mai 2009.

Interrogeons-nous sur le montant réellement encaissé pour ces ventes inscrites dans le compte de résultat. Puisque le poste Débiteurs de l'état de la situation financière de 2009 présente un montant de 130 000 $, on doit déduire qu'il faut soustraire des 1 800 000 $ de ventes les 130 000 $ des débiteurs afin de déterminer les encaissements. Par contre, la rubrique Débiteurs de 2008 comportait un montant de 80 000 $, somme vraisemblablement encaissée en 2009 et devant donc être ajoutée aux ventes de 2009. Ainsi, les encaissements totaux pour 2009 se calculent comme suit :

$$\underset{\text{(ventes 2009)}}{1\ 800\ 000\ \$} + \underset{\text{(débiteurs 2008)}}{80\ 000} - \underset{\text{(débiteurs 2009)}}{130\ 000} = 1\ 750\ 000\ \$$$

TABLEAU 4-1 • Compte de résultat des Entreprises P.L.

LES ENTREPRISES P.L. INC.
COMPTE DE RÉSULTAT
de l'exercice terminé le 31 mai 2009

Ventes		1 800 000 $
Coût des ventes		990 000
Marge brute		810 000
Coûts commerciaux		
Salaires et avantages sociaux	90 000 $	
Publicité	20 000	
Livraisons	40 000	
Amortissement des immobilisations	50 000	200 000
Charges administratives		
Salaires et avantages sociaux	115 000	
Assurances et taxes	70 000	
Papeterie et impression	50 000	
Télécommunications	55 000	
Entretien des immobilisations	15 000	
Amortissement des immobilisations	150 000	455 000
		655 000
Résultat d'exploitation		155 000
Autres produits et charges		
Gain à la vente d'immobilisations	(5 000)	
Intérêts débiteurs	68 000	63 000
Résultat avant impôts		92 000
Charge d'impôts (impôts exigibles)		16 000
Résultat net		76 000 $

TABLEAU 4-2 • État de la situation financière des Entreprises P.L.

LES ENTREPRISES P.L. INC.
ÉTAT DE LA SITUATION FINANCIÈRE
au 31 mai 2009

ACTIF	2009	2008
Actif courant		
Encaisse	19 000 $	60 000 $
Débiteurs	130 000	80 000
Stocks de marchandises	160 000	200 000
Charges payées d'avance	15 000	10 000
	324 000	350 000
Immobilisations corporelles (note 1)	1 190 000	1 110 000
	1 514 000 $	1 460 000 $
PASSIF		
Passif courant		
Créditeurs	120 000 $	170 000 $
Impôt sur les bénéfices à payer	15 000	11 000
Tranche de la dette non courante		
échéant à moins d'un an	41 000	27 000
	176 000	208 000
Dette non courante (note 2)	620 000	640 000
	796 000	848 000
CAPITAUX PROPRES		
Capital-actions (note 3)	210 000	150 000
Résultats non distribués	508 000	462 000
	718 000	612 000
	1 514 000 $	1 460 000 $

• • • ▶

TABLEAU 4-2 • État de la situation financière des Entreprises P.L.

LES ENTREPRISES P.L. INC.
EXTRAITS DES NOTES AUX ÉTATS FINANCIERS
au 31 mai 2009

	Coût	Amortissement cumulé	Coût non amorti 2009	2008
1. Immobilisations corporelles				
Terrain	300 000 $		**300 000 $**	300 000 $
Bâtiment	800 000	320 000 $	**480 000**	520 000
Matériel roulant	200 000	105 000	**95 000**	100 000
Mobilier et agencements	600 000	285 000	**315 000**	190 000
	1 900 000 $	710 000 $	**1 190 000 $**	1 110 000 $

	2009	2008
2. Dette non courante		
Emprunt hypothécaire, 9,5 %, remboursable par versements mensuels de 7 400 $, y compris les intérêts, échéant en 2012	**640 000 $**	667 000 $
Emprunt, 10 %, garanti par nantissement commercial sur du matériel roulant, remboursable par versements mensuels de 960 $, y compris les intérêts, échéant en 2012	**21 000**	
	661 000	667 000
Tranche échéant à moins d'un an	**41 000**	27 000
	620 000 $	640 000 $

	2009	2008
3. Capital-actions		
1 100 actions de catégorie A participatives avec droit de vote, sans valeur nominale (1 000 actions en 2008)	**160 000 $**	100 000 $
350 actions de catégorie B à dividendes non cumulatifs de 10 %, sans valeur nominale	**50 000**	50 000
	210 000 $	150 000 $

Au cours de l'exercice, l'entreprise a émis 100 actions de catégorie A en contrepartie de 60 000 $ en espèces.

4.1.3 La conversion des divers états financiers en flux de trésorerie

Nous venons de voir que les ventes sont inscrites dans le compte de résultat au moment même où elles ont lieu, qu'on en ait ou non reçu le paiement. La consultation de l'état de la situation financière nous a permis de comprendre qu'une partie des ventes figurant dans le compte de résultat était encore impayée et que, par conséquent, celle-ci devait faire partie de la rubrique Débiteurs de l'état de la situation financière.

Bien sûr, l'exemple que nous avons examiné pour illustrer ce principe était relativement simple puisque nous connaissions le total des encaissements de l'exercice. Il nous a cependant permis de constater qu'il est possible d'opérer le calcul en sens inverse. C'est-à-dire que, même si les états financiers ne donnent pas directement des flux de trésorerie, ils permettent de les reconstituer. Voyons à présent comment il faut procéder pour déterminer l'ensemble des flux de trésorerie liés à un exercice financier.

4.1.4 Les composantes du tableau des flux de trésorerie

Le tableau des flux de trésorerie renseigne le lecteur sur les liquidités générées ou utilisées en regroupant les activités de l'entité selon trois groupes distincts : les activités d'exploitation ou activités opérationnelles, les activités d'investissement et les activités de financement.

Dans un premier temps, le lecteur veut juger de la capacité de l'entreprise à générer des liquidités à même le *résultat net* obtenu au cours de l'exercice, soit celui qui figure dans le compte de résultat (**tableau 4-1**, p. 157). Ainsi, il faut déterminer, pour chacun des postes du compte de résultat, quelles liquidités générées ou utilisées sont liées aux produits et charges de l'exercice. Les normes comptables proposent deux méthodes différentes pour calculer les flux de trésorerie générés par l'exploitation, soit la *méthode directe* et la *méthode indirecte*. Nous décrirons ces deux méthodes plus loin.

Une fois que les liquidités provenant de l'exploitation sont déterminées, le lecteur voudra connaître quels *investissements* ont été effectués avec ces liquidités et quelles ont été les *sources de financement* obtenues ou remboursées pour effectuer les investissements requis. Ce sont respectivement les flux de trésorerie liés aux activités d'investissement et ceux liés aux activités de financement qui informeront le lecteur de ces deux types de décisions. Illustrons le tout par un exemple simple.

EXEMPLE 1 : Illustration

La société BIX dégage un résultat net de 200 000 $. Nous constatons que ce résultat net a généré des flux de trésorerie liés à l'exploitation de 250 000 $. BIX est en pleine croissance et décide d'investir 400 000 $ en achetant de nouvelles immobilisations. Puisque l'entreprise a généré 250 000 de liquidités à même ses activités, il lui manque 150 000 $ pour financer ses acquisitions d'immobilisations. BIX décide de contracter un prêt pour la moitié du montant des immobilisations, soit 200 000 $, auprès d'une institution financière. Voici un tableau résumant les flux de trésorerie.

Flux générés par l'exploitation	250 000 $
Flux liés aux activités de financement	200 000 $
Flux liés aux activités d'investissement	(400 000) $
Liquidités à la fin	**50 000 $**

Dans ce qui suit, nous expliquerons d'abord la façon de calculer chacune des trois sections du tableau des flux de trésorerie en présentant les composantes des autres états financiers qui sont utilisées pour déterminer les éléments de liquidités liés à l'exploitation, à l'investissement et au financement. Pour les activités d'exploitation, nous débutons par la méthode directe, qui permet de mieux saisir l'aspect technique de la conversion des produits et charges en encaissements et décaissements. La méthode indirecte, qui a pour point de départ le résultat net et qui le convertit en flux générés par l'exploitation, sera présentée dans la sous-section 4.2.2 A (p. 175). Notons que, peu importe la méthode utilisée, le montant des flux générés par l'exploitation sera identique.

4.1.5 Les flux de trésorerie liés aux activités d'exploitation

Dégageons d'abord les flux de trésorerie survenus dans le cadre de l'exploitation de l'entreprise, qu'il s'agisse des produits générés par les activités de production, de vente et de livraison de biens ou de prestation de services, ou des charges engendrées par ces activités. Comme les activités d'exploitation déterminent généralement le résultat net et qu'elles engendrent des actifs et des passifs courants figurant dans l'état de la situation financière (voir le chapitre 2), nous nous reporterons à ces postes pour reconstituer les flux de trésorerie liés aux activités d'exploitation.

La méthode directe

La méthode directe a pour but de renseigner le lecteur sur les entrées et sorties de trésorerie liées aux principales catégories de l'exploitation. Cette méthode est privilégiée par les normalisateurs : ceux-ci considèrent qu'elle donne davantage d'informations pour estimer les flux futurs de trésorerie que la méthode indirecte, qui ne permet pas une analyse aussi détaillée des flux futurs liés à l'exploitation. Nous utiliserons les principaux postes du compte de résultat des Entreprises P.L. (voir **tableau 4-1**, p. 157) comme point de départ de conversion des produits et charges en liquidités.

A. LES VENTES ET LES DÉBITEURS

Comme nous l'avons vu dans la section 4.1.2, l'état de la situation financière de la société Les Entreprises P.L. inc., illustré par le **tableau 4-2**, présente les débiteurs à 80 000 $ au 31 mai 2008, soit au début de l'exercice, contre 130 000 $ un an plus tard, soit à la fin de l'exercice. Le compte de résultat du **tableau 4-1** révèle pour sa part que les ventes de l'exercice terminé le 31 mai 2009 se sont établies à 1 800 000 $. Pour connaître les encaissements de l'exercice, utilisons la formule suivante :

$$\text{Clients au début} + \text{Ventes de l'exercice} - \text{Clients à la fin} = \text{Encaissements de l'exercice}$$

Appliquons cette formule à nos données, comme suit :

Clients au début de l'exercice	80 000 $
Plus : Ventes de l'exercice	1 800 000
Total possible des encaissements	1 880 000
Moins : Clients à la fin de l'exercice	130 000
Encaissements de l'exercice	1 750 000 $

En ajoutant aux clients au 31 mai 2008 les ventes de l'exercice terminé le 31 mai 2009, on obtient un total de 1 880 000 $ (80 000 $ + 1 800 000 $), soit la somme maximale possible des sommes à recouvrer des clients. Si l'on soustrait de cette somme les clients de 130 000 $ au 31 mai 2009, on obtient le total des encaissements liés aux ventes de l'exercice, soit 1 750 000 $.

B. LES ACHATS, LES STOCKS ET LES CRÉDITEURS

Cette fois, nous voulons connaître le montant des flux de trésorerie affectés aux achats, c'est-à-dire les sommes décaissées durant l'exercice pour régler les achats de la société, peu importe le moment où ceux-ci ont effectivement été réalisés. Comme l'indique le **tableau 4-1** (p. 157), le coût des ventes pour l'exercice terminé le 31 mai 2009 se chiffre à 990 000 $.

Ici, le calcul lié aux décaissements pour les achats se fait en deux étapes. Premièrement, il faut trouver le montant des achats effectués au cours de l'exercice. Ensuite, il faut s'attarder aux décaissements en considérant la variation des créditeurs dans l'état de la situation financière, entre le début et la fin de l'exercice, comme nous l'avons fait ci-dessus pour les clients.

Déterminons d'abord les achats de l'exercice. Les achats sur lesquels reposent nos calculs sont compris dans le coût des ventes. On en déduit qu'ils s'inscrivent dans une politique de gestion des stocks. Le niveau des stocks se lit dans l'état de la situation financière, sous le poste Stocks de marchandises. Pour connaître les stocks des Entreprises P.L., reportons-nous à l'état de la situation financière du **tableau 4-2** (p. 158).

À partir d'ici, pour déterminer les flux de trésorerie affectés aux achats, on reconstitue le montant des achats.

Si

> **Coût des ventes = Stocks au début + Achats - Stocks à la fin**

alors

> **Coût des ventes - Stocks au début + Stocks à la fin = Achats**

Appliquons la formule aux données de notre exemple, ainsi :

Coût des ventes	990 000 $
Moins : Stocks au début	200 000
	790 000
Plus : Stocks à la fin	160 000
Achats de l'exercice	950 000 $

Puisque nous connaissons le montant des achats, nous pouvons déterminer le total des décaissements.

La société a effectué des achats de 950 000 $ au cours de l'exercice terminé le 31 mai 2009. Elle devait déjà 170 000 $ à ses fournisseurs (créditeurs) au début de cet exercice, relativement à des achats effectués au cours d'exercices précédents. Si elle avait voulu les régler tous, elle aurait dû décaisser 1 120 000 $. Or, à la fin de l'exercice 2009, elle devait toujours 120 000 $ à ses fournisseurs. En fait, elle ne leur a versé qu'un total de 1 000 000 $ (1 120 000 $ – 120 000 $) au cours de l'exercice terminé le 31 mai 2009, tel que le démontre la formule suivante :

Créditeurs au début	+	Achats de l'exercice	−	Créditeurs à la fin	=	Décaissements de l'exercice

Appliquons cette formule à nos données, comme suit :

Créditeurs au début de l'exercice	170 000 $
Plus : Achats de l'exercice	950 000
Total possible des décaissements	1 120 000
Moins : Créditeurs à la fin de l'exercice	120 000
Décaissements de l'exercice	1 000 000 $

C. LES AUTRES CHARGES, LES CHARGES PAYÉES D'AVANCE ET LES AUTRES CRÉDITEURS

Nous souhaitons maintenant connaître les flux de trésorerie de l'exercice qui ont été affectés au règlement des autres charges, c'est-à-dire les décaissements ayant servi à payer des frais autres que les achats. Notre exemple porte sur les coûts commerciaux et les charges administratives. En règle générale, ces autres charges sont reliées à des sommes impayées en fin d'exercice, par exemple, les créditeurs autres que les fournisseurs qui figurent au passif de l'état de la situation financière ou encore des sommes payées d'avance qui se retrouvent dans le poste Charges payées d'avance de l'actif de l'état de la situation financière. Puisque, en général, les états financiers ne donnent pas le détail des charges payées d'avance et des autres créditeurs, c'est l'ensemble de ces charges qu'on convertit en décaissements. Par ailleurs, puisque les normes comptables exigent que les décaissements servant à payer les intérêts et l'impôt sur les bénéfices fassent l'objet d'une communication distincte dans le tableau des flux de trésorerie, on convertit ces charges en décaissements séparément.

Voyons le tout dans le cadre de notre exemple des Entreprises P.L. inc. Dans l'état de la situation financière du **tableau 4-2**, les créditeurs ont déjà fait l'objet de l'analyse puisque nous les avons considérés comme étant entièrement reliés aux achats de marchandises. Il n'y a donc aucun créditeur à part les fournisseurs. En ce qui a trait aux charges payées d'avance, on note dans l'actif de l'état de la situation financière un montant de 15 000 $ à la fin de l'exercice 2009. Or, cette somme a été décaissée dans l'exercice, mais ne figure pas dans les charges du compte de résultat puisqu'elle est reliée à des activités du prochain exercice. Il faut donc, pour reconstituer les décaissements, additionner cette somme aux autres charges de l'exercice figurant dans le compte de résultat du **tableau 4-1**. On obtient le coût maximal des services que la société aurait pu recevoir durant l'exercice 2009, soit 470 000 $. De ce total, 10 000 $ ont été décaissés avant l'exercice 2009, soit le solde des charges payées d'avance au 31 mai 2008. Par conséquent, on doit soustraire ce montant du coût maximal des services pour obtenir le total des décaissements durant l'exercice 2009, soit 460 000 $, comme l'indique la formule suivante :

Charges payées d'avance à la fin	+	Autres charges de l'exercice	−	Charges payées d'avance au début	=	Décaissements de l'exercice

Charges payées d'avance à la fin	15 000 $
Plus : Autres charges de l'exercice (coûts commerciaux + charges administratives – amortissements) (200 000 $ + 455 000 $ – 200 000 $)	455 000
	470 000
Moins : Charges payées d'avance au début	10 000
Décaissements de l'exercice	460 000 $

À ce stade, il importe de noter que certains postes de l'état du résultat global ne seront pas considérés dans les décaissements puisque ces éléments de produits ou de charges ne constituent pas une rentrée ou une sortie d'argent.

Dans notre exemple, *l'amortissement des immobilisations,* présenté dans les coûts commerciaux et les charges administratives et le *gain à la vente d'immobilisations* ne font pas partie de l'analyse des liquidités liées à l'exploitation, car l'amortissement n'est pas une sortie d'argent, mais une répartition du coût de l'actif sur la durée d'utilité prévue par l'entité. Quant au gain obtenu lors de la vente d'immobilisations, il ne représente pas l'entrée d'argent puisqu'il est le résultat de la différence entre l'écart du prix de vente et la valeur comptable de l'immobilisation. Nous verrons plus loin que le coût d'achat des immobilisations ou leur prix de vente ont un effet sur un autre élément du tableau des flux de trésorerie, la rubrique Activités d'investissement.

Finalement, comme nous l'avons mentionné ci-dessus, les décaissements liés aux autres charges ne prennent pas en compte l'impôt sur les bénéfices et les intérêts débiteurs, dont nous traiterons dans les deux prochaines sous-sections.

D. LES INTÉRÊTS DÉBITEURS

Des intérêts débiteurs (frais d'intérêts) de 68 000 $ figurent dans le compte de résultat du **tableau 4-1**. L'état de la situation financière ne présente aucun intérêt à payer dans le passif courant. Le décaissement relatif aux intérêts équivaut à la charge présentée dans le compte de résultat. En pareil cas, aucun redressement du résultat net n'est requis[4].

Les normes internationales précisent que les intérêts et les dividendes versés et les intérêts et dividendes reçus peuvent être présentés avec les activités liées à l'exploitation. Toutefois, les entités peuvent choisir de les classer dans les flux de trésorerie de financement ou encore d'investissement, si les intérêts ou dividendes représentent le coût d'obtention de ressources financières ou des rendements sur investissements.

E. L'IMPÔT SUR LES BÉNÉFICES

À combien se chiffrent les décaissements affectés au paiement des impôts en 2009 ? Le compte de résultat présente une charge d'impôts exigibles de 16 000 $. Or, l'état de la situation financière indique un impôt sur les bénéfices à payer de 11 000 $ au début de l'exercice 2009. La formule suivante permet de connaître le décaissement réel de l'exercice :

Impôt sur les bénéfices à payer au début	+	Charge d'impôts de l'exercice	−	Impôt sur les bénéfices à payer à la fin	=	Décaissements de l'exercice

---

4. S'il y avait eu des intérêts à payer, nous aurions pu suivre le raisonnement suivant : intérêts à payer (début) + charge d'intérêts − intérêts à payer (fin) = décaissements reliés aux intérêts.

Appliquons-la maintenant à nos données :

Impôt sur les bénéfices à payer au début de l'exercice	11 000 $
Plus : Charge d'impôts exigibles de l'exercice	16 000
	27 000
Moins : Impôts sur les bénéfices à payer à la fin de l'exercice	15 000
Décaissements de l'exercice	12 000 $

On constate que le montant maximum d'impôts qui aurait pu être décaissé durant l'exercice 2009 s'élève à 27 000 $. Étant donné qu'il reste 15 000 $ d'impôts à payer au 31 mai 2009, on peut déduire que le décaissement réellement effectué durant l'exercice se chiffre à 12 000 $.

On remarquera cependant que la société Les Entreprises P.L. ne présente pas d'impôts différés. Si tel avait été le cas, il aurait fallu déduire la charge d'impôts différés de la charge totale d'impôts, celle-ci n'ayant pas d'incidence sur les flux de trésorerie, comme nous l'avons expliqué dans le chapitre 2.

F. LE RÉSULTAT NET

Le **tableau 4-3** ci-dessous résume les calculs effectués précédemment et illustre de quelle façon le résultat net de l'exercice peut être converti en flux de trésorerie. Dans la colonne Ajustements, on constate que les encaissements sur les ventes sont inférieurs de 50 000 $ aux ventes inscrites dans le compte de résultat. Aussi, les décaissements sont inférieurs de 184 000 $ aux charges inscrites.

TABLEAU 4-3 • La conversion du résultat net en flux de trésorerie

LES ENTREPRISES P.L. INC.
COMPTE DE RÉSULTAT
de l'exercice terminé le 31 mai 2009

	Résultats selon la comptabilité d'engagement	Ajustements		Flux de trésorerie	
		Éléments reliés aux flux de trésorerie reliés à l'exploitation[5]	Éléments sans effet sur le flux de trésorerie reliés à l'exploitation		
Ventes (voir A)	1 800 000 $	+ 80 000 $ − 130 000 − 50 000		1 750 000 $	Encaissements provenant des ventes aux clients
Coût des ventes (voir B)	990 000	+ 170 000 − 120 000 + 160 000 − 200 000		1 000 000	Décaissements relatifs aux achats auprès de fournisseurs
Charges autres que amortissement (voir C)	455 000	+ 15 000 − 10 000		460 000	Décaissements relatifs aux autres charges
Amortissement des immobilisations	200 000		− 200 000		
Gain à la vente d'immobilisations	(5 000)		+ 5 000		
Intérêts débiteurs (voir D)	68 000			68 000	Décaissements relatifs aux frais d'intérêt
Impôt sur les bénéfices (voir E)	16 000	+ 11 000 − 15 000		12 000	Décaissements relatifs à l'impôt
	1 724 000	+ 11 000	− 195 000	1 540 000	
Résultat net	76 000 $	− 61 000 $	+ 195 000 $	210 000 $	Rentrées nettes de fonds

5. Voir également le tableau 4-7, p. 177.

À la lecture de ce tableau, on constate que les efforts consentis par la société pour son exploitation durant l'exercice 2009 se sont traduits par un résultat net de 76 000 $ et des rentrées nettes de fonds de 210 000 $. Étant donné que l'état de la situation financière présente une encaisse de 60 000 $ au 31 mai 2008, ces rentrées nettes auraient dû porter l'encaisse à 270 000 $ au 31 mai 2009.

Or, celle-ci se chiffre à 19 000 $ seulement. On peut en déduire que Les Entreprises P.L. ont effectué d'autres opérations qui ont occasionné une diminution nette de l'encaisse. Ces opérations s'inscrivent dans les activités d'investissement et de financement, que nous abordons ci-dessous.

4.1.6 Les flux de trésorerie liés aux activités d'investissement et de financement[6]

Jusqu'ici, toutes les conversions ne visaient qu'à calculer la variation des flux de trésorerie liés à l'exploitation de l'entreprise. D'autres opérations, dont nous n'avons pas encore tenu compte, engendrent aussi des flux de trésorerie. Il s'agit d'opérations liées aux activités d'investissement, comme l'achat d'immobilisations, ou aux activités de financement, comme l'émission de capital-actions. Examinons-les afin de déterminer les flux de trésorerie auxquels elles ont donné lieu.

Alors que la reconstitution des flux de trésorerie liés aux activités d'exploitation faisait appel à l'actif et au passif courant de l'état de la situation financière, celle des flux de trésorerie liés aux activités d'investissement et de financement fait appel aux postes non courants de l'état de la situation financière.

A. LES IMMOBILISATIONS CORPORELLES

Le poste Immobilisations corporelles comprend les actifs non courants qu'une société utilise dans le cours normal de ses affaires. Ainsi, si la société Les Entreprises P.L. acquiert au comptant 20 000 $ de nouvelles immobilisations corporelles le 1er juin 2008, elle inscrira dans ses registres comptables un décaissement de 20 000 $ à cette date. Dans le chapitre 2, nous avons expliqué que l'entreprise inscrit ses immobilisations corporelles dans l'état de la situation financière, car celles-ci procurent des avantages sur plusieurs exercices. Or, dans le compte de résultat, seul l'amortissement est inscrit comme charge annuelle, laquelle ne correspond pas au décaissement total de 20 000 $ effectué lors de

---

6. Les activités d'investissement relèvent de l'acquisition et de la cession d'actifs non courants, ainsi que des autres placements ne faisant pas partie des équivalents de trésorerie. Quant aux activités de financement, elles se rapportent à des activités qui modifient l'ampleur et la composition des capitaux propres et des capitaux empruntés de l'entreprise.

l'acquisition. Il ressort de cette explication que, bien que le décaissement ait eu lieu le 1er juin 2008, l'amortissement est plutôt constaté annuellement comme charge, sur plusieurs exercices, jusqu'à l'amortissement total des immobilisations.

Voilà pourquoi, pour déterminer les flux de trésorerie d'une période donnée, il faut ajuster le compte de résultat lorsque vient le moment d'établir les états financiers. Illustrons cet ajustement à l'aide d'un exemple. À la lecture du **tableau 4-2** (p. 158), on observe que l'investissement net en immobilisations des Entreprises P.L. est passé de 1 110 000 $ à 1 190 000 $ durant l'exercice, soit une augmentation nette de 80 000 $. Cette augmentation ne représente pas nécessairement les dépenses nettes en immobilisations engagées durant l'exercice 2009. D'autres renseignements, dont les flux de trésorerie liés à cette augmentation, sont nécessaires à notre compréhension des opérations qui se sont déroulées au cours de l'exercice. On obtient ces renseignements en consultant les notes complémentaires aux états financiers, en comparant les soldes et en s'adressant aux représentants de l'entreprise. On y constate ce qui suit :

■ la société a acheté un camion d'une valeur de 35 000 $ au moyen d'un emprunt de 30 000 $;

■ la société a vendu 20 000 $ de mobilier dont la valeur nette se chiffrait à 15 000 $;

■ la société a réaménagé ses bureaux et fait l'acquisition de mobilier pour une somme de 260 000 $.

Portons d'abord notre attention sur la deuxième opération, soit la vente du mobilier. Le gain de 5 000 $ provenant de cette vente et inscrit au compte de résultat ne constitue pas la rentrée de fonds, puisque l'encaissement lié à la vente du mobilier est de 20 000 $.

À la suite de ces trois transactions, la diminution nette de l'encaisse se chiffre donc à 275 000 $, soit le montant total des acquisitions [295 000 $ (35 000 $ + 260 000 $) moins le prix de vente de 20 000 $], si l'on exclut l'encaissement résultant d'un emprunt de 30 000 $ dont nous parlerons plus loin.

Le rapprochement complet de la variation du montant net des immobilisations durant l'exercice doit tenir compte de l'amortissement[7].

---

7. Rappelons que la valeur nette (valeur comptable) des immobilisations représente le coût d'acquisition moins l'amortissement cumulé (voir le chapitre 2).

	Variation des immobilisations corporelles	Encaissements (décaissements)
Valeur nette au début de l'exercice	1 110 000 $	
Plus : Acquisitions de l'exercice		
Camion	35 000	(35 000)
Mobilier et agencement	260 000	(260 000)
	1 405 000	
Moins : Ventes de l'exercice		
Mobilier (valeur nette)	15 000[8]	20 000
Amortissement de l'exercice		
(50 000 + 150 000)	200 000[9]	
	215 000	
Valeur nette à la fin de l'exercice	1 190 000 $	
Diminution nette de l'encaisse		(275 000) $

B. LA DETTE NON COURANTE

En analysant les passifs courants lors de la conversion des résultats d'exploitation, nous n'avons pas tenu compte de la tranche de la dette non courante échéant à moins d'un an (soit le montant échéant au cours de l'exercice), car ce passif n'est pas lié à l'exploitation, mais au financement de l'entreprise. On connaîtra les répercussions des variations de ce passif sur l'encaisse (la trésorerie) en étudiant les opérations qui se rapportent à la dette non courante.

La note 2 du **tableau 4-2** (p. 158) indique que la dette non courante est passée de 667 000 $ à 661 000 $ durant l'exercice 2009, soit une diminution nette de 6 000 $. Cette diminution découle d'abord des versements de capital sur l'emprunt hypothécaire de 27 000 $[10], soit la tranche échéant au cours de l'exercice qui se termine le 31 mai 2009.

8. Se reporter à la note précédente.

9. Dans le compte de résultat, on retrouve 50 000 $ dans les coûts commerciaux et 150 000 $ dans les charges administraives.

10. On constatera que la diminution de la dette ne correspond pas aux sommes réellement payées durant l'exercice. En supposant que tous les versements mensuels de 7 400 $ ont été effectués, le décaissement total se chiffre à 88 800 $. La différence de 61 800 $ représente les intérêts versés sur l'emprunt, lesquels sont compris dans les charges du compte de résultat. En effet, la dette enregistrée représente toujours le capital de l'emprunt. Les intérêts correspondent à la rémunération versée par l'emprunteur au prêteur pour la jouissance du capital et ne constituent une dette qu'au moment où le versement périodique (en capital et intérêts) arrive à échéance. Les intérêts débiteurs d'un exercice donné impayés à la fin de l'exercice figurent généralement dans le passif courant et font l'objet d'un poste distinct.

Ensuite, la société a emprunté 30 000 $ pour l'achat du camion. Les versements de capital inhérents à cette dette se chiffrent à 9 000 $, puisque subsiste un solde de 21 000 $.

Dette à long terme au début de l'exercice	667 000 $
Plus : Emprunt de l'exercice	30 000
	697 000
Moins : Remboursements de capital de l'exercice (27 000 $ + 9 000 $)	36 000
Dette à long terme à la fin de l'exercice	661 000 $

On observe que la diminution de l'encaisse relative aux remboursements de capital de la dette à long terme se chiffre à 6 000 $, soit les remboursements de 36 000 $ moins l'emprunt de 30 000 $. Quant aux intérêts versés, nous en avons déjà tenu compte dans la sous-section 4.1.4 D, lors de la conversion des résultats d'exploitation en flux de trésorerie.

C. LE CAPITAL-ACTIONS

L'augmentation du capital-actions est expliquée dans la note 3 du **tableau 4-2** (p. 158). L'émission de 100 actions de catégorie A a donné lieu à une augmentation de l'encaisse de 60 000 $.

D. LES RÉSULTATS NON DISTRIBUÉS

La lecture du compte de résultat du **tableau 4-1** (p. 157) montre que le résultat net de 76 000 $ a contribué à l'augmentation des résultats non distribués. (Les effets du résultat net sur l'encaisse ont été étudiés dans la sous-section 4.1.5 F, p. 167.) Au 31 mai 2009, on devrait donc constater des résultats non distribués s'élevant à 538 000 $ si aucune distribution n'a été préalablement effectuée. Pour le vérifier et pour connaître les variations survenues au cours de l'exercice, examinons le **tableau 4-4**, qui présente l'état des variations des capitaux propres.

TABLEAU 4-4 • État des variations des capitaux propres

LES ENTREPRISES P.L. INC.
ÉTAT DES VARIATIONS DES CAPITAUX PROPRES

	Capital-Actions cat A	Capital-Actions cat B	Résultats non distribués
Solde au 1er juin	100 000 $	50 000 $	462 000 $
Résultat net de l'exercice			76 000
Dividendes			(30 000)
Émission d'actions	60 000	0	
TOTAL	**160 000 $**	**50 000 $**	**508 000 $**

On note que la société a déclaré 30 000 $ de dividendes durant l'exercice 2009, réduisant ainsi ses résultats non distribués à 508 000 $. Notons que la déclaration de dividendes ne signifie pas forcément que les dividendes ont été versés durant l'exercice. Pour valider le paiement, il faut examiner le passif courant de l'état de la situation financière. Chez Les Entreprises P.L., le passif courant n'indique aucun dividende à payer au 31 mai 2009. On peut donc en déduire que tous les dividendes déclarés ont été versés, ce qui a entraîné une diminution équivalente de l'encaisse (ou de la trésorerie).

Nous avons passé en revue l'ensemble des postes qui peuvent être convertis en flux de trésorerie. Le moment est enfin venu de traiter du tableau des flux de trésorerie.

4.2 L'UTILITÉ ET LE CONTENU DU TABLEAU DES FLUX DE TRÉSORERIE

Le tableau des flux de trésorerie sert à montrer l'effet des activités de l'entreprise sur ses ressources financières liquides (aussi appelées « liquidités », « trésorerie », « espèces » et « quasi-espèces »). Le **tableau 4-5** présente l'essentiel de l'information que fournit cet état.

TABLEAU 4-5 • Le rapprochement des variations de l'encaisse des Entreprises P.L.

Encaisse au début de l'exercice		60 000 $
Plus : Augmentation attribuable aux éléments suivants :		
Exploitation	210 000 $	
Immobilisations corporelles	20 000	
Dette non courante	30 000	
Capital-actions	60 000	320 000
		380 000
Moins : Diminution attribuable aux éléments suivants :		
Immobilisations corporelles	295 000	
Dette non courante	36 000	
Dividendes	30 000	361 000
Encaisse à la fin de l'exercice		19 000 $

Plus particulièrement, le tableau des flux de trésorerie a pour objet d'aider les utilisateurs des états financiers à évaluer les liquidités et la solvabilité de l'entreprise, de même que sa capacité à rembourser ses dettes, à s'autofinancer et à distribuer des dividendes à ses actionnaires à même les liquidités engendrées par l'exploitation.

Avant d'étudier le contenu et la présentation du tableau des flux de trésorerie, voyons en quoi consistent les liquidités.

4.2.1 La trésorerie et les équivalents de trésorerie

Nous avons vu que la trésorerie, aussi appelée « liquidités », comprend les espèces et quasi-espèces, c'est-à-dire les actifs dont l'entreprise peut disposer facilement. Ces espèces et quasi-espèces se composent notamment des fonds en caisse, des dépôts à vue et des placements à court terme facilement monnayables, comme les dépôts à terme (lorsque ceux-ci peuvent être retirés en tout temps sans pénalité).

Les éléments qui composent la trésorerie varient d'une entreprise à l'autre, selon la nature de l'actif et de l'activité. Il revient à la direction de l'entreprise de déterminer les actifs possédant les caractéristiques requises pour être considérés comme de la trésorerie ou des équivalents de trésorerie. C'est pourquoi les éléments qui composent la trésorerie ou les équivalents de trésorerie doivent être précisés dans le tableau des flux de trésorerie. Dans l'exemple que nous avons choisi pour illustrer cette question, l'encaisse est le seul élément qui compose la trésorerie.

4.2.2 La présentation du tableau des flux de trésorerie

Le tableau des flux de trésorerie comprend les trois rubriques suivantes (que nous détaillerons ci-dessous) : Activités d'exploitation, Activités de financement et Activités d'investissement.

Notons que les entreprises doivent présenter la rubrique Activités d'exploitation en premier lieu, mais qu'elles peuvent produire les deux autres dans l'ordre de leur choix.

A. LES ACTIVITÉS D'EXPLOITATION

Les renseignements figurant dans la rubrique Activités d'exploitation visent à aider les utilisateurs à évaluer dans quelle mesure l'entreprise peut financer ses activités sans recourir à des sources de financement externes. En d'autres termes, ils permettent aux utilisateurs d'estimer si les liquidités produites par l'exploitation suffisent pour compenser celles qui sont utilisées pour remplacer des actifs, effectuer de nouveaux investissements, rembourser des dettes et verser des dividendes. Tel que mentionné dans la section 4.1.4, les flux de trésorerie liés aux activités d'exploitation peuvent être présentés de deux façons : la méthode directe et la méthode indirecte, que nous présentons ci-dessous dans les **tableaux 4-6** et **4-7**.

TABLEAU 4-6 • Flux de trésorerie des Entreprises P.L.
établi selon la méthode directe

LES ENTREPRISES P.L. INC.
TABLEAU DES FLUX DE TRÉSORERIE
de l'exercice terminé le 31 mai 2009

Activités d'exploitation (voir le calcul au tableau 4-3)	
Rentrées de fonds – ventes	1 750 000 $
Sorties de fonds – achats	(1 000 000)
Sorties de fonds – autres charges	(460 000)
Intérêts versés	(68 000)
Impôts payés	(12 000)
Flux de trésorerie provenant des activités d'exploitation	210 000
Activités de financement	
Emprunts (voir 4.1.6 B)	30 000
Remboursement d'emprunts (voir 4.1.6 B)	(36 000)
Émission d'actions (voir 4.1.6 C)	60 000
Dividendes (voir 4.1.6 D)	(30 000)
Flux de trésorerie provenant des activités de financement	24 000
Activités d'investissement	
Vente d'immobilisations corporelles (voir 4.1.6 A)	20 000
Acquisition d'immobilisations corporelles (voir 4.1.6 A)	(295 000)
Flux de trésorerie affectés aux activités d'investissement	(275 000)
Diminution de la trésorerie	41 000
Trésorerie au début de l'exercice	60 000
Trésorerie à la fin de l'exercice	19 000 $

Application de la méthode indirecte

Il est à noter que la méthode indirecte dérive de la méthode directe. Le montant du résultat net sert de point de départ (et non chacune de ses composantes), puis est ajusté pour refléter les liquidités générées à même le résultat net. Notons que, quelle que soit la méthode utilisée, les liquidités générées par l'exploitation résultent au même montant. Dans notre exemple, Les Entreprises P.L ont généré 210 000 $ de liquidités provenant de l'exploitation pour l'exercice terminé le 31 mai 2009.

TABLEAU 4-7 • Flux de trésorerie des Entreprises P.L. établi selon la méthode indirecte

LES ENTREPRISES P.L. INC.
TABLEAU DES FLUX DE TRÉSORERIE
de l'exercice terminé le 31 mai 2009

Activités d'exploitation	
Résultat net	76 000 $
Éléments sans effet sur la trésorerie reliés à l'exploitation	
Amortissement des immobilisations corporelles	200 000
Gain à la vente d'immobilisations corporelles	(5 000)
	271 000
Variation nette des éléments du fonds de roulement hors caisse liés à l'exploitation (voir le tableau 4-8)	(61 000)
Flux de trésorerie provenant des activités d'exploitation	210 000
Activités de financement	
Emprunts	30 000
Remboursement d'emprunts	(36 000)
Émission d'actions	60 000
Dividendes	(30 000)
Flux de trésorerie provenant des activités de financement	24 000
Activités d'investissement	
Vente d'immobilisations corporelles	20 000
Acquisition d'immobilisations corporelles	(295 000)
Flux de trésorerie provenant des activités d'investissement	(275 000)
Diminution de la trésorerie	41 000
Trésorerie au début de l'exercice	60 000
Trésorerie à la fin de l'exercice	19 000 $

Voyons maintenant les particularités de la méthode indirecte. Il faut considérer les éléments suivants :

- **Le résultat net.** Selon la méthode indirecte, le calcul commence par le résultat net du compte de résultat.

- **Les éléments sans effet sur la trésorerie.** Puisque le point de départ est le résultat net, il faut s'assurer que les postes de produits et de charges qui ne constituent pas des entrées ou sorties d'argent soient éliminés pour reconstituer les éléments de liquidités. Ainsi, dans notre exemple, l'amortissement (50 000 \$ + 150 000 \$) est une charge qui réduit le résultat net. Cependant, puisqu'elle n'a pas d'effet sur les liquidités, elle doit être ajoutée au résultat net. Le traitement inverse sera appliqué au gain découlant de la vente d'immobilisations corporelles. Ce gain de 5 000 \$, qui a augmenté le résultat net, n'a pas affecté la trésorerie et sera donc soustrait du résultat net pour reconstituer les liquidités. D'autres postes, qui ne représentent pas des entrées ou des sorties de fonds, feront l'objet de redressements à la baisse ou à la hausse dans cette section pour déterminer les liquidités liées à l'exploitation.

- **La variation nette des éléments hors caisse du fonds de roulement.** Ces éléments sont constitués de tous les postes de l'actif et du passif courants autre que l'encaisse. Le **tableau 4-8** ci-dessous présente, sous une autre forme, les redressements effectués lors de la conversion du résultat net en flux de trésorerie. Ces renseignements indiquent notamment que, durant l'exercice 2009, l'entreprise a investi des liquidités dans les postes suivants : Clients, Charges payées d'avance et Créditeurs. Au lieu de considérer individuellement chacun de ces postes, on présente l'effet sur le résultat net de façon globale. L'impact est le même, mais on obtient l'effet cumulé sur la trésorerie.

TABLEAU 4-8 • Ajustement du résultat net des éléments reliés à
l'exploitation : variation nette des éléments hors caisse
du fonds de roulement liés à l'exploitation

Effets sur la trésorerie

Augmentation des clients	– 50 000 $	31 mai 2009	130 000 $
		31 mai 2008	80 000
Diminution des stocks de marchandises	+ 40 000	31 mai 2009	160 000
		31 mai 2008	200 000
Augmentation des charges payées d'avance	– 5 000	31 mai 2009	15 000
		31 mai 2008	10 000
Diminution des créditeurs	– 50 000	31 mai 2009	120 000
		31 mai 2008	170 000
Augmentation de l'impôt sur le bénéfice à payer	+ 4 000	31 mai 2009	15 000
		31 mai 2008	11 000 $
Variation nette des éléments du fonds de roulement hors caisse (voir également le tableau 4-3, p. 168)	– 61 000 $		

■ **Les flux de trésorerie liés aux intérêts et aux impôts.** On constate que l'utilisation de la méthode indirecte ne permet pas de distinguer les sommes versées par Les Entreprises P.L. en intérêts et en impôts. Précisons que l'information portant sur les sorties de fonds liées aux intérêts et sur les rentrées et sorties de fonds relatives aux impôts peut être utile aux lecteurs d'états financiers. Elle doit donc leur être présentée séparément.

Le **tableau 4-9** illustre les différences entre les modes de présentation du tableau des flux de trésorerie, selon que l'on emploie la méthode directe ou la méthode indirecte.

> **TABLEAU 4-9** • Flux de trésorerie : comparaison entre la méthode directe et la méthode indirecte

Activités d'exploitation

Méthode directe	**Méthode indirecte**
Conversion des produits du compte de résultat en encaissements	Résultat net
− Conversion des charges du compte de résultat en décaissements	± Éléments sans effet sur la trésorerie reliée à l'exploitation, inclus dans le résultat net de l'exercice
	± Variation nette des éléments hors caisse du fonds de roulement

Flux de trésorerie provenant de l'exploitation = Flux de trésorerie provenant de l'exploitation

Activités de financement
Même démarche, quelle que soit la méthode utilisée

Activités d'investissement
Même démarche, quelle que soit la méthode utilisée

Finalement, soulignons que cet état peut parfois sembler superflu lorsque les activités de l'entreprise sont simples ou que ses activités de financement et d'investissement sont peu importantes. En effet, en pareils cas, les données contenues dans les flux de trésorerie semblent répéter de l'information déjà manifeste à la lecture de l'état de la situation financière et du compte de résultat. Plutôt que de présenter un état financier montrant les flux de trésorerie, on préférera alors ajouter des notes complémentaires, au besoin. Toutefois, les sociétés ouvertes sont tenues de présenter cet état.

B. LES ACTIVITÉS DE FINANCEMENT

La rubrique Activités de financement sert à montrer dans quelle mesure l'entreprise a eu recours au financement pour augmenter ses liquidités et l'incidence qu'ont la réduction de la dette et du capital-actions sur les liquidités. Elle comprend donc les encaissements d'emprunts à long terme, d'emprunts bancaires courants et du produit de l'émission d'actions, ainsi que les décaissements servant à rembourser la dette non courante et à financer des opérations portant sur le capital-actions, comme le rachat d'actions.

Les dividendes payés en espèces s'inscrivent généralement dans les activités de financement, mais peuvent aussi s'inscrire dans les activités d'exploitation

Au point où nous en sommes, qu'on utilise la méthode directe ou indirecte, les calculs sont les mêmes (voir les sous-sections 4.1.6 B, C et D, p. 171 et 172).

C. LES ACTIVITÉS D'INVESTISSEMENT

Les renseignements présentés dans la rubrique Activités d'investissement aident les utilisateurs à évaluer le montant des liquidités utilisées par l'entreprise pour acquérir des actifs non courants et, inversement, le montant des liquidités provenant de la vente d'actifs non courants. Cette rubrique comprend donc les rentrées et les sorties de fonds découlant de la vente et de l'acquisition d'actifs non courants.

Dans le cas des Entreprises P.L., les flux de trésorerie attribuables aux opérations ayant porté sur les actifs non courants sont liés aux immobilisations corporelles et, quelle que soit la méthode, sont présentés de manière identique.

CONCLUSION

Dans ce chapitre, nous avons présenté le tableau des flux de trésorerie, ses composantes et son fonctionnement. Cet état financier, qui nous permet de juger de la provenance et de l'utilisation des liquidités pour un exercice donné, s'avère précieux pour les investisseurs et les créanciers puisqu'il permet de porter un jugement sur la santé financière de l'entreprise du point de vue de ses liquidités. Dans le chapitre 5, nous proposons une analyse plus détaillée de l'interprétation des composantes du tableau des flux de trésorerie.

CHAPITRE 5

L'analyse des états financiers

5.1 Les interrogations suscitées par l'analyse..........................**184**

5.2 Les sources d'information..**186**

    5.2.1   Les communiqués de presse, les déclarations
            de la direction, le rapport annuel et les prospectus....186

    5.2.2   Les états financiers trimestriels et annuels...............187

    5.2.3   Le rapport de l'auditeur..188

    5.2.4   Les bases de données statistiques............................189

    5.2.5   Les analyses spécialisées et les articles
            de journaux..190

5.3 La démarche d'analyse...**190**

5.4 L'examen des états financiers et des activités de l'entité....**191**

5.5 L'analyse horizontale et l'analyse verticale..........................**199**

5.6 Les ratios : analyse approfondie.....................................**204**

    5.6.1   L'analyse des résultats...208

    5.6.2   L'analyse de l'actif...211

    5.6.3   L'analyse du financement.......................................220

    5.6.4   L'analyse des flux de trésorerie...............................228

    5.6.5   La synthèse des ratios...229

**5.7 L'incertitude inhérente à la présentation
des états financiers**..**234**

    5.7.1   Les limites de l'analyse..234

    5.7.2   Les limites inhérentes aux états financiers...............234

5.1 LES INTERROGATIONS SUSCITÉES PAR L'ANALYSE

Les états financiers réunissent des données de nature économique, plutôt quantitatives, destinées à renseigner des lecteurs aussi nombreux qu'hétérogènes sur les activités économiques d'une entreprise. Les données publiées constituent très souvent le point de départ d'un processus décisionnel, tant à l'intérieur qu'à l'extérieur de l'entreprise. En ce sens, l'interprétation de l'information financière revêt une importance considérable et intéresse non seulement les intervenants directs, mais aussi l'économie dans son ensemble. S'il est vrai que la compilation de ces renseignements représente en quelque sorte la phase finale d'une série d'événements échelonnés sur une période se limitant généralement à un exercice financier de 12 mois, ils ne constituent pas une fin en soi.

Bien que les préparateurs des états financiers, ainsi que les auditeurs qui en attestent la fidélité, soient soumis aux contraintes d'un cadre de normalisation, il faut admettre que celui-ci évolue sans cesse. Si on ajoute à cela une sensibilisation accrue des utilisateurs et une amélioration de leurs connaissances, il n'est pas étonnant que l'analyse des états financiers suscite constamment des interrogations chez ceux qui les examinent. Ce constat ne signifie en rien qu'on ne puisse pas suggérer un modèle général d'analyse que chacun adapterait à ses besoins propres. Aussi, le modèle que nous proposons, inspiré du système d'analyse financière de DuPont[1], est très flexible ; néanmoins, nous ne prétendons pas qu'il soit infaillible.

Il nous semble important de souligner que l'interprétation des états financiers ne saurait être absolue en soi. Elle doit se faire sur la base de points de référence propres à l'entreprise et à son secteur d'activité.

Un tel exercice sert des objectifs multiples. Tout d'abord, il aide à situer l'entreprise dans son contexte financier historique afin d'établir son évolution. Ensuite, il permet de la définir au sein de son secteur d'activité, non seulement en termes absolus, mais aussi en fonction du comportement des autres entreprises y évoluant. Enfin, cet exercice contribue à dégager les données nécessaires à l'établissement de prévisions du comportement futur de l'entreprise observée. L'utilisateur insistera sur un ou plusieurs de ces éléments selon ses besoins.

La diversité des groupes d'utilisateurs nous empêche de formuler des objectifs adaptés à chacun d'eux. Afin de mettre en lumière la variété des besoins et des objectifs des utilisateurs désireux d'approfondir leur examen des états financiers, nous résumons la situation dans le **tableau 5-1**.

---

1. Modèle mis sur pied par les cadres de la société DuPont de Nemours dans les années 1960.

TABLEAU 5-1 • Les divers utilisateurs des états financiers et leurs besoins[2]

	Les actionnaires	La collectivité	Les membres du conseil d'administration	Les employés	Les organismes de réglementation	Les clients et les créanciers
Principal intérêt économique	Plus-value de la participation, dividendes	Apport à l'assiette fiscale	Protection du capital, profits	Emplois, sécurité	Conformité, recettes fiscales	Service, viabilité
Décisions clés	Investissement, vente, conservation	Décisions relatives au développement économique	Gestion des risques	Objet des négociations	Intervention ou non-intervention	Opérations à conclure ou non

Un modèle d'analyse des états financiers efficace doit fournir des réponses adéquates aux questions de l'analyste. Le **tableau 5-2** constitue un sommaire des questions posées.

TABLEAU 5-2 • Exemples de questions posées lors de l'analyse

A. En regard de l'objectif de l'analyse, que doit-on comprendre des informations consignées dans les états financiers, mais aussi dans le rapport de gestion, dans le rapport annuel et dans d'autres documents publics disponibles ? **(Indicateurs relatifs aux composantes des activités de l'entité et distinction des activités exceptionnelles.)**

B. Quelle est la croissance de l'entité ? **(Indicateurs de la croissance de l'entité.)**

En regard des états financiers,

C. Quelle est la performance de l'entité par rapport aux produits, à l'investissement dans l'actif et aux capitaux propres ? **(Indicateurs de la performance de l'entité.)**

D. Quelle est la « qualité » de la gestion de l'exploitation ? **(Indicateurs sur l'activité et l'exploitation de l'entité.)**

E. Quelle est la structure financière en matière d'apport de capitaux propres et de sources de financement ? **(Indicateurs sur le financement de l'entité.)**

F. Quelle est la situation financière en matière de liquidité-solvabilité ? **(Indicateurs sur la liquidité et solvabilité de l'entité.)**

G. Comment se comparent les informations d'une année à l'autre, en regard de la concurrence ou encore du secteur d'activité de l'entité ? **(Indicateurs d'étalonnage.)**

---

2. Adapté de Daniel Blake Rubinstein et David Barnes, « Un processus de normalisation plus dynamique », *CA Magazine*, novembre 1988, p. 39.

Ces questions nous amènent à identifier les sources d'information dont dispose l'analyste, la démarche d'analyse, l'examen des états financiers, l'utilisation des ratios et les limites inhérentes aux états financiers.

5.2 LES SOURCES D'INFORMATION

On trouve à la **figure 5-1**, des exemples de diverses sources d'information utiles à l'analyse. On remarque que le jeu complet d'états financiers constitue l'un des éléments que l'on compare avec d'autres afin d'en savoir plus sur une entreprise.

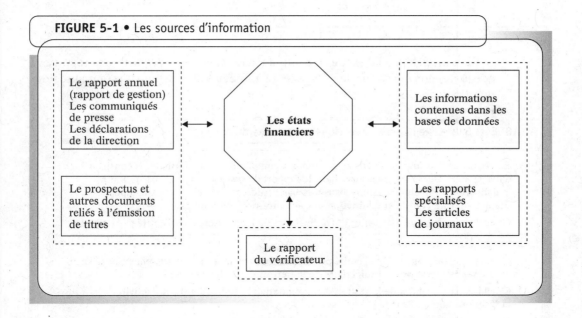

FIGURE 5-1 • Les sources d'information

Le rapport annuel (rapport de gestion) / Les communiqués de presse / Les déclarations de la direction

Le prospectus et autres documents reliés à l'émission de titres

Les états financiers

Le rapport du vérificateur

Les informations contenues dans les bases de données

Les rapports spécialisés / Les articles de journaux

5.2.1 Les communiqués de presse, les déclarations de la direction, le rapport annuel et les prospectus

Au cours de l'exercice, l'entreprise publie de temps à autre des informations sur ses activités par l'entremise de communiqués de presse ou de déclarations de la direction. Pour les sociétés cotées, ces activités sont réglementées. L'entreprise produit aussi un rapport de gestion contenant des données quantitatives et des informations essentielles qui rendent compte du contexte de ses résultats. Ce rapport de gestion est inséré dans un rapport annuel où l'on trouve notamment un sommaire des activités principales, une description des divers secteurs dans lesquels l'entreprise exerce ses activités, le message du président aux actionnaires ainsi que les états financiers.

Dans certaines circonstances, il peut arriver que l'entité publie un prospectus relié à l'émission publique de titres avant que celle-ci ne survienne. Ce document, généralement exhaustif, décrit en détail les activités de l'entité. Le lecteur qui le désire consultera avec profits le Système électronique de données, d'analyse et de recherche (SEDAR), au www.sedar.com, pour en avoir un aperçu. Ce site, reconnu comme une source d'information facile à utiliser, donne accès aux rapports annuels des sociétés ouvertes ainsi qu'à toute autre information déposée auprès des autorités canadiennes en valeurs mobilières (communiqués de presse, rapports financiers trimestriels, etc.). On peut y rechercher l'information par nom de société, par type de document et par date de dépôt. De plus, ce site présente les adresses des sites de différentes places boursières et d'organismes de réglementation du Canada et des États-Unis. Le pendant américain de SEDAR est l'Electronic Data Gathering, Analysis, and Retrieval system (EDGAR), que l'on peut consulter à l'adresse au www.sec.gov/edgar.shtml.

5.2.2 Les états financiers trimestriels et annuels

Comme nous l'avons vu dans les chapitres précédents, l'entité publie ses états financiers, habituellement tous les trimestres, puis annuellement. Mentionnons l'importance de comprendre à la fois les états financiers proprement dits ainsi que les notes, qui permettent de mieux interpréter les données auxquelles elles se rapportent. Les explications et les tableaux contenus dans ces notes constituent une source supplémentaire d'information, souvent nécessaire pour tirer des conclusions significatives. On y trouve, par exemple, une description des dettes et des autres engagements financiers à long terme, ou encore un tableau des catégories d'immobilisations détenues par l'entreprise (voir le chapitre 2, p. 25).

Comme nous l'avons mentionné, il faut analyser et interpréter les états financiers en tenant compte du secteur d'activité de la société étudiée. C'est notamment pour cette raison que, selon les normes comptables internationales, cette information doit faire l'objet d'une note dans les états financiers annuels des sociétés ouvertes. Elle permet au lecteur de déterminer d'emblée la nature des activités de l'entreprise et le lieu où elles sont exercées. Elle permet également de connaître la ventilation des résultats entre chacune des activités en question. Pour prendre des décisions en matière d'exploitation, les dirigeants disposent de renseignements financiers sur chacun des secteurs d'activité et des secteurs géographiques importants.

En plus des états financiers à usage externe que certaines sociétés sont tenues de publier, les entreprises établissent des rapports financiers à l'intention des utilisateurs internes. La présentation et le regroupement des données varient selon les besoins de ces derniers, mais ces rapports ont néanmoins un trait en commun : l'information qu'ils contiennent est détaillée, alors que celle des états préparés pour un usage externe est concise. Conçus principalement pour être exploités dans le cadre des activités quotidiennes de gestion de l'exploitation, les états financiers internes procurent des données supplémentaires qui, dans certains cas, permettent de nuancer des conclusions obtenues autrement.

Cependant, l'accès à ce type d'information est très limité. En effet, diffusés hors de la société, ces états financiers internes risqueraient de profiter aux entreprises concurrentes (ou de ne pas présenter un intérêt immédiat pour le lecteur ne participant pas à la gestion de l'entreprise). Il n'est donc pas surprenant qu'il existe certaines réticences à communiquer une documentation jugée confidentielle.

5.2.3 Le rapport de l'auditeur

Le rapport de l'auditeur vise à fournir un degré raisonnable d'assurance que les états financiers, pris dans leur ensemble, sont exempts de toute inexactitude importante conformément au référentiel comptable retenu, soit les normes IFRS. Il arrive occasionnellement à l'auditeur de formuler une restriction sous la forme d'une réserve. Il peut même émettre une opinion carrément défavorable si, pour cause de dérogation aux normes comptables, il est d'avis que les états financiers pourraient rendre une image faussée. La présence d'une restriction sera toutefois accompagnée d'une description des faits qui la justifient. Enfin, il arrive que l'auditeur se déclare dans l'impossibilité d'émettre une opinion en raison d'une limitation dans son travail (récusation).

On ne peut prétendre à une analyse judicieuse sans prendre connaissance du rapport de l'auditeur. Par conséquent, il est primordial de le lire avant de procéder à l'analyse des états financiers.

Il convient également de souligner que le travail de l'auditeur s'inscrit dans le « cadre comptable » et ne porte ni sur l'efficacité de la gestion ni sur la survie à long terme de l'entreprise.

5.2.4 Les bases de données statistiques

Quels que soient les calculs effectués à partir des données financières, il est indispensable de disposer de points de référence pour interpréter les résultats de façon satisfaisante et valable. Pour ce faire, il est possible de consulter certaines bases de données. Nous ne saurions trop insister sur la nécessité de s'assurer de la concordance des « secteurs » de la base de données consultée et de l'entité étudiée. Il arrive cependant que celle-ci soit difficile à établir. Il faut donc au préalable bien étudier la composition des entités comprises dans la base de données. Si ce n'est pas le cas, la comparaison pourra se faire directement avec des états financiers d'un concurrent. Le **tableau 5-3** donne quelques exemples de bases de données.

TABLEAU 5-3 • Exemples de bases de données

Base de données	Auteur	Adresse Internet
Annual Statement Studies	The Risk Management Association	www.rmahq.org/
FPinfomart.ca	Canwest Publishing Inc	www.fpinfomart.ca/
Indicateurs de performance financière des entreprises canadiennes	Statistique Canada	www.statcan.gc.ca/bsolc/olc-cel/olc-cel?lang=fra&catno=61-224-X
Key Business Ratios	Dun & Bradstreet	kbr.dnb.com/
Mergent Online	Mergent, Inc.	www.mergent.com/
Orbis	Bureau van Dijk	www.bvdep.com/fr/ORBIS.html
ProQuest Historical Annual Reports	Micromedia ProQuest	www.proquest.com/en-US/catalogs/databases/detail/pq_hist_annual_repts.shtml
Yahoo! Finance	Yahoo! Inc.	ca.finance.yahoo.com/

D'autres bases de données sont disponibles par l'entremise de moteurs de recherche.

Plusieurs de ces bases de données exigent des frais d'utilisation. Toutefois, dans de nombreuses institutions, les étudiants peuvent les consulter gratuitement par l'entremise de leur bibliothèque universitaire.

5.2.5 Les analyses spécialisées et les articles de journaux

La connaissance du secteur d'activité de l'entité et de ce que font ses concurrents s'avère essentielle pour bien ancrer l'analyse de l'entité étudiée. Pour ce faire, il est possible de consulter les bulletins et les rapports spécialisés publiés par les banques, les grandes maisons de courtage en valeurs mobilières, les cabinets d'experts-comptables, les conseillers, les associations professionnelles, industrielles et commerciales, etc. Il est également utile de se reporter à certaines publications destinées au grand public, comme les revues, journaux et autres périodiques consacrés au monde des affaires. On y trouve aussi bien des renseignements d'ordre général sur la situation économique et les tendances des marchés que des données sur des entreprises ou des secteurs d'activité particuliers.

5.3 LA DÉMARCHE D'ANALYSE

Pour proposer un modèle d'analyse de portée générale, il faut tenir compte de certaines contraintes, comme les renseignements disponibles sur les secteurs d'activité, sur les concurrents ou sur les méthodes de calcul, sans oublier les besoins variés des utilisateurs. Pour étudier l'évolution d'une entreprise et la comparer avec celle d'entreprises similaires à partir de données quantitatives, il est nécessaire de recourir à des ratios et à des taux, car les valeurs qu'ils indiquent permettent de relativiser les données figurant aux différents postes des états financiers en les mettant en relation les unes avec les autres. L'emploi des ratios est instructif, mais encore faut-il que ceux que l'on retient soient pertinents. De plus, signalons que la nomenclature des ratios actuellement en usage n'est pas normalisée : il arrive donc souvent que deux personnes désignent un même ratio par différentes expressions, ce qui doit inciter l'analyste à faire preuve d'une certaine prudence.

Toutefois, le processus d'analyse ne doit pas se limiter à établir un rapport entre des montants. L'état de la situation financière, l'état de variation des capitaux propres, l'état du résultat global, le tableau des flux de trésorerie et les notes complémentaires constituent des sources d'information cruciales. Elles constituent de toute évidence celles sur lesquelles on doit s'appuyer pour établir les ratios qui permettront de tirer des conclusions avisées.

Pour être véritablement utile, la démarche d'analyse doit être flexible, même si les états financiers sur lesquels elle s'appuie sont habituellement établis en fonction des investisseurs.

On ne devra pas s'étonner si certaines techniques proposées visent plus particulièrement ce groupe. Cependant, un fait demeure : tous les utilisateurs sont à même d'en tirer des avantages selon l'objectif qu'ils poursuivent.

Il existe différentes techniques que nous allons maintenant présenter en détail, afin de pouvoir effectuer une analyse approfondie des états financiers.

5.4 L'EXAMEN DES ÉTATS FINANCIERS ET DES ACTIVITÉS DE L'ENTITÉ

Pour être en mesure de bien comprendre toute la signification des états financiers, il importe d'en saisir d'abord le contenu sous l'angle des postes présents et des méthodes comptables utilisées. D'abord sommaire, cette prise de contact se fera de plus en plus détaillée. L'analyste fera également le lien entre ces états financiers et ce qu'il a appris des activités de l'entité, et aussi avec ce qu'il connaît de l'évolution de l'économie en général.

Il serait pertinent également de pouvoir comparer les pratiques comptables de l'entreprise étudiée avec celles du secteur d'activité ou des concurrents, dans la mesure où cette information est disponible.

L'utilisateur pourra alors passer à l'analyse de chacun des états financiers et à la lecture attentive des notes pour compléter cette prise de contact. (Voir les chapitres 2 et 4 aux pages 25 et 153.)

Une attention particulière au tableau (ou l'état) des flux de trésorerie

Souvent négligé car mal compris, le tableau (ou l'état) des flux de trésorerie n'en demeure pas moins un état financier important. En effet, de nombreux utilisateurs se préoccupent de l'incidence des opérations enregistrées sur les liquidités de l'entreprise, particulièrement manifestes dans cet état financier. Par conséquent, le tableau (ou l'état) des flux de trésorerie constitue, à juste titre, une étape importante du processus d'analyse, car il présente l'origine des mouvements de trésorerie et précise les activités qui y ont donné lieu au cours de l'exercice.

Les préoccupations de l'utilisateur déterminent l'angle sous lequel il examine les mouvements de trésorerie. Ainsi, le fournisseur comme le bailleur de fonds se préoccupent de la capacité de l'entreprise de remplir ses obligations. Quant à l'actionnaire, avant tout soucieux du rendement de son investissement, il souhaite s'assurer que les gestionnaires, dans une perspective à plus long terme, sachent protéger son capital tout en le faisant fructifier.

Malheureusement, l'état de la situation financière et l'état du résultat global ne présentent pas toujours de façon évidente la solvabilité et la viabilité à court terme d'une entreprise. Ainsi, une entreprise pourrait présenter un résultat positif (bénéfice), tout en connaissant des problèmes de liquidités. Il a été largement démontré, notamment à la suite de récessions économiques, que le manque de liquidités est un précieux indicateur du risque de faillite d'une entreprise.

Plus encore que la crainte de la faillite, la raison principale de l'utilisation du tableau des flux de trésorerie est la recherche de renseignements sur la capacité d'une entreprise de respecter ses engagements. En ce sens, le rythme auquel une société produit des liquidités à partir de son exploitation courante est un indice de sa capacité financière actuelle et de ses besoins de financement futurs, surtout à court terme. Par exemple, l'entreprise qui accuse depuis plusieurs années un déficit de liquidités attribuable à ses activités courantes laisse présager un recours croissant aux sources de financement externes.

L'objet premier de cet état est d'expliquer la variation des liquidités. Apparaissant normalement en bas de l'état, celle-ci constitue la contribution dans l'exercice à l'augmentation ou à la diminution du solde des liquidités (trésorerie). Nous proposons d'interpréter le tableau des flux de trésorerie à la lumière des points qui apparaissent dans l'encadré ci-dessous.

Interprétation du tableau des flux de trésorerie

1. **Repérer les sources de VARIATION DES LIQUIDITÉS**

   Le tableau des flux de trésorerie est bâti pour présenter clairement l'origine des variations des liquidités. Il s'agit des activités d'exploitation (activités opérationnelles), d'investissement et de financement.

   Le lecteur en arrive ainsi à identifier les sources de variations des flux de trésorerie et leurs effets sur le solde (excédent ou déficit) des liquidités en fin d'exercice, et à se questionner sur la gestion des liquidités de l'entreprise : que génère-t-elle par l'exploitation ? Quels investissements a-t-elle effectués ? Quels sont les besoins de financement ?

2. **Repérer, dans les ACTIVITÉS D'EXPLOITATION, les éléments sans effet sur la trésorerie**

   Certains éléments compris dans les activités d'exploitation, comme l'amortissement ou les impôts différés, n'ont aucun effet sur les flux de trésorerie. (Ceux-ci ne constituent pas des flux de trésorerie ; voir le chapitre 4, p. 153.)

Par ailleurs, l'analyste examine les autres éléments qui y apparaissent. S'ils ne sont pas présentés distinctement dans le compte de résultat, on peut y repérer, par exemple, des dispositions d'actifs à perte ou à bénéfice (la disposition d'actifs étant toutefois elle-même traitée dans la section des investissements).

3. **Repérer, dans les activités d'exploitation, la variation nette des ÉLÉMENTS HORS LIQUIDITÉS (CAISSE) DU FONDS DE ROULEMENT LIÉS À L'EXPLOITATION**
Souvent, cette information est également présentée dans une note aux états financiers, qu'il faut alors consulter. Plus précisément, la variation nette des éléments hors liquidités constitue l'ajustement requis selon les normes internationales pour transformer le résultat en flux de trésorerie. Cependant, et c'est là son aspect important, il révèle comment l'entité a investi ou désinvesti dans le fonds de roulement. En effet, une augmentation globale de cet élément signifie que cet argent n'est pas disponible dans l'encaisse puisqu'il a été investi, par exemple, dans les clients et dans les stocks. L'analyste doit donc aller au-delà de l'élément de rapprochement vers une base de caisse pour s'interroger sur la raison de cette variation. Pourquoi y a-t-il augmentation ou diminution de la trésorerie ou de l'encaisse ? S'agit-il d'un changement de politique ? S'agit-il de changements dans les activités ? A-t-on plutôt réussi, tout simplement, à maîtriser la perception des clients ou à négocier des conditions avantageuses avec les créanciers ? Les variations dans les postes du fonds de roulement reliés à l'exploitation donnent alors des pistes d'analyse qu'il faut corroborer avec les informations reliées aux activités de l'entité.

4. **Repérer la MARGE D'AUTOFINANCEMENT**
La marge d'autofinancement se définit par les flux de trésorerie provenant des activités d'exploitation avant la variation nette des éléments hors liquidités (caisse) du fonds de roulement. Il s'agit des liquidités potentielles que pourrait générer l'entité si elle ne devait pas investir dans des clients, dans des stocks ou dans des fournisseurs. Il faut interpréter cette marge comme une capacité de générer des liquidités avant de faire intervenir le fonds de roulement.

5. **Repérer le détail des ACTIVITÉS D'INVESTISSEMENT**
Les éléments qui apparaissent dans cette section révèlent à la fois les activités d'investissement (acquisitions d'actifs) et de

désinvestissement (dispositions d'actifs) dans les actifs non courants, sous l'angle des flux de trésorerie. L'information qui apparaît ici est importante puisqu'elle permet d'établir que l'entité a acquis des actifs (immobilisations, autres entreprises, etc.), ou qu'elle a généré des créances à long terme. L'analyste doit alors faire immédiatement un lien avec les activités de l'entité. L'acquisition d'une entreprise augmente les actifs de l'entité, ce qui entraîne de nouvelles activités. Quel en est (ou quel en sera) l'effet sur le rendement de l'entité et sur les différents indicateurs qui y sont reliés ? Le détail des activités d'investissement pourrait aussi, par exemple, expliquer une variation dans l'amortissement des immobilisations. De la même façon, des dispositions d'actifs peuvent avoir un effet important (tant positif que négatif) sur les résultats de l'entité. Au-delà de l'effet sur la trésorerie, les éléments reliés aux activités d'investissement permettent de mettre en lumière les projets de l'entité. L'interprétation ne peut évidemment se faire sur la seule base des chiffres ; il faut la relier aux activités de l'entité.

Il est également possible de dégager ici les « flux de trésorerie disponibles ». Il s'agit de flux de trésorerie reliés à l'exploitation auxquels on soustrait les activités d'investissement reliées aux immobilisations. On obtient ainsi les flux de trésorerie disponibles (ou libres, aussi souvent désignés de leur équivalent anglais *free cash flow*) pour satisfaire aux exigences des créanciers à long terme et le paiement des dividendes.

Flux de trésorerie générés par l'exploitation	XXX
Moins :	
Activités d'investissement reliées aux immobilisations	XXX
Flux de trésorerie disponibles (Free Cash Flow)	XXX

Cette notion de flux de trésorerie disponibles n'est pas normalisée, ce qui amène certaines entreprises à en utiliser des variantes. Par conséquent, le flux de trésorerie disponible n'est pas présenté dans les états financiers. Une entreprise qui a recours à ce concept l'expliquera donc dans une autre section du rapport annuel.

6. **Repérer, dans les ACTIVITÉS DE FINANCEMENT, le montant des dividendes versés**

Normalement, une entité n'emprunte pas à long terme pour payer un dividende courant. L'analyste doit donc faire le lien entre les flux de trésorerie reliés aux activités d'exploitation et les flux de trésorerie disponibles afin de déterminer si ces derniers sont suffisants. C'est ensuite à l'analyste de se demander, par exemple, pourquoi l'entité paie un dividende alors que les fonds générés par l'exploitation sont insuffisants.

7. **Repérer le détail des autres ACTIVITÉS DE FINANCEMENT**

L'analyse des éléments qui apparaissent dans cette section permet à l'analyste de repérer les variations dans le financement externe à long terme et le financement par l'émission de capital-actions. Ces modes de financement influent sur la structure financière de l'entité ainsi que sur les charges ultérieures. L'émission de dettes entraîne une nouvelle charge d'intérêt, mais elle permet d'acheter des actifs générant de nouvelles activités et apportant un bénéfice additionnel. (L'inverse est aussi vrai dans le cas d'un remboursement de dettes.) Par ailleurs, le financement par émission de capitaux propres (actions) a aussi ses effets puisqu'il améliore la structure financière de l'entité. De plus, contrairement aux dettes, le dividende est la plupart du temps discrétionnaire. Tout comme nous l'avons mentionné précédemment, les éléments reliés aux activités de financement doivent aussi être rattachés aux activités de l'entité.

Finalement, l'analyse du tableau des flux de trésorerie, à laquelle on procède séparément ou conjointement avec l'analyse des ratios qui suit (voir page suivante), permet à l'analyste de porter un jugement, non seulement sur les états financiers de l'entité, mais aussi sur ses activités. Nous y illustrons nos propos.

TABLEAU 5-4 • Illustration

AUX QUATRE VENTS INC.

Aux Quatre Vents est une entreprise œuvrant dans l'industrie de la vente au détail qui se définit d'abord par sa préoccupation « environnementale ». Elle exploite environ 80 points de vente où prédominent les produits santé et qui comprennent des stations-service se distinguant par leur souci « vert ». Ses succursales offrent des produits de « dépannage » et de « restauration rapide » de haute qualité (par exemple des cafés « équitables » et des repas sur le pouce comprenant salades, sushis, etc.) ainsi que du carburant. Les stations-service se démarquent à la fois par leur design architectural, par leur gestion et par leur respect de l'environnement (réservoirs spéciaux, récupération des vapeurs, distributeurs adaptés, etc.). Les états financiers de l'entreprise Aux Quatre Vents sont présentés ci-dessous.

AUX QUATRE VENTS INC.
ÉTATS CONSOLIDÉS DE LA SITUATION FINANCIÈRE
au 31 mars (en milliers de dollars canadiens)

	Réf. ratio	2009 $	2008 $
ACTIF			
Courant			
Trésorerie et équivalents de trésorerie	B1	3 600	2 362
Placements	B2	1 500	1 200
Clients	B3	4 195	3 317
Stocks	B4	7 408	6 368
Frais payés d'avance	B5	138	225
	B6	16 841	13 472
Immobilisations corporelles	B7	29 138	27 860
Goodwill	B8	6 710	6 710
Autres actifs	B9	2 228	2 283
Impôts différés	B10	427	393
	B11	55 344	50 718
PASSIF			
Courant			
Fournisseurs et charges à payer	B12	14 045	12 338
Impôts sur les bénéfices à payer	B13	310	777
Tranche de la dette non courante échéant à court terme	B14	20	8
	B15	14 375	13 123
Dette non courante	B16	14 017	14 492
Autres éléments de passif	B17	4 230	4 005
Impôts différés	B18	1 827	1 315
	B19	34 449	32 935
Capitaux propres			
Capital-actions	B20	5 813	5 705
Résultats non distribués	B21	13 177	10 448
Cumul des autres éléments du résultat global	B22	1 905	1 630
	B23	20 895	17 783
	B24	55 344	50 718

• • • ▶

TABLEAU 5-4 • Illustration

AUX QUATRE VENTS INC.
ÉTATS CONSOLIDÉS DES VARIATIONS DES CAPITAUX PROPRES
Pour les exercices terminés le 31 mars (en milliers de dollars canadiens)

	Capital-actions privilégié	Capital-actions ordinaire	Résultats non distribués	Cumul des gains/pertes latents sur placements disponibles à la vente	Total
	$	$	$	$	$
Solde au 31 mars 2007	128	5 577	7 500	1 677	14 882
Variation des capitaux propres en 2008					
Résultat net			3 274		3 274
Variation de la juste valeur des placements disponibles à la vente				(47)	(47)
Dividendes sur actions ordinaires			(326)		(326)
Solde au 31 mars 2008	128	5 577	10 448	1 630	17 783
Variation des capitaux propres en 2009					
Émission d'actions ordinaires		108			108
Résultat net			3 155		3 155
Variation de la juste valeur des placements disponibles à la vente				275	275
Dividendes sur actions ordinaires			(426)		(426)
Solde au 31 mars 2009	128	5 685	13 177	1 905	20 895

TABLEAU 5-4 • Illustration

AUX QUATRE VENTS INC.
COMPTES DES RÉSULTATS CONSOLIDÉS

Pour les exercices terminés le 31 mars (en milliers de dollars canadiens)

	Réf. ratio	2009 $	2008 $
Ventes	R1	256 167	201 457
Coût des ventes	R2	219 108	168 048
Marge brute	R3	37 059	33 409
Coûts commerciaux et charges administratives	R4	28 982	25 207
Amortissement des immobilisations*	R5	2 875	2 230
	R6	31 857	27 437
Résultat (bénéfice) d'exploitation	R7	5 202	5 972
Frais financiers	R8	910	800
Résultat (bénéfice) avant impôts	R9	4 292	5 172
Impôts sur le résultat (bénéfice)			
Impôts exigibles	R10	659	1 820
Impôts différés	R11	478	78
Résultat net (bénéfice net)	R12	3 155	3 274

* Le compte de résultat est présenté selon la méthode des charges par fonction. Pour aider à la communication des composantes de la performance financière (IAS 1), et pour notre analyse, l'entité inclut l'amortissement en tant que poste supplémentaire.

TABLEAU 5-4 • Illustration

AUX QUATRE VENTS INC.
ÉTATS CONSOLIDÉS DU RÉSULTAT GLOBAL

Pour les exercices terminés le 31 mars (en milliers de dollars canadiens)

	2009 $	2008 $
Résultat net	3 155	3 274
Autres éléments du résultat global		
Variation de la juste valeur des placements disponibles à la vente	275	(47)
Résultat global	3 430	3 227

TABLEAU 5-4 • Illustration
• • • ▶

AUX QUATRE VENTS INC.
TABLEAU DES FLUX DE TRÉSORERIE CONSOLIDÉS
Pour les exercices terminés le 31 mars (en milliers de dollars canadiens)

	2009 $	2008 $
Activités d'exploitation		
Résultat net	3 155	3 274
Éléments sans effet sur la trésorerie		
Amortissement	2 875	2 230
Impôts différés	478	78
Marge d'autofinancement	6 508	5 582
Variation nette des éléments hors caisse du fonds de roulement		
liés à l'exploitation	(591)	(725)
	5 917	4 857
Activités d'investissement		
Acquisition d'immobilisations	(4 153)	(7 230)
Placements	(25)	162
Variation nette des autres actifs	55	140
	(4 123)	(6 928)
Activités de financement		
Produit de l'émission d'actions	108	–
Variation de la dette non courante	(463)	(1 016)
Dividendes versés	(426)	(326)
Variation nette des autres passifs	225	250
	(556)	(1 092)
Variation nette de la trésorerie et des équivalents de trésorerie	1 238	(3 163)
Trésorerie et équivalents de trésorerie au début de l'exercice	2 362	5 525
Trésorerie et équivalents de trésorerie à la fin de l'exercice	3 600	2 362

5.5 L'ANALYSE HORIZONTALE ET L'ANALYSE VERTICALE

L'analyse horizontale permet d'observer l'évolution, en pourcentage, d'un même élément sur plusieurs périodes, tandis que l'analyse verticale consiste à exprimer les postes figurant dans les états financiers sous forme de pourcentages. Ainsi, les éléments de l'état de la situation financière sont présentés en pourcentage de l'actif total, tandis que les postes du compte de résultat le sont en pourcentage du chiffre d'affaires (ventes). Couramment utilisées lors de la préparation des rapports financiers destinés aux gestionnaires, ces techniques d'analyse, très faciles à appliquer, permettent aussi à l'utilisateur externe d'atteindre les deux objectifs suivants :

1. elles facilitent la comparaison avec les résultats antérieurs tout en permettant de dégager des tendances pour établir des prévisions ;

2. elles aident à situer l'entreprise par rapport à des entreprises comparables.

Au-delà des parallèles qu'elle permet d'établir, l'analyse verticale amène l'observateur à prendre conscience des données générales dont il a besoin pour étayer ses conclusions. Bien que ces calculs recoupent certains ratios que nous verrons plus loin, ils permettent de ventiler la composition du patrimoine de l'entreprise, c'est-à-dire les montants investis dans ses actifs ainsi que sa structure financière. Les pourcentages obtenus dans le compte du résultat permettent de déterminer l'importance de certaines charges ainsi que leur variation, ou encore d'évaluer dans quelle proportion certaines catégories de charges, notamment les coûts commerciaux et charges administratives, influent sur le résultat net. Dans tous ces cas, il est également possible de recourir à l'analyse horizontale. Toutefois, l'étude de l'évolution de certains postes peut demander de faire appel à certaines techniques plus complexes qui ne font pas l'objet du présent ouvrage.

En raison de sa simplicité, l'application de la méthode d'analyse verticale est fortement encouragée. L'analyste qui l'applique se forge une première impression, qu'il précisera par la suite à l'aide des résultats tirés des ratios. Nous reviendrons toutefois sur cet aspect dans la section suivante.

Le **tableau 5-5**, comprenant les ratios comparatifs d'Aux Quatre Vents Inc., illustre l'analyse verticale, qui consiste à exprimer chaque poste de l'état de la situation financière en pourcentage de l'actif total, et chaque poste du compte de résultat en pourcentage des ventes (aussi appelées « chiffre d'affaires »). Cette étape permet à l'analyste de se familiariser rapidement avec la structure financière de l'entreprise ainsi qu'avec la manière dont elle a utilisé ses ressources. Nous intégrerons des commentaires sur ce tableau plus loin.

TABLEAU 5-5 • Illustration

AUX QUATRE VENTS INC.
ÉTATS CONSOLIDÉS DE LA SITUATION FINANCIÈRE
au 31 mars (en milliers de dollars canadiens)

	Réf. ratio	2009 $	2009 % / Actif total %*	2008 $	2008 % / Actif total %*	Variations 2009-2008 $	Variations 2009-2008 %*
ACTIF							
Courant							
Trésorerie et équivalents de trésorerie	B1	3 600	6,5	2 362	4,7	1 238	52,4
Placements	B2	1 500	2,7	1 200	2,4	300	25,0
Clients	B3	4 195	7,6	3 317	6,5	878	26,5
Stocks	B4	7 408	13,4	6 368	12,6	1 040	16,3
Frais payés d'avance	B5	138	0,2	225	0,4	(87)	(38,7)
	B6	16 841	30,4	13 472	26,6	3 369	25,0
Immobilisations corporelles	B7	29 138	52,6	27 860	54,9	1 278	4,6
Goodwill	B8	6 710	12,1	6 710	13,2	0	0,0
Autres actifs	B9	2 228	4,0	2 283	4,5	(55)	(2,4)
Impôts différés	B10	427	0,8	393	0,8	34	8,7
	B11	55 344	100,0	50 718	100,0	4 626	9,1

* En raison de l'arrondissement, certains totaux peuvent différer du total indiqué.

TABLEAU 5-5 • Illustration

AUX QUATRE VENTS INC.
ÉTATS CONSOLIDÉS DE LA SITUATION FINANCIÈRE
au 31 mars (en milliers de dollars canadiens)

	Réf. ratio	2009 $	2009 % / Actif total %*	2008 $	2008 % / Actif total %*	Variations 2009-2008 $	Variations 2009-2008 %*
PASSIF							
Courant							
Fournisseurs et charges à payer	B12	14 045	25,4	12 338	24,3	1 707	13,8
Impôts sur les bénéfices à payer	B13	310	0,6	777	1,5	(467)	(60,1)
Tranche de la dette non courante échéant à court terme	B14	20	0,0	8	0,0	12	150,0
	B15	14 375	26,0	13 123	25,9	1 252	9,5
Dette non courante	B16	14 017	25,3	14 492	28,6	(475)	(3,3)
Autres éléments de passif	B17	4 230	7,6	4 005	7,9	225	5,6
Impôts différés	B18	1 827	3,3	1 315	2,6	512	38,9
	B19	34 449	62,2	32 935	64,9	1 514	4,6
Capitaux propres							
Capital-actions	B20	5 813	10,5	5 705	11,2	108	1,9
Résultats non distribués	B21	13 177	23,8	10 448	20,6	2 729	26,1
Cumul des autres éléments du résultat global	B22	1 905	3,4	1 630	3,2	275	16,9
	B23	20 895	37,8	17 783	35,1	3 112	17,5
	B24	55 344	100,0	50 718	100,0	4 626	9,1

TABLEAU 5-5 • Illustration

AUX QUATRE VENTS INC.
COMPTES DES RÉSULTATS CONSOLIDÉS
Pour les exercices terminés le 31 mars (en milliers de dollars canadiens)

	Réf. ratio	2009 $	2009 % / Ventes %	2008 $	2008 % / Ventes %	Variations 2009-2008 $	Variations 2009-2008 %
Ventes	R1	256 167	100,0	201 457	100,0	54 710	27,2
Coût des ventes	R2	219 108	85,5	168 048	83,4	51 060	30,4
Marge brute	R3	37 059	14,5	33 409	16,6	3 650	10,9
Coûts commerciaux et charges administratives	R4	28 982	11,3	25 207	12,5	3 775	15,0
Amortissement des immobilisations	R5	2 875	1,1	2 230	1,1	645	28,9
	R6	31 857	12,4	27 437	13,6	4 420	16,1
Résultat (bénéfice) d'exploitation	R7	5 202	2,0	5 972	3,0	(770)	(12,9)
Frais financiers	R8	910	0,4	800	0,4	110	13,8
Résultat (bénéfice) avant impôts	R9	4 292	1,7	5 172	2,6	(880)	(17,0)
Impôts sur le résultat (bénéfice)							
Impôts exigibles	R10	659	0,3	1 820	0,9	(1 161)	(63,8)
Impôts différés	R11	478	0,2	78	0,0	400	512,8
Résultat (bénéfice) net	R12	3 155	1,2	3 274	1,6	(119)	(3,6)

5.6 LES RATIOS : ANALYSE APPROFONDIE

Selon le *Dictionnaire de la comptabilité et de la gestion financière,* un ratio est un « rapport entre deux grandeurs significatives de la gestion, de l'exploitation ou du fonctionnement d'une entreprise ou d'un organisme, ayant pour objet de faire ressortir leur évolution relative[3] ».

Généralement, lorsqu'on parle d'analyse des états financiers, on fait notamment référence à l'utilisation des ratios. Les nombreuses données chiffrées dont dispose l'analyste, notamment celles qui se trouvent dans les états financiers, le forcent à comparer celles qui, selon lui, permettent de dégager des conclusions. Néanmoins, il doit effectuer ces regroupements de données en gardant constamment à l'esprit les objectifs de l'analyse, donc en résistant à la tentation de calculer une multitude de ratios parfaitement inutiles à la prise de décision.

De plus, les résultats obtenus par l'analyse au moyen de ratios ne doivent en aucun cas être considérés comme absolus. Leur signification réelle n'émerge que lorsqu'ils sont mis en parallèle avec les résultats d'exercices antérieurs ou avec ceux d'entreprises comparables du même secteur. On ne doit, en aucun cas, formuler un jugement catégorique à partir d'un ratio, les normes variant considérablement selon les secteurs d'activité.

Il faut éviter de sous-estimer l'importance que certains milieux attachent aux ratios. En effet, la survie d'une entreprise peut être évaluée, à l'occasion, à l'aide de certains ratios particuliers. Ainsi, une société prêteuse peut exiger comme condition de prêt le maintien de certains ratios qu'elle juge importants. Dans d'autres cas, il est possible qu'une institution financière limite la marge de crédit d'un client si certains ratios n'atteignent pas un seuil jugé critique.

Afin de tirer le maximum de l'analyse des états financiers à l'aide des ratios, il importe d'établir un schéma de référence global qui limite les calculs nécessaires à la formulation de conclusions pertinentes. La **figure 5.2** présente les ratios en fonction de leur relation à l'exploitation, à l'actif ou au financement (passif et capitaux propres). De plus, certains ratios reliés aux flux de trésorerie complètent l'analyse. Leurs liens sont tous fondés sur le modèle bâti à l'origine par la compagnie américaine DuPont de Nemours (et adapté ici). Nous expliquerons en détail ce schéma général dans les pages qui suivent.

---

3. Louis Ménard, *Dictionnaire de la comptabilité et de la gestion financière,* Toronto et Montréal, Institut canadien des comptables agréés, 2004.

FIGURE 5-2 • Schéma général des ratios

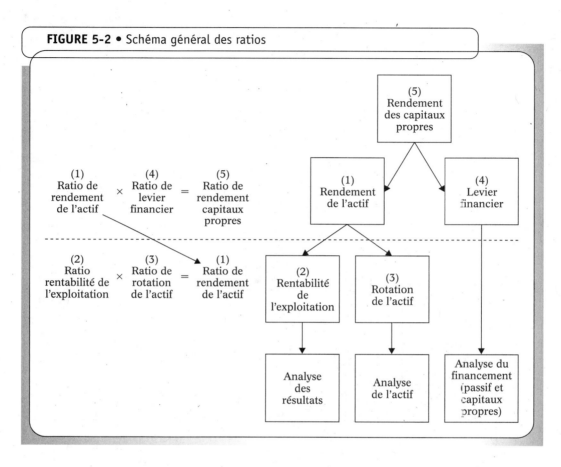

On peut présenter ces ratios de diverses façons. En effet, on peut les regrouper (voir le **tableau 5-6**.) selon qu'il s'agisse d'indicateurs reliés à la performance, à l'exploitation, au financement ou à la liquidité-solvabilité. On peut également les présenter selon qu'ils se rapportent à un état financier ou à un autre, en étant bien conscient qu'un ratio fait intervenir deux valeurs pouvant se rapporter à plus d'un état financier. L'ordre de présentation des ratios apparaît dans le **tableau 5-6**.

TABLEAU 5-6 • Modèles d'analyse par les ratios

Indicateurs	Analyse			
	Les résultats (exploitation)	L'actif (ou l'investissement)	Les capitaux propres et les passifs (capitaux externes)	Flux de trésorerie
1) **Performance :** Quelle est la performance de l'entité par rapport aux produits, à l'investissement dans l'actif et aux capitaux propres ?	■ Ratio de la marge bénéficiaire nette	■ Rendement de l'actif (ou rendement du capital investi)	■ Rendement des capitaux propres ■ Ratio du résultat par action ■ Ratio cours-bénéfice et Valeur comptable d'une action	
2) **Activité – exploitation :** Quelle est la « qualité » de la gestion de l'exploitation ?	■ Ratio de la marge bénéficiaire brute ■ Ratio de marge bénéficiaire d'exploitation (BAII) ■ Ratios des charges par rapport aux produits (et par rapport aux charges entre elles)	■ Ratio de rotation de l'actif		

efficace/efficient

3) Financement:
Quelle est la structure financière en matière d'apport de capitaux propres et de capitaux externes ?

(dette)

- Ratio d'endettement par rapport à l'actif et endettement par rapport aux actifs immobilisés
- Ratios d'endettement par rapport aux capitaux propres
- Taux de rendement brut de l'actif total et effet de levier

- Ratio des flux de trésorerie reliés à l'exploitation par rapport à l'actif
- Ratio des flux de trésorerie reliés à l'exploitation par rapport aux ventes

4) Liquidité-solvabilité:
Quelle est la situation financière en matière de liquidité-solvabilité ?

peut financer ses engagements ?

- Ratio du fonds de roulement ou ratio de liquidité générale
- Ratio de liquidité relative et de liquidité immédiate
- Ratio de rotation des stocks, délai moyen de recouvrement des créances, délai de paiement des comptes fournisseurs et besoins en fonds de roulement d'exploitation

- Ratio de couverture des intérêts et de remboursement du capital

5.6.1 L'analyse des résultats

Intéressons-nous tout d'abord à l'aptitude de la direction à rentabiliser son exploitation. La rentabilité de l'exploitation d'une entreprise désigne sa capacité de maîtriser ses coûts et de générer des produits. Ainsi, une entreprise qui veut améliorer sa rentabilité peut augmenter ses ventes en maintenant ses coûts au même niveau, diminuer ses coûts sans pour autant modifier ses ventes, ou encore combiner les deux stratégies.

A. LA MARGE BÉNÉFICIAIRE NETTE

Pour se faire une idée de la rentabilité d'exploitation d'une entreprise, il faut tenter de connaître la rentabilité de ses activités commerciales.

Le calcul de la rentabilité de l'exploitation s'effectue comme suit :

$$\text{Ratio de la marge bénéficiaire nette} = \frac{\text{Résultat net}}{\text{Ventes}}$$

En appliquant cette formule aux montants d'Aux Quatre Vents Inc., on constate que l'entreprise affiche une baisse des résultats pour l'exercice 2009, avec un ratio de rentabilité de l'exploitation de 1,23 %, comparativement à 1,63 % obtenu pour l'exercice 2008, comme en témoigne le tableau suivant :

	Réf.	2009	2008
Ratio de la marge bénéficiaire nette	R12	3 155	3 274
d'Aux Quatre Vents Inc.	R1	256 167	201 457
	=	1,23 %	1,63 %

Comme nous venons de le voir, le ratio de la marge bénéficiaire nette est un ratio général. Reflet de la santé de l'exploitation, il représente le bénéfice généré au cours d'une période par dollar de ventes réalisées. Idéalement, toute société désire qu'il soit le plus élevé possible, puisque cela signifie qu'elle retire le meilleur de ses efforts de vente. Ce ratio nécessite toutefois une analyse minutieuse, qui tienne compte du contexte et du secteur d'activité. Dans certains secteurs d'activité, il est élevé (le secteur pétrolier, par exemple), tandis que dans d'autres il est relativement bas (ce qui est le cas de notre exemple).

Étant donné la nature générale du ratio de la marge bénéficiaire nette, il est nécessaire de faire ressortir les éléments qui influent sur lui pour avoir une idée plus précise de l'efficacité de la direction dans sa gestion des coûts et dans l'exploitation de l'entreprise. Tous les éléments qui composent le résultat net y jouent un rôle, autant les ventes que les diverses charges engagées pour les réaliser. Parmi celles-ci, notons le coût des ventes, l'amortissement, les frais financiers et les impôts, pour n'en nommer que quelques-unes.

La rentabilité de l'exploitation étant tributaire de plusieurs variables, il est nécessaire d'en analyser les diverses composantes, soit la marge bénéficiaire brute et la marge bénéficiaire d'exploitation.

B. LA MARGE BÉNÉFICIAIRE BRUTE

Le ratio de la marge bénéficiaire brute concerne la capacité de l'entreprise à gérer a) les coûts associés aux marchandises vendues et b) les ajustements à son prix de vente en fonction des variations du prix d'achat. (Il n'est pas toujours possible de calculer ce ratio à partir des états financiers publiés.) Le ratio de la marge bénéficiaire brute se calcule comme suit :

$$\text{Ratio de la marge bénéficiaire brute} = \frac{\text{Marge brute}}{\text{Ventes}}$$

Pour les exercices 2009 et 2008, Aux Quatre Vents Inc. dégage une marge bénéficiaire brute de 14,47 % et 16,58 %, respectivement.

	Réf.	2009	2008
Ratio de la marge bénéficiaire brute d'Aux Quatre Vents Inc.	R3	37 059	33 409
	R1	256 167	201 457
	=	14,47 %	16,58 %

C. LA MARGE BÉNÉFICIAIRE D'EXPLOITATION

La marge bénéficiaire d'exploitation, qui met en relation le résultat d'exploitation (résultat avant intérêts et impôts) et les ventes, constitue une composante plus globale, en ce sens qu'elle tient compte de toutes les charges intimement liées aux activités principales de l'entreprise. Elle vise donc à présenter au lecteur les résultats obtenus par les gestionnaires, abstraction faite des autres facteurs qui influent sur la mesure du résultat net. La comparaison devient donc plus significative, même s'il est toujours hasardeux de comparer des marges d'exploitation émanant de secteurs différents. Le ratio de la marge bénéficiaire d'exploitation se calcule de la façon suivante :

$$\text{Ratio de la marge bénéficiaire d'exploitation} = \frac{\text{Résultat d'exploitation}}{\text{Ventes}}$$

Dans le cas d'Aux Quatre Vents Inc. présenté ci-dessous, on constate que la marge bénéficiaire d'exploitation s'est détériorée, passant de 2,96 % à 2,03 % au cours des deux derniers exercices :

	Réf.	2009	2008
Ratio de la marge bénéficiaire d'exploitation d'Aux Quatre Vents Inc.	R7	5 202	5 972
	R1	256 167	201 457
	=	2,03 %	2,96 %

D. LA STRUCTURE DES POSTES DU COMPTE DE RÉSULTAT

Pour une meilleure analyse, on peut décomposer le ratio de la marge d'exploitation en ses composantes. Il suffit de calculer des rapports entre certains frais d'exploitation particuliers et les ventes. Ainsi, le ratio des coûts commerciaux par rapport aux ventes donne une indication des efforts commerciaux ayant permis d'atteindre un chiffre d'affaires donné. Il s'agit de calculer les ratios pertinents permettant de déceler ceux qui fournissent des indices sur la rentabilité, puis d'analyser leur évolution, ce qui donne une idée de l'efficacité avec laquelle ces différentes charges sont gérées. Lorsqu'on interprète ces données, il importe de se souvenir que les dirigeants d'entreprise ne disposent pas de la même marge de manœuvre à l'égard de toutes les charges.

E. LES ÉLÉMENTS INHABITUELS : EFFETS SUR LES RATIOS

Lorsqu'on procède à une analyse de l'exploitation, il faut surveiller toutes les opérations inhabituelles. La présence d'éléments exceptionnels ou d'activités abandonnées dans les postes du compte de résultat exige une attention particulière de la part du lecteur et, de ce fait, influence l'analyse. On trouve parfois de tels éléments sous des rubriques distinctes. C'est pourquoi il faut procéder à une lecture attentive des états financiers pour les déceler.

5.6.2 L'analyse de l'actif

Après avoir analysé l'exploitation, nous pouvons examiner la gestion de l'actif, en commençant par le ratio de rendement de l'actif.

A. LE RENDEMENT DE L'ACTIF

Pour mesurer le rendement de l'actif, on commence par déterminer la proportion du résultat net que la société a réussi à générer en utilisant l'ensemble des ressources dont elle disposait. On établit ce rendement en mettant en relation le résultat net réalisé par la société au cours d'un exercice et les ressources dont elle disposait pour y parvenir. Ce ratio exprime la rentabilité générale de l'entreprise pour une période donnée. Il se calcule comme suit :

$$\text{Ratio de rendement de l'actif} = \frac{\text{Résultat net}}{\text{Actif total}}$$

Le ratio de rendement de l'actif sert donc le point de vue de l'ensemble des bailleurs de fonds, puisque le dénominateur utilisé pour le calculer équivaut aussi à la somme des passifs et des capitaux propres. En utilisant les montants d'Aux Quatre Vents Inc., on obtient les résultats suivants :

	Réf.	2009	2008
Ratio de rendement de l'actif	R12	3 155	3 274
d'Aux Quatre Vents Inc.	B11	55 344	50 718
	=	5,70 %	6,46 %

Le pourcentage de rendement de l'actif de Aux Quatre Vents Inc. a diminué de 2008 à 2009, passant de 6,46 % à 5,70 % de l'actif total. Ce résultat témoigne de la baisse de rentabilité de l'entreprise, alors que son résultat net a diminué de 3,6 %, mais que son actif total a augmenté de 9,1 %. Il est possible de raffiner l'analyse de ce ratio avec l'introduction du ratio de rotation de l'actif (qui indique « l'intensité » de l'utilisation de l'actif). Poursuivons avec l'analyse de ce ratio.

B. LA ROTATION DE L'ACTIF

Le ratio de rotation de l'actif indique l'intensité des activités produites par le montant d'actif que possède l'entreprise. Plus ce ratio est élevé, plus l'entreprise utilise l'ensemble de ses ressources. Comme nous l'avons déjà indiqué, l'utilisation qu'une entreprise fait de ses actifs peut modifier sa rentabilité globale. Ce phénomène se traduit par le rapport suivant :

$$\text{Ratio de rotation de l'actif (ou ratio de rotation du capital)} = \frac{\text{Ventes}}{\text{Actif total}}$$

Calculons maintenant ce ratio pour Aux Quatre Vents Inc. :

	Réf.	2009	2008
Ratio de rotation de l'actif d'Aux Quatre Vents Inc.	R1	256 167	201 457
	B11	55 344	50 718
	=	4,63	3,97

On constate que les ressources d'Aux Quatre Vents Inc. ont généré proportionnellement plus de ventes en 2009 qu'en 2008, puisque le ratio est passé de 3,97 en 2008 à 4,63 en 2009.

L'analyste qui observe une variation du ratio de rotation de l'actif au fil des années en recherchera la cause dans les variations non proportionnelles du numérateur et du dénominateur. Dans le cas d'Aux Quatre Vents Inc., le ratio dénote une augmentation des ventes de 27,2 % alors que l'actif a progressé de 9,1 %.

Il est alors opportun de lier les ratios de rendement de l'actif, de la marge bénéficiaire nette et de rotation de l'actif. Cette relation se traduit de cette façon :

	Ratio de rendement de l'actif	=	Ratio de la marge bénéficiaire nette	×	Ratio de rotation de l'actif (ou ratio de rotation du capital)
	$\dfrac{\text{Résultat net}}{\text{Actif total}}$	=	$\dfrac{\text{Résultat net}}{\text{Ventes}}$	×	$\dfrac{\text{Ventes}}{\text{Actif total}}$
2009 :	5,70 %	=	1,23 %	×	4,63
2008 :	6,46 %	=	1,63 %	×	3,97

On constate donc que le rendement de l'actif provient de la rentabilité de l'exploitation ainsi que de l'intensité de l'utilisation de l'actif.

Ces ratios permettent d'orienter les questions de l'analyste vers l'exploitation et l'actif. En effet, ici, même si la rotation de l'actif augmente (ventes par rapport aux actifs passant de 3,97 à 4,63), la diminution de rentabilité (marge bénéficiaire nette passant de 1,63 % à 1,23 %) entraîne une baisse du rendement de l'actif (passant de 6,46 % à 5,70 %). Les questions de l'analyste visent alors à cerner les aspects expliquant une telle variation. Parmi ceux-ci figurent d'autres ratios, dont nous pouvons maintenant discuter.

C. LA STRUCTURE DE L'ACTIF

Tout comme nous l'avons fait avec les résultats, il s'agit ici de déterminer l'importance relative de chacun des postes et d'y déceler des tendances. Le nombre de ratios dépendra des actifs considérés. Parmi ceux-ci, on calcule souvent la relation entre la valeur nette (coût moins amortissement cumulé) des actifs immobilisés et le coût de l'actif. Bien qu'imparfait, ce ratio renseigne le lecteur sur l'âge moyen des immobilisations, un ratio de 70 % pouvant signifier qu'il s'agit d'un actif relativement jeune.

D. LE FONDS DE ROULEMENT

Parmi les postes de l'actif, il importe d'apprécier la structure à court terme d'une entreprise en utilisant le ratio du fonds de roulement. La solvabilité à court terme tient en partie à une gestion efficace des actifs et des passifs courants. Afin de juger de la qualité de cette gestion, il faut s'attarder sur le fonds de roulement, qui se définit comme suit :

> **Fonds de roulement = Actif courant − Passif courant**

	Réf.		2009	2008
Fonds de roulement d'Aux Quatre Vents Inc.	B6	Actif courant	16 841	13 472
	− B15	− Passif courant	− 14 375	− 13 123
	=		2 466	349

Un fonds de roulement positif indique que l'entreprise possède suffisamment de ressources courantes pour faire face à ses dettes courantes. Toutefois, cette mesure de l'excédent des ressources courantes sur les dettes exigibles à moins d'un an est peu utile pour comparer des entreprises ou analyser des tendances, d'où l'emploi du ratio du fonds de roulement.

Ce dernier se calcule de la façon suivante :

$$\text{Ratio du fonds de roulement (ou de liquidité générale)} = \frac{\text{Actif courant}}{\text{Passif courant}}$$

Pour Aux Quatre Vents Inc., ce ratio augmente, passant de 1,03 pour 2008 à 1,17 pour 2009 :

	Réf.	2009	2008
Ratio du fonds de roulement d'Aux Quatre Vents Inc.	B6	16 841	13 472
	B15	14 375	13 123
	=	1,17	1,03

Interprétés de façon absolue, ces résultats démontrent que, en 2008 et en 2009, les ressources à court terme détenues par l'entreprise permettaient, en présumant leur conversion hypothétique en liquidités, de couvrir les dettes exigibles à moins d'un an. Cette affirmation n'est cependant possible qu'en supposant *a priori* que les actifs courants, une fois transformés en liquidités, serviront uniquement au règlement des dettes courantes, ce qui n'est pas toujours le cas.

Toutefois, l'analyse du fonds de roulement exige aussi de procéder à une analyse détaillée des actifs courants, en particulier les clients et les stocks. Ces deux éléments revêtent une importance particulière, car ils varient selon la gestion qu'on en fait. En effet, une gestion efficace des stocks permet de réduire les coûts d'entreposage tout en limitant ceux associés à la désuétude. Ces mêmes stocks serviront aux ventes que réalisera l'entreprise, lesquelles seront converties en clients et, finalement, en encaisse. Or, cette encaisse sera d'abord justement utilisée pour régler les dettes liées à l'approvisionnement en stocks de marchandises et en services ; de là le besoin d'une gestion saine. Les ratios qui suivent visent à mettre cet aspect en lumière.

Le ratio de rotation de l'actif nous a déjà permis de constater l'utilisation que fait une entité de l'ensemble des actifs qu'elle possède. Toutefois, en vue d'assurer sa pérennité, la société doit aussi maintenir une bonne santé financière à court et à long terme. Il est donc indispensable d'étudier le lien entre les diverses composantes de l'état de la situation financière afin d'établir, par exemple, à quelle vitesse les clients peuvent être encaissés et les stocks, vendus. On peut alors comparer des données analogues. Ainsi, on ne paie pas les fournisseurs avec des marchandises. Et, dans le cas des stocks, il faut calculer le délai nécessaire à leur transformation en clients, puis le délai de conversion de ceux-ci en encaisse. Voyons maintenant les ratios reliés à ces postes.

E. LES LIQUIDITÉS

Le fonds de roulement n'indique pas nécessairement l'état des liquidités, puisqu'il inclut des éléments qui ne peuvent servir immédiatement à régler des dettes. Les questions que nous venons de soulever nous conduisent à formuler un ratio qui tient uniquement compte des liquidités pouvant servir à régler le passif courant et détenues par l'entreprise à la date de l'état de la situation financière. Ces liquidités sont généralement constituées de la trésorerie (ou encaisse), des placements courants et des clients.

$$\text{Ratio de liquidité relative} = \frac{\text{Trésorerie + placements courants + clients}}{\text{Passif courant}}$$

Pour nuancer nos calculs précédents relatifs au fonds de roulement d'Aux Quatre Vents Inc., calculons le ratio de liquidité relative.

	Réf.	2009	2008
Ratio de liquidité relative d'Aux Quatre Vents Inc.	$\frac{B1 + B2 + B3}{B15}$	$\frac{3\ 600 + 1\ 500 + 4\ 195}{14\ 375}$	$\frac{2\ 362 + 1\ 200 + 3\ 317}{13\ 123}$
	=	0,65	0,52

Afin d'évaluer les liquidités, on utilise aussi le ratio de liquidité immédiate (ou ratio d'encaisse) :

$$\text{Ratio de liquidité immédiate} = \frac{\text{Trésorerie + placements courants}}{\text{Passif courant}}$$

Pour Aux Quatre Vents Inc., nous obtenons les ratios de liquidité immédiate suivants :

	Réf.	2009	2008
Ratio de liquidité immédiate d'Aux Quatre Vents Inc.	B1 + B2 / B15	3 600 + 1 500 / 14 375	2 362 + 1 200 / 13 123
	=	0,35	0,27

Aux Quatre Vents Inc. a donc 0,65 $ de liquidité relative et 0,35 $ de liquidité immédiate pour chaque dollar de dette courante. Les ratios du fonds de roulement, de liquidité relative et de liquidité immédiate permettent d'évaluer la situation financière courante à un moment donné. Il faut en tenir compte pour s'assurer que le solde présenté à chacun des postes reflète une situation normale pour l'entreprise. Ces ratios mesurent le risque inhérent aux activités commerciales. En aucun cas, ils ne servent à évaluer le risque financier, qui exige une analyse plus poussée. Il est cependant nécessaire de compléter ces ratios avec une analyse des clients, stocks et fournisseurs, postes faisant tous partie du fonds de roulement.

F. LA ROTATION DES STOCKS

Le coefficient de rotation des stocks joue un rôle prépondérant dans l'analyse de la trésorerie. Il représente la fréquence de vente du stock au cours de l'année.

$$\text{Coefficient de rotation des stocks} = \frac{\text{Coût des ventes}}{\text{Stocks}}$$

	Réf.	2009	2008
Coefficient de rotation des stocks d'Aux Quatre Vents Inc.	R2 / B4	219 108 / 7 408	168 048 / 6 368
	=	30 fois	26 fois

On peut également procéder à l'examen des stocks d'une autre façon, qui donne le même résultat, cette fois exprimé en nombre de jours. Il s'agit du délai d'écoulement des stocks, qui se calcule comme suit :

$$\text{Délai d'écoulement des stocks} = \frac{\text{Stocks}}{\text{Coût des ventes}} \times 365 \text{ jours}$$

	Réf.	2009	2008
Délai d'écoulement des stocks d'Aux Quatre Vents Inc.	B4 R2	$\frac{7\ 408}{219\ 108} \times 365$	$\frac{6\ 368}{168\ 048} \times 365$
	=	12 jours	14 jours

Un ratio de 30 signifie qu'Aux Quatre Vents Inc. remplace 30 fois ses stocks en 2009, soit en moyenne tous les 12 jours, alors que, en 2008, l'entreprise les a remplacés 26 fois, donc environ tous les 14 jours.

Comment interpréter ce ratio ? Sans une connaissance approfondie du secteur d'activité et des pratiques de l'entreprise, il est difficile de répondre à cette question.

En général, un coefficient de rotation des stocks faible (ou un délai d'écoulement élevé) révèle un niveau de stock ordinairement élevé, ce qui peut laisser supposer des frais d'entreposage et de manutention importants. Cependant, l'entreprise peut très bien avoir pris la décision de constituer des réserves dans la perspective d'une hausse de prix ou de prochaines difficultés d'approvisionnement. La présence de stocks désuets se répercuterait de manière identique sur le coefficient de rotation, puisqu'une partie seulement des stocks ferait l'objet de transactions d'achat ou de vente.

Un coefficient de rotation des stocks élevé (ou un délai d'écoulement faible) n'est pas pour autant synonyme d'excellence s'il laisse présager des ruptures de stocks susceptibles d'engendrer une certaine insatisfaction de la clientèle. Cette fois encore, on doit examiner les faits sous tous les angles afin de tirer les bonnes conclusions. Pris isolément, le coefficient de rotation des stocks ne présente aucun intérêt pour l'analyste. Pour le rendre significatif, il faut le comparer aux normes du secteur et aux coefficients des exercices antérieurs, et tenir compte de facteurs comme la conjoncture économique, la politique de stockage ou encore l'acquisition d'une autre entreprise. On ne peut espérer qu'un revendeur de machinerie lourde atteigne un coefficient très élevé (ou un délai d'écoulement très faible). En revanche, et c'est le cas de notre exemple, dans l'industrie des « marchés d'accommodation », nous aurons un délai relativement court.

G. LE DÉLAI DE RECOUVREMENT DES CLIENTS (OU DÉBITEURS)

Le délai de recouvrement des clients (ou débiteurs) fournit une appréciation du temps qui s'écoule entre le moment où s'effectuent les ventes et la date de l'encaissement des clients, information essentielle pour évaluer la qualité de la politique de crédit et surtout son application. On peut calculer ce délai à l'aide du rapport clients/ventes, qui indique l'importance relative des clients, ou encore par le délai de recouvrement des clients. Il s'agit, en fait, du nombre de ventes quotidiennes que représente le solde des comptes clients :

$$\text{Délai de recouvrement des clients} = \frac{\text{Clients}}{\text{Ventes}} \times 365 \text{ jours}$$

Dans le cas d'Aux Quatre Vents Inc., nous obtenons le ratio suivant :

	Réf.	2009	2008
Délai de recouvrement des clients d'Aux Quatre Vents Inc.	B3 R1	$\dfrac{4\ 195}{256\ 167} \times 365$	$\dfrac{3\ 317}{201\ 457} \times 365$
	=	6 jours	6 jours

On constate que, en 2009 et 2008, il a fallu six jours pour transformer les clients en encaisse (trésorerie). À l'aide de ces données, il est cependant impossible d'exprimer une opinion sur la qualité de la gestion des clients ou sur le rapport entre la politique qui la régit et la politique de crédit : on ne peut que porter un premier jugement sur le bien-fondé de la situation actuelle en comparaison avec les normes du secteur.

Toutefois, un allongement de la période de recouvrement signifie probablement que l'entreprise a dû recourir à du financement supplémentaire et qu'elle devra engager des frais de financement, tout en sachant qu'un retard de recouvrement risque de nuire à la qualité de ses créances. C'est parfois le cas d'entreprises qui assouplissent leur politique de crédit pour stimuler leurs ventes.

À l'inverse, un délai plus court peut aussi révéler un durcissement de la politique de crédit. Quoi qu'on en pense, une telle éventualité n'est pas sans risques. Ainsi, certains clients pourraient s'offusquer de cette nouvelle politique et décider de se tourner vers des fournisseurs un peu moins impatients. De plus, des efforts accrus de recouvrement peuvent s'accompagner d'escomptes sur les ventes. Les clients apprécient généralement de tels escomptes, mais ces derniers créent une charge supplémentaire, laquelle exerce un effet direct sur la trésorerie et la rentabilité.

Enfin, après avoir calculé le délai de recouvrement, il convient de se poser les questions suivantes : A-t-on cherché à faire augmenter les ventes au risque de diminuer la qualité des clients ? La proportion des ventes au comptant par rapport à celle des ventes à crédit a-t-elle varié ? A-t-on modifié la politique de crédit et de recouvrement ? La clientèle est-elle passée d'un nombre important de petits clients à un nombre restreint de gros clients, ou inversement ?

H. LE DÉLAI DE RÈGLEMENT DES FOURNISSEURS (OU COMPTES CRÉDITEURS)

Il existe pour les fournisseurs (ou comptes créditeurs) un ratio analogue à celui des clients, soit le délai de règlement des fournisseurs, qui se calcule comme suit :

$$\text{Délai de règlement des fournisseurs} = \frac{\text{Fournisseurs}}{\text{Achats (ou coût des ventes)}} \times 365 \text{ jours}$$

Pour obtenir ce ratio, nous devons dans un premier temps calculer le poste achats. Les achats font partie du poste Coût des ventes. Parfois, à défaut d'autres informations nous remplacerons le poste Achats par le poste Coût des ventes, pour en obtenir une approximation :

	Réf.	2009	2008
Délai de règlement des fournisseurs d'Aux Quatre Vents Inc.	B12 R2	$\frac{14\,045}{219\,108} \times 365$	$\frac{12\,338}{168\,048} \times 365$
	=	23 jours	27 jours

Une diminution du délai signifie que les fournisseurs sont payés plus rapidement.

Nous pouvons maintenant mettre en relation ces trois derniers ratios.

I. LE BESOIN DE FONDS DE ROULEMENT D'EXPLOITATION

L'effet combiné des trois ratios que nous venons de voir permet de mesurer la gestion du fonds de roulement d'exploitation concernant les stocks, clients et fournisseurs. En effet, la somme du délai de recouvrement des clients et du délai d'écoulement des stocks, moins le délai de règlement des fournisseurs, renseigne sur le temps qui s'écoule entre les encaissements et les décaissements relatifs à l'exploitation courante de la société et permet ainsi de déterminer le besoin en fonds de roulement relié à l'exploitation.

Dans le cas d'Aux quatre Vents Inc., nous obtenons les données suivantes :

		2009	2008
Délai d'écoulement des stocks	(1)	12 jours	14 jours
Délai de recouvrement des clients	(2)	6 jours	6 jours
	(1) + (2)	18 jours	20 jours
Délai de règlement des fournisseurs	(3)	23 jours	27 jours
Besoin ou contribution au fonds de roulement d'exploitation	(3)-[(1) + (2)]	5 jours	7 jours

Dans le cas d'Aux Quatre Vents Inc., lorsqu'on considère uniquement les postes du fonds de roulement reliés à l'exploitation (stocks, clients, fournisseurs), on constate, pour 2009, que les stocks demeurent en réserve durant 12 jours et que les ventes sont encaissées dans un délai de 6 jours. Il s'ensuit une période de 18 jours entre la réception des stocks et l'encaissement. Les liquidités sont donc disponibles pour payer les fournisseurs en 23 jours. Dans ce cas, la gestion des stocks, clients et fournisseurs constitue une contribution au fonds de roulement d'exploitation. Dans le cas inverse, il y aurait un besoin en fonds de roulement d'exploitation.

5.6.3 L'analyse du financement

Nous traiterons maintenant de l'analyse du financement de l'entité, constitué à la fois du passif et des capitaux propres. Nous commencerons notre analyse par le point de vue de l'actionnaire, auquel nous joindrons par la suite l'apport de financement par des tiers.

Les capitaux propres

A. LE RENDEMENT DES CAPITAUX PROPRES

Parmi les moyens de financement dont dispose l'entreprise, le tout premier est l'apport en capitaux des actionnaires. Cette contribution se fait dans l'espoir que l'entreprise génère une plus value et une rémunération sous forme de dividende. Les ratios comptables permettent d'aider l'actionnaire à évaluer la situation, principalement par le calcul du ratio de rendement des capitaux propres. (Nous ferons intervenir plus loin l'apport des tiers et son impact.) Le ratio de rendement des capitaux propres met ainsi en relation le résultat net produit au cours d'un exercice et les fonds investis par les actionnaires (les capitaux propres) pour dégager ce résultat. Ce ratio mesure ainsi le rendement global de l'investissement des actionnaires pour une période donnée. (C'est pourquoi, du point de vue de l'actionnaire, ce ratio est parfois appelé rendement du capital investi.)

$$\text{Ratio de rendement des capitaux propres} = \frac{\text{Résultat net}}{\text{Capitaux propres}}$$

Dans le cas d'Aux Quatre Vents, on peut calculer le rendement des capitaux propres de la façon suivante :

	Réf.	2009	2008
Ratio de rendement des capitaux propres d'Aux Quatre Vents Inc.	R12	3 155	3 274
	B23	20 895	17 783
	=	15,10 %	18,41 %

Il est alors possible de mettre en relation le rendement des capitaux propres et le rendement de l'actif, ainsi que la part de l'actif financé par l'investissement des propriétaires (ratio du levier financier) où :

Ratio de rendement des capitaux propres	=	Ratio de rendement de l'actif	×	Ratio du levier financier
$\dfrac{\text{Résultat net}}{\text{Capitaux propres}}$	=	$\dfrac{\text{Résultat net}}{\text{Actif total}}$	×	$\dfrac{\text{Actif total}}{\text{Capitaux propres}}$
2009 : 15,10 %	=	5,70 %	×	2,65
2008 : 18,41 %	=	6,46 %	×	2,85

Dans cette relation, le ratio du levier financier sert à exprimer la proportion de l'actif total par rapport aux capitaux propres. Un ratio de levier financier de 2 signifie que, pour deux dollars d'actif, on a un dollar de capitaux propres. Dans le cas d'Aux Quatre Vents Inc., le ratio du levier financier (B11/B23) pour 2009 est de 2,65 (55 344/20 895), et, pour 2008, de 2,85 (50 718/17 783). Plus ce ratio est élevé, moins la part des actionnaires dans le financement des ressources est élevée. Ainsi, en 2009, environ 38 % (1/2,65) de l'actif est financé par les capitaux propres, et, en 2008, 35 % (1/2,85). Cette information apparaît aussi au **tableau 5-5** (voir p. 201). On voit alors, particulièrement en 2008, l'effet de cette structure de financement. Toutefois, ce ratio doit être mis en perspective avec d'autres ratios que nous verrons plus loin.

Pour le moment, nous compléterons cette information à l'aide du calcul du résultat par action, du ratio cours-bénéfice et de la valeur comptable d'une action.

B. LE RÉSULTAT (BÉNÉFICE) PAR ACTION

Une mesure du rendement complémentaire du point de vue de l'actionnaire est le résultat par action (aussi appelé « bénéfice par action »). Ce ratio est le seul dont le calcul fasse l'objet de normes précises. Il est par ailleurs obligatoire de le présenter dans les états financiers de sociétés publiques.

Le résultat par action s'exprime par le rapport suivant :

$$\text{Résultat par action} = \frac{\text{Résultat net disponible aux actionnaires ordinaires[4]}}{\text{Nombre d'actions ordinaires en circulation}}$$

Ce calcul n'est pertinent que pour les actions auxquelles est rattaché le droit de participer sans restriction au résultat (bénéfice) de la société.

C. LE RATIO COURS/BÉNÉFICE

Ce ratio sert surtout aux personnes s'intéressant au comportement du marché boursier :

$$\text{Ratio cours/bénéfice} = \frac{\text{Cours des actions ordinaires}}{\text{Résultat par action}}$$

Ce ratio indique l'évaluation boursière d'un placement dans des actions par rapport au bénéfice. Par exemple, un ratio de 12 signifie que l'investisseur est prêt à payer 12 fois le résultat par action annuel. Si l'on fait abstraction de

---

4. Résultat net – dividendes sur les actions autres qu'ordinaires.

l'aspect spéculatif, cela sous-entend également que l'investisseur consent à attendre 12 ans pour récupérer son capital ; le ratio ne tient pas compte non plus du rendement annuel que l'investisseur exige de son placement.

D. LA VALEUR COMPTABLE D'UNE ACTION

La valeur comptable d'une action permet d'établir la valeur « comptable » de chaque action. Elle est basée sur la valeur comptable des capitaux propres pour chacune des actions détenues. Cette valeur est comptable (voir la section 5.7.1 : « Les limites de l'analyse », p. 234), mais elle permet un rapprochement avec les valeurs des actions cotées en bourse.

$$\text{Valeur comptable d'une action} = \frac{\text{Capitaux propres}}{\text{Nombre d'actions}}$$

L'endettement

L'étude des diverses sources de capitaux d'une entreprise permet de révéler à l'analyste la manière dont celle-ci peut tirer parti de sa situation d'endettement.

Il ne faut toutefois pas se laisser piéger par l'attrait que peut exercer un faible niveau d'endettement, sous prétexte qu'il est souvent synonyme de bonne santé financière. En effet, il est tentant d'interpréter positivement le fait qu'une entreprise s'autofinance, ce qui n'est pas erroné en soi. Toutefois, la société désireuse d'atteindre une certaine croissance doit composer avec les risques et mettre à profit sa capacité d'endettement : la présence de dettes devient donc inévitable.

Un recours au financement externe assure la croissance de l'entreprise, sans toutefois exiger un nouvel apport en capitaux propres. Cependant, il est vrai que l'entreprise doit savoir gérer efficacement cet endettement pour conserver sa solvabilité à longue échéance.

Une saine gestion de l'endettement comprend de multiples facteurs liés aux résultats d'exploitation et aux ressources que le financement a permis d'acquérir. Dans une perspective de continuité de son exploitation, l'entreprise doit accorder un intérêt particulier à sa capacité d'acquérir des ressources par voie de financement, ce qui constitue une garantie satisfaisante aux yeux des prêteurs et à sa marge d'emprunt disponible, destinée à amortir les chocs en cas de difficultés.

E. LE RATIO D'ENDETTEMENT

Pour évaluer la capacité de financement à long terme, on doit déterminer dans quelle mesure l'actif total d'une société est grevé de dettes. À cette fin, on fait appel au ratio d'endettement. Le résultat obtenu demeure tout au plus un indice de l'importance des capitaux empruntés et des capitaux propres dans le financement total et ne vise nullement à évaluer la santé financière. On peut l'obtenir à l'aide du ratio suivant, dont les modalités de calcul prennent les deux formes suivantes :

$$\text{Ratio d'endettement par rapport aux actifs} = \frac{\text{Passif courant} + \text{Passif non courant}}{\text{Actif total}}$$

$$\text{Ou}$$

$$\frac{\text{Dette non courante}}{\text{Actif non courant}}$$

Les éléments composant le passif courant sont généralement exigibles dans les 12 mois suivant la date de l'état de la situation financière, donc « à moins d'un an ». Ils sont acquittés à même les flux de trésorerie provenant de l'exploitation et de moyens de financement temporaires courants, au besoin. Les dettes exigibles à moins d'un an s'inscrivent donc dans un processus continu ; l'investisseur n'a pas à en tenir compte lorsqu'il analyse la structure financière à long terme afin d'évaluer le risque financier couru. C'est pourquoi il est préférable de restreindre l'analyse aux formes de financement à long terme. Même si, en théorie, la dette non courante n'est pas permanente, on sait que, en pratique, une entreprise qui acquiert des immobilisations au moyen d'emprunts à long terme renouvellera ceux-ci à l'échéance ou contractera de nouveaux emprunts au fil d'un processus récurrent.

Par ailleurs, rappelons que les éléments courants et à long terme de l'état de la situation financière remplissent des fonctions différentes. Ainsi, les créanciers ont intérêt à connaître la proportion du financement des ressources apporté par les titulaires de créances à long terme et par les actionnaires. Pour leur part, les titulaires de créances à long terme n'acceptent pas facilement d'assumer un niveau de risque supérieur à celui des actionnaires.

De ce fait, on utilisera le ratio d'endettement à long terme pour connaître l'importance relative de la dette non courante par rapport aux capitaux propres. Ce calcul permet de déterminer dans quelle mesure le financement à long terme de l'entreprise provient de sources externes.

$$\text{Ratio d'endettement à long terme par rapport aux capitaux propres} = \frac{\text{Dette non courante}}{\text{Capitaux propres}}$$

Voyons le calcul de ce ratio pour Aux Quatre Vents Inc. :

	Réf.	2009	2008
Ratio d'endettement à long terme d'Aux Quatre Vents Inc.	B16	14 017	14 492
	B23	20 895	17 783
	=	0,67	0,31

Comme on peut le constater, en 2009, la dette non courante représente 67 % des capitaux propres d'Aux Quatre Vents Inc., contre 81 % en 2008, mais, en chiffres absolus, elle est à peu près identique.

F. LA COUVERTURE DU REMBOURSEMENT DU CAPITAL ET DES INTÉRÊTS

S'il est intéressant de connaître l'apport des créanciers, on s'accordera toutefois pour dire qu'il est également primordial de savoir si une entreprise est en mesure de couvrir ses intérêts et ses remboursements de capital.

Pour y parvenir, on a recours au ratio de couverture des intérêts, qui mesure dans quelle proportion les résultats d'exploitation excèdent les intérêts. Ce ratio se calcule comme suit :

$$\text{Ratio de couverture des intérêts} = \frac{\text{Résultat avant intérêts et impôts}}{\text{Intérêts de l'exercice}}$$

Ce ratio montre la capacité des activités courantes de couvrir les frais de financement fixes lorsqu'ils deviennent exigibles. Dès lors, on peut connaître l'effet de ces frais sur la rentabilité de l'exploitation. Si les besoins de financement augmentent, on peut prévoir que les intérêts augmenteront également. En toute logique, l'entreprise perçue favorablement affichera une rentabilité croissant à un rythme au moins équivalent à celui des frais de financement. Par conséquent, un ratio de couverture des intérêts qui croît plus rapidement que les intérêts eux-mêmes constitue un signe de santé florissante et de saine gestion.

On obtient les résultats suivants pour Aux Quatre Vents Inc. :

	Réf.	2009	2008
Ratio de couverture des intérêts d'Aux Quatre Vents Inc.	R7	5 202	5 972
	R8	910	800
	=	5,72	7,47

Dans le cas d'Aux Quatre Vents Inc., une augmentation des frais financiers combinée à une baisse de rentabilité entraîne une baisse du ratio de couverture des intérêts.

Cependant, ce ratio ne tient pas compte des remboursements de capital exigés par le prêteur. Afin de combler cette omission, l'analyste peut calculer un autre ratio, soit le ratio de couverture des intérêts et des remboursements de capital. Dans ce calcul, l'ajout des remboursements de capital aux facteurs déjà connus exige que la valeur des remboursements soit exprimée à l'aide d'une unité de mesure commune, en l'occurrence le dollar avant impôts. Or, les remboursements de dettes, non admissibles à une déduction du revenu imposable, s'effectuent à même le résultat net (résultat après impôts), disponible une fois la facture fiscale acquittée. Conséquemment, chaque dollar versé aux créanciers oblige l'exploitation à produire un résultat qui soit suffisamment élevé pour que l'entreprise puisse s'acquitter de ses obligations envers les autorités fiscales. La formule du ratio de couverture des intérêts et des remboursements de capital est la suivante :

$$\text{Ratio de couverture des intérêts et du remboursement du capital} = \frac{\text{Résultat avant impôts + Intérêts}}{\text{Intérêts + [Remboursement de capital} (1 / 1 - \text{Taux d'imposition)]}}$$

G. LE RENDEMENT BRUT DE L'ACTIF TOTAL ET L'EFFET DE LEVIER

Le fait que l'entreprise se finance à l'aide de capitaux provenant de tiers permet de mesurer l'effet de levier. Dans son *Dictionnaire de la comptabilité et de la gestion financière,* Louis Ménard définit cette expression comme un « effet, sur le bénéfice et le rendement des actions, d'un financement par emprunt plutôt que par instruments de capitaux propres ou tout autre instrument dont le rendement est lié aux résultats[5] ».

5. Louis Ménard, *op. cit.*

Cette mesure permet donc de connaître l'incidence des dettes sur le résultat net. Cette notion exige le calcul du ratio de rendement brut de l'actif total. Ce rendement, fondé sur une hypothèse quasi impossible à concrétiser, est utile dans l'absolu pour comparer l'effet de levier financier réel à l'effet de levier présumé si la société n'avait contracté aucun passif dans le contexte économique actuel. Cette hypothèse suggère une absence totale de financement externe, effaçant du même coup l'élément de passif de l'identité fondamentale. L'actif net de l'entreprise (fonds ou capitaux propres) devient automatiquement synonyme d'actif total, puisque les capitaux empruntés sont inexistants.

Le calcul du rendement brut de l'actif total, qui repose, nous l'avons vu, sur l'hypothèse d'un financement exclusivement interne, prend tout son sens lorsqu'il est comparé avec le rendement global de l'entreprise, obtenu en calculant le ratio de rendement des capitaux propres. Le rendement brut de l'actif total s'obtient de la façon suivante :

$$\text{Ratio de rendement brut de l'actif total} = \frac{(\text{Résultat avant intérêts et impôts}) \, (1 - \text{taux d'imposition})}{\text{Actif total}}$$

Dans cette formule, on utilise le résultat avant intérêts et impôts (soit l'équivalent du résultat net, auquel on ajoute les intérêts, inexistants selon l'hypothèse d'un endettement nul, et les impôts). Pour considérer l'aspect fiscal, on ajuste le résultat avant intérêts et impôts en le multipliant par (1 – taux d'imposition). Le résultat, correspondant au montant du résultat net qui aurait été obtenu sans apport de passif, est finalement comparé à l'actif total (selon cette hypothèse sans dette, les capitaux propres sont égaux à l'actif total).

L'entreprise bénéficie d'un effet de levier positif lorsque le ratio de rendement des capitaux propres excède le ratio de rendement brut de l'actif total ainsi calculé. Le financement actuel a donc un effet favorable sur la rentabilité, ce qui équivaut à « faire de l'argent avec l'argent des autres ». Il est inutile de s'attarder sur les effets bénéfiques d'un effet de levier positif à l'égard de la viabilité d'une entreprise. À l'inverse, la société aux prises avec un effet défavorable y verra le signe de problèmes en matière de solvabilité.

Pour Aux Quatre Vents Inc., le calcul du ratio de rendement brut de l'actif total donne les résultats suivants :

	2009	2008
Ratio de rendement brut de l'actif total d'Aux Quatre Vents Inc.	3 818 / 55 344	3 780 / 50 718
=	6,90 %	7,45 %

On pourra donc dire qu'Aux Quatre Vents Inc. bénéficie d'un effet de levier positif puisque le ratio de rendement des capitaux propres (15,1 %) excède le ratio de rendement brut de l'actif total (6,9 %).

5.6.4 L'analyse des flux de trésorerie

Au cours des dernières années, des ratios complémentaires à ceux que nous venons de voir sont venus s'ajouter à la palette de l'analyste. Il s'agit des ratios obtenus à partir de l'information apparaissant dans le tableau des flux de trésorerie. En effet, même si la notion de résultat net est capitale, il n'en demeure pas moins qu'il n'est pas suffisant, pour une entité, de réaliser un profit. Encore faut-il que ce profit génère une entrée nette de fonds. Ainsi, des analystes calculent certains des ratios que nous venons d'expliquer en y intégrant les flux de trésorerie provenant de l'exploitation. Dans ce qui suit, nous en présentons brièvement deux.

A. LES FLUX DE TRÉSORERIE ET L'INVESTISSEMENT (ACTIF)

Il se peut que l'analyste souhaite connaître non seulement le niveau de bénéfices générés par les actifs (rendement de l'actif), mais aussi l'ampleur des flux de trésorerie entraînés par cet investissement. Il s'agit alors d'une variante du ratio du rendement de l'actif exprimé en flux monétaires :

> **Flux de trésorerie provenant de l'exploitation / actif total**

	2009	2008
Ratio de flux de trésorerie provenant de l'exploitation / Actif total d'Aux Quatre Vents Inc.	5 917 / 55 344	4 857 / 50 718
=	0,11	0,10

B. **LES FLUX DE TRÉSORERIE ET LES VENTES**

La relation suggérée ici est d'établir un rapport entre le niveau d'activité, représenté par les ventes, et les flux de trésorerie qui en résultent (semblables à la relation qui existe entre résultat net et ventes). Autrement dit, l'augmentation (ou la réduction) du niveau d'activité génère-t-elle un effet positif sur les flux de trésorerie ? Cela donne le ratio suivant :

> **Flux de trésorerie provenant de l'exploitation / ventes**

	2009	2008
Ratio de flux de trésorerie provenant de l'exploitation / ventes d'Aux Quatre Vents Inc.	$\dfrac{5\,917}{256\,167}$	$\dfrac{4\,857}{201\,457}$
	0,02	0,02

Chaque dollar de vente génère 0,02 $ de flux de trésorerie.

5.6.5 La synthèse des ratios

Après avoir présenté les différents ratios, il convient de dégager un certain nombre de constats se dégageant du regroupement de certains d'entre eux, selon qu'ils concernent l'une des dimensions suivantes :

- la performance générale ;
- l'exploitation ;
- le financement ;
- la liquidité-solvabilité.

Pour ce faire, nous utiliserons certains éléments de la démarche apparaissant au **tableau 5-6**. Dans les pages qui suivent, nous ferons une lecture horizontale de ce tableau, complémentaire de l'approche verticale que nous avons utilisée dans la présentation des ratios du présent chapitre[6].

---

6. Une analyse complète inclurait des données de concurrents. L'utilisation d'une base de données serait aussi appropriée. Les informations publiées par l'entreprise ainsi que l'information financière publique pourraient venir compléter cette analyse.

AUX QUATRE VENTS INC.

La comparaison des données de 2009 et 2008 d'Aux Quatre Vents Inc. indique une augmentation des activités de l'entreprise. En effet, ses ventes augmentent de 27,2 % (de 201,5 M $ à 256,2 M $) alors que son actif augmente de 9,1 % (de 50,7 M $ à 55,3 M $), tout en voyant son résultat net diminuer de 3,6 % (de 3,3 M $ à 3,2 M $).

A. | LA PERFORMANCE GÉNÉRALE

La performance générale d'Aux Quatre Vents Inc. en ce qui a trait aux indicateurs de marge bénéficiaire, de rendement de l'actif et des capitaux propres se présente ainsi :

	2009	2008
Marge bénéficiaire nette	1,2 %	1,6 %
Rendement de l'actif	5,7 %	6,5 %
Rendement des capitaux propres	15,1 %	18,4 %

Ces indicateurs généraux montrent que :

- la marge bénéficiaire nette (qui mesure la rentabilité des opérations en ce qui a trait au résultat net réalisé pour chaque dollar de ventes) affiche une baisse pour l'exercice 2009, avec un ratio de 1,2 % comparativement à 1,6 % pour l'exercice 2008. Selon les statistiques disponibles, le ratio de la marge bénéficiaire nette pour ce secteur d'industrie est de 1,5 %, ce qui indique que l'entreprise a connu une performance inférieure à celle du marché ;

- le rendement de l'actif (qui met en relation le résultat net réalisé par la société et les ressources dont elle dispose) a diminué de 2008 à 2009, passant de 6,5 % à 5,7 %. La diminution du ratio est attribuable en partie à la diminution du résultat (3,6 %) et à l'augmentation de l'actif total (9,1 %). Toutefois, selon les informations sectorielles, le rendement de la société se situerait à un niveau comparable à celui de ses concurrents ;

- le ratio de rendement des capitaux propres (qui met en relation le résultat net et les capitaux propres des actionnaires) a lui aussi diminué, passant de 18,4 % en 2008 à 15,1 % en 2009. Toutefois, le rendement d'Aux Quatre Vents est supérieur à celui de l'industrie (13,4 %).

Pour mieux comprendre la signification de ces indicateurs, examinons les ratios reliés à la gestion de l'exploitation.

B. L'EXPLOITATION

Entamons cette analyse en examinant le **tableau 5-5** (voir p. 201), en ce qui concerne les composantes du résultat.

Nous pouvons constater que :

■ les ventes ont augmenté de 27,2 %, alors que le résultat net a diminué de 3,6 % ;

■ comparés à l'augmentation des ventes, les coûts commerciaux et les charges administratives n'ont connu qu'une hausse de 15,0 %. Ceci a contribué à maintenir la rentabilité, mais c'est cette hausse marquée des coûts des ventes (30,4 %) qui a influé sur la marge brute, cette dernière étant passée de 16,6 % à 14,5 %.

Une analyse des secteurs opérationnels nous permet de cerner un peu mieux des éléments explicatifs.

	2009	% / Produits	2008	% / Produits
Produits				
Marchandises	81 973	32,0 %	76 950	38,2 %
Carburant	174 194	68,0 %	124 507	61,8 %
	256 167	**100,0 %**	**201 457**	**100,0 %**

	2009	% / Marge	2008	% / Marge
Marge brute				
Marchandises	29 647	80,0 %	26 059	78,0 %
Carburant	7 412	20,0 %	7 350	22,0 %
	37 059	**100,0 %**	**33 409**	**100,0 %**

Ce tableau a le mérite de donner les informations suivantes :

■ une augmentation relative des ventes de carburant, qui passent de 61,8 % à 68 % des ventes ;

■ une baisse de la marge sur ce produit, qui passe de 5,9 % (7 350/124 507) à 4,3 % (7 412/174 194) ;

■ alors que les ventes de marchandises constituent 38,2 % du chiffre d'affaires en 2008 et 32 % en 2009, elles contribuent à 78 % de la marge brute en 2008 et à 80 % en 2009 [avec un % de marge brute passant de 33,9 % (26 059/76 950) en 2008 à 36,1 % en 2009 (29 647/81 973)].

Soulignons également que le ratio de rotation de l'actif (ventes par rapport aux actifs) montre une augmentation, passant de 3,97 à 4,63 (augmentation reliée à celle de l'actif, de 9,1 %, et à celle des ventes, de 27,2 %). La hausse de l'actif (4 626 $) se constate surtout dans l'actif courant (3 369 $ et 25 % par rapport à l'exercice précédent) et dans les immobilisations corporelles (1 278 $). Par conséquent, la gestion du fonds de roulement mérite que l'on s'y attarde.

C. LE FINANCEMENT

L'analyse des passifs et capitaux propres permet de faire ressortir les aspects suivants :

- ■ l'augmentation des passifs concerne principalement les passifs courants, qui augmentent de 9,5 % (voir la section portant sur la liquidité ci-dessous) ;

- ■ la structure des dettes à long terme et des capitaux propres comporte les caractéristiques suivantes :

	2009	2008
Ratio d'endettement par rapport aux capitaux propres	0,67	0,81
Taux de rendement brut de l'actif total	6,9 %	7,45 %
Taux de rendement des capitaux propres	15,1 %	18,4 %

- ■ le ratio d'endettement par rapport aux capitaux propres est passé de 0,81 à 0,67 en 2009, ce qui indique une proportion moins grande de dettes par rapport aux capitaux propres. Il faut toutefois noter que la dette non courante est demeurée la même, la diminution de ce ratio provenant de l'augmentation des capitaux propres ;

- ■ le calcul de l'effet de levier donne un résultat positif, le rendement sur les capitaux propres étant supérieur au taux de rendement brut de l'actif total.

D. LA LIQUIDITÉ-SOLVABILITÉ

À ces constats, ajoutons la gestion des liquidités à l'aide des ratios suivants :

	2009	2008
Ratio de fonds de roulement (liquidité générale)	1,17	1,03
Ratio de liquidité relative	0,65	0,52
Ratio de liquidité immédiate	0,35	0,27
Délai d'écoulement des stocks	12 jours	14 jours
Délai de recouvrement des clients	6 jours	6 jours
Délai de paiement des fournisseurs	23 jours	27 jours

En plus des éléments précédents, il ressort qu'Aux Quatre Vents Inc. se trouve dans la situation suivante :

- ■ l'entreprise affiche un fonds de roulement positif en augmentation par rapport à 2008 (passant de 349 000 $ à 2 466 000 $ en 2009), avec un ratio de fonds de roulement de 1,03 en 2008 et 1,17 en 2009 ;

- ■ elle maintient ainsi un niveau de solvabilité à court terme comparable à la moyenne de l'industrie ;

- ■ en examinant l'état de la situation financière ainsi que le tableau des flux de trésorerie, l'analyse des postes du fonds de roulement démontre une augmentation des clients de 26,5 %, des stocks de 16,3 % et des fournisseurs de 13,8 %. Toutefois, on remarque une amélioration du délai d'écoulement des stocks (2 jours), mais également une diminution du délai de paiement des fournisseurs (4 jours). Malgré ces faits, les calculs du délai de recouvrement des clients, d'écoulement des stocks et de paiement des fournisseurs contribuent positivement au fonds de roulement d'exploitation (de 7 jours en 2008 et de 5 jours en 2009).

- ■ de même, en se référant au tableau des flux de trésorerie, il est possible de constater que la trésorerie et les équivalents de trésorerie ont augmenté de 1,2 M $ de 2008 à 2009, passant de 2,4 M $ à 3,6 M $. Les opérations d'exploitation de 2009 génèrent 5,9 M $ de liquidités, ce qui permet de financer l'augmentation des éléments hors caisse du fonds de roulement liés à l'exploitation, les dépenses en immobilisations et les activités de financement.

E. LES FAITS MARQUANTS DE L'ANALYSE

Les faits marquants de notre analyse du cas d'Aux Quatre Vents Inc. se résument ainsi : baisse de la performance de l'entité ; augmentation des ventes associée à une baisse de rentabilité (marge brute) du carburant, mais également à une augmentation de la marge brute sur les ventes de marchandises se soldant par une marge totale en diminution ; structure de dettes permettant d'afficher un effet de levier positif ; indicateurs de liquidité positifs.

5.7 L'INCERTITUDE INHÉRENTE À LA PRÉSENTATION DES ÉTATS FINANCIERS

5.7.1 Les limites de l'analyse

La liste des ratios mentionnés tout au long de ce chapitre est loin d'être exhaustive. Il est possible de calculer d'autres ratios et de les interpréter en fonction des activités de l'entité et de son secteur d'activité.

À la lumière des pages qui précèdent, il ne serait pas surprenant que, devant l'étude de l'analyse des états financiers, le lecteur manifeste une certaine appréhension, voire une déception. Les attentes sont nombreuses et légitimes, sans aucun doute, mais il est impossible de les satisfaire pleinement. En effet, on doit utiliser toutes ces données en tenant compte de l'incertitude, facteur qui caractérise plusieurs de ces données ; de plus, on doit faire preuve de jugement pour les interpréter. L'obligation de recourir à des aspects qualitatifs complémentaires fait en sorte que l'analyse des ratios n'est pas nécessairement une recette infaillible. De plus, les limites inhérentes à la nature même des états financiers confirment cette remarque.

5.7.2 Les limites inhérentes aux états financiers

Il est nécessaire d'adapter la démarche d'analyse que nous proposons aux caractéristiques des entreprises et à leur contexte, et de tenir compte des objectifs de l'analyste. Toutefois, comme ce modèle utilise des données provenant largement des états financiers, il faut tenir compte des limites qui les caractérisent, relevant d'éléments comme la terminologie, le classement et le regroupement, la mesure du poste, le choix des conventions comptables, etc.

A. LA TERMINOLOGIE

La latitude laissée en matière de préparation et de présentation des états financiers entraîne inévitablement des différences relatives à la terminologie employée. Bien que l'on tende à standardiser le vocabulaire, il arrive que des expressions différentes soient utilisées pour désigner une même réalité.

B. LE CLASSEMENT ET LE REGROUPEMENT

On doit prêter une attention particulière au classement employé pour présenter les données financières. Les préparateurs d'états financiers font généralement preuve d'une relative uniformité à cet égard. Toutefois, les normes comptables étant souvent muettes sur la question, il arrive que des entreprises d'un même secteur optent pour un classement « personnalisé ».

En conséquence, même en présence de conventions comptables identiques, la ventilation des postes dans les états financiers risque de nuire aux comparaisons lorsque les divergences portent sur des sommes importantes. Cet aspect touche surtout les postes du compte de résultat, notamment son poste Charges administratives, qui comporte un grand nombre de charges. En plus, comme nous l'avons vu dans le chapitre 2, deux entreprises pourraient choisir de présenter la ventilation de leurs charges selon deux modèles différents : la nature des charges ou leur fonction.

Quant au problème de regroupement, il est relié à l'usage du concept d'importance relative tout au long du processus comptable. Ce concept, fondé sur le jugement, sert à éviter toute surcharge des états financiers par des éléments secondaires. De ce fait, un poste jugé mineur est regroupé avec d'autres postes de même nature. Le lecteur, tout en étant averti de ce fait, n'est généralement pas en mesure d'en connaître les modalités d'application.

C. LES AJUSTEMENTS APPORTÉS AU RÉSULTAT

La présence de redressements concernant les exercices antérieurs ainsi que d'éléments inhabituels ou d'activités abandonnées dans les états financiers exige une attention particulière de la part du lecteur, car elle faussera, si on l'ignore, la comparaison avec les résultats d'exercices antérieurs ou ceux d'autres sociétés. Cet aspect non négligeable conduit parfois à des rectifications permettant d'obtenir une mesure « normalisée » du résultat, c'est-à-dire une mesure représentative des activités normales.

D. L'INFLATION ET LES « VALEURS MARCHANDES »

Les fluctuations du pouvoir d'achat constituent un intérêt non négligeable dans le contexte économique de l'entreprise. De ce fait, les données à caractère historique qui composent les états financiers sont sujettes à caution dans un cadre temporel. L'utilisateur des rapports comptables en tiendra compte pour établir des prévisions ou des projections, aussi bien que pour dégager des tendances ou effectuer des comparaisons.

Ainsi, la comptabilité suppose que certains éléments d'actif, principalement les immobilisations corporelles, soient enregistrés la plupart du temps à un montant qui s'éloigne en général de leur valeur marchande. Une connaissance approfondie de l'entreprise observée devient alors un atout.

E. LES CONVENTIONS COMPTABLES

Avant même de procéder à une analyse en profondeur des états financiers d'une entreprise, on doit se pencher sur les conventions comptables en vigueur. Elles sont indiquées par voie de notes et comportent parfois des renvois aux postes auxquels elles se rapportent. Malgré l'uniformité, de mise pour des entreprises exploitées dans un même secteur d'activité, il est toujours possible qu'une société fasse exception à la règle. Par conséquent, la comparaison entre des entreprises (ou avec les normes d'un secteur donné) n'est valide que si l'on s'assure au préalable de l'homogénéité des pratiques comptables appliquées.

L'interprétation des conventions comptables constitue un autre problème. Une compréhension différente conduit à présenter ou à omettre certains postes, ce qui peut modifier ou même fausser le jugement de l'analyste. Ainsi, dans le cas de contrats de location, on constate parfois ce qu'il est convenu d'appeler un « financement hors bilan », parce que l'entreprise comptabilise une opération comme une location pure et simple, alors qu'une autre considère cette opération comme une acquisition, avec un passif relatif à la somme impayée. (Voir le chapitre 2.)

F. LA NATURE DES ÉTATS FINANCIERS

Bien qu'ils donnent parfois l'impression d'être complets et précis, les états financiers ne le sont pas toujours autant qu'on pense. En effet, les montants y figurent en chiffres, mais il appartient au lecteur de faire la part des choses, de faire intervenir sa subjectivité.

De plus, comme nous l'avons indiqué à propos de l'inflation, les postes sont exprimés en dollars de différentes périodes. Il faut également noter que les états financiers n'enregistrent pas certains éléments dont la valeur est difficilement quantifiable. Songeons, par exemple, au capital humain, à la clientèle, à la qualité de la gestion, etc.

Une autre caractéristique des états financiers relève du fait que leur précision n'est pas absolue. Ils comportent une marge d'erreur raisonnable, tant en raison du facteur de l'importance relative, déjà évoqué, que de la combinaison de faits et de jugements à laquelle ils font appel :

■ les faits se rapportent aux postes pouvant être mesurés ;

■ les jugements peuvent faire varier les résultats et la situation de l'entreprise ; citons, par exemple, l'évaluation des stocks, la politique d'amortissement des immobilisations et le calcul de la provision pour créances douteuses.

On peut se demander s'il est sage d'utiliser les états financiers pour porter un jugement éclairé. Nous croyons que la réponse est affirmative, à condition de prendre certaines précautions, notamment de s'informer du contexte et de connaître les limites de l'information financière ainsi que l'influence d'autres éléments dans la formation du jugement de l'analyste. De plus, il ne faut pas uniquement s'arrêter aux montants absolus : il faut aussi s'intéresser aux taux et aux tendances, et ne comparer que des éléments qui sont en relation. Enfin, le milieu des affaires est en constante évolution et devient de plus en plus complexe. Il est donc indispensable de se tenir informé des grands sujets susceptibles d'influer sur les normes comptables.

L'application de l'identité fondamentale : les débits et les crédits

A.1 Les deux conventions de consignation des opérations....**240**

    A.1.1   La première convention....................................241

    A.1.2   La deuxième convention..................................242

A.2 Le grand livre général et le journal général.................**243**

A.3 Les journaux spécialisés..**249**

    A.3.1   Le journal des ventes.....................................249

    A.3.2   Le journal des achats.....................................250

    A.3.3   Le journal des encaissements..........................251

    A.3.4   Le journal des décaissements..........................251

    A.3.5   Le journal des salaires...................................252

A.4 Les grands livres auxiliaires......................................**252**

    A.4.1   Le grand livre des clients...............................253

    A.4.2   Le grand livre des fournisseurs........................254

On établit les états financiers à partir des renseignements consignés dans les registres comptables de l'entreprise, en particulier dans le «grand livre général», lequel contient les soldes de chacun des actifs, des passifs et des capitaux propres, ainsi que le total des produits et celui des charges. Pour toute opération, on doit enregistrer l'augmentation ou la diminution de chacun des éléments de l'état de la situation financière ou de résultats qui a été touché. Comment faut-il procéder et, surtout, comment faire pour préserver l'équilibre fondamental entre le total de l'actif et le total du passif et des capitaux propres? Le présent appendice répond à ces questions.

Certaines notions ont été conçues pour simplifier le travail d'enregistrement comptable. Notre système comptable a la particularité d'être un système en partie double, c'est-à-dire que les deux parties d'une opération doivent toujours être enregistrées. Selon ce système, on décèle l'omission d'enregistrer une de ces parties lorsqu'une inégalité apparaît dans ce qui devrait être l'identité comptable fondamentale.

A.1 LES DEUX CONVENTIONS DE CONSIGNATION DES OPÉRATIONS

Au chapitre 2, les exemples de la section 2.1 montraient que la préparation d'un état de la situation financière après chaque opération permettait, par la même occasion, de vérifier l'identité comptable fondamentale. Quoique correcte, cette méthode n'est pas très efficace en raison du nombre élevé d'opérations qu'effectue une entreprise.

C'est pourquoi il doit exister un système permettant de suivre une à une les opérations, dans leur ordre chronologique, et d'additionner leurs effets afin de rendre possible la présentation de la situation financière d'une entreprise à une date donnée. Ce système regroupe les opérations par éléments, appelés « comptes ». Chaque compte représente un élément de l'état de la situation financière ou de l'état du résultat global. Les opérations peuvent avoir une incidence sur différents comptes, en augmentant leur solde respectif ou en le diminuant.

Pour consigner les opérations dans les comptes, on applique deux con-ventions.

A.1.1 La première convention

Selon la première convention, l'équation fondamentale

> **ACTIF = CAPITAUX PROPRES + PASSIF**

est complétée par l'égalité arithmétique.

> **DÉBIT = CRÉDIT**

À l'état de la situation financière, chaque compte de l'actif (Stocks, Clients, Encaisse, etc.), du passif (Fournisseurs, Emprunt bancaire, etc.) et des capitaux propres (Capital-actions, Résultats non distribués, Autres éléments du résultat global, etc.) est représenté par un côté *débit*, situé à gauche, et un côté *crédit*, situé à droite.

D'où la formule suivante :

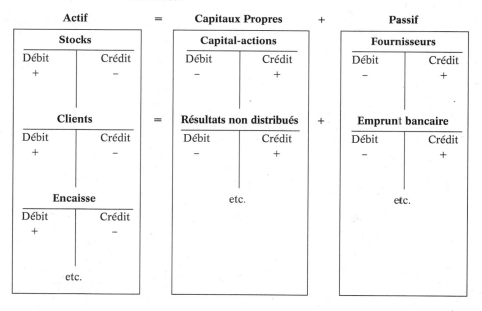

Toutes les opérations de l'entreprise peuvent toucher divers comptes. Un compte subit l'effet d'une augmentation ou d'une diminution. Les comptes doivent donc posséder au moins deux parties : une pour noter les augmentations, et une pour noter les diminutions. Ainsi, chaque compte représentant un élément de l'état de la situation financière ou de l'état du résultat global est représenté par deux colonnes : une colonne Débit et une colonne Crédit. L'identité comptable fondamentale permet de s'assurer que l'équilibre est maintenu après l'enregistrement des opérations.

A.1.2 La deuxième convention

La deuxième convention stipule que les comptes d'actif sont débiteurs, tandis que les comptes de passif et de capitaux propres sont créditeurs. C'est donc dire que toute augmentation des comptes situés du côté gauche de l'équation se traduit par un débit, et que toute augmentation des comptes situés du côté droit de l'équation se traduit par un crédit.

Le total des comptes débiteurs *doit toujours être égal* au total des comptes créditeurs. Lors de l'enregistrement de chaque opération, il faut se demander si la somme des débits inscrits dans différents comptes égale la somme des crédits inscrits dans d'autres comptes. Une augmentation d'un compte de l'actif s'enregistre par un débit, et une diminution, par un crédit. Inversement, une augmentation d'un compte du passif ou des capitaux propres s'enregistre par un crédit, et une diminution, par un débit. Par conséquent, le solde d'un compte correspond à la différence entre les montants portés au débit du compte et les montants portés au crédit de ce compte.

Voici ce qu'on peut tirer de la notion de débit et de crédit et de l'identité comptable fondamentale :

$$\text{ACTIF} = \text{CAPITAUX PROPRES} + \text{PASSIF}$$

Si on décompose les capitaux propres, dans le contexte de la société par actions, on obtient la formule suivante :

$$\text{Actif} = \text{Capital-actions} + \text{Résultats non distribués à la fin} \pm \text{Autres éléments du résultat global} + \text{Passif}$$

Si on substitue aux résultats non distribués les éléments qui les font varier, on obtient :

$$\text{Actif} = \text{Capital-actions} + \text{Résultats non distribués au début} + \text{Résultat net} - \text{Dividendes} \pm \text{Autres éléments du résultat global} + \text{Passif}$$

En remplaçant le résultat net par les produits et les charges, on obtient l'équation qui suit :

$$\text{Actif} = \text{Capital-actions} + \text{Résultats non distribués au début} + \text{Produits} - \text{Charges} - \text{Dividendes} \pm \text{Autres éléments du résultat global} + \text{Passif}$$

Le report des charges et des dividendes[1] du côté gauche de l'équation pour obtenir des signes identiques de chaque côté permet d'en préserver l'égalité, tout en dégageant les débiteurs et les créditeurs :

$$\textbf{Actif + Charges + Dividendes} = \begin{matrix}\textbf{Capital-}\\\textbf{actions}\end{matrix} + \begin{matrix}\textbf{Résultats non}\\\textbf{distribués au début}\end{matrix} + \textbf{Produits + Passif}$$

$$\textbf{Débit} = \textbf{Crédit}$$

Comme nous l'avons mentionné précédemment, tous les postes situés à gauche de l'équation sont des postes débiteurs (c'est-à-dire qui augmentent au débit), et tous les postes situés à droite de l'équation sont créditeurs (ils augmentent au crédit). D'ailleurs, comme les résultats non distribués ont un solde créditeur, tous les postes qui auront pour effet de les diminuer auront un solde de signe contraire, soit débiteur. Inversement, tous les postes qui auront pour effet de les augmenter auront un solde de même signe, soit créditeur.

Ayant maintenant vu ces notions de débit et de crédit, nous pouvons étudier la marche à suivre pour enregistrer toutes les écritures comptables nécessaires à la comptabilisation des opérations.

A.2 LE GRAND LIVRE GÉNÉRAL ET LE JOURNAL GÉNÉRAL

Tous les comptes de l'entreprise sont rassemblés dans un registre comptable appelé « grand livre général » (GLG). Ce registre comptable comprend tous les comptes que l'entreprise utilise. Y figure un compte par élément d'actif, de passif, de capitaux propres, de produits et de charges. Dans ce registre comptable, une page est consacrée à chaque compte, où il est identifié par un intitulé et par un numéro. De plus, les comptes suivent habituellement l'ordre de présentation des états financiers. L'ensemble de ces comptes constitue le plan comptable.

Un compte au grand livre général pourrait ressembler à ce qui suit :

Nom :				Compte_____		
Date	**Réf.**	**Description**		**Débit**	**Crédit**	**Solde**

---

1. Les autres éléments du résultat global peuvent varier dans un sens ou dans l'autre. À titre d'exemple, comme nous l'avons vu au chapitre 2 section 2.1 exemple 8 (p. 36), une diminution de la juste valeur d'un placement disponible à la vente viendra augmenter le poste Perte latente sur placement disponible à la vente au débit. Si à l'inverse la juste valeur avait augmenté de 1 000 $ le gain aurait fait l'objet d'un crédit.

L'enregistrement (ou la comptabilisation) d'une opération se traduit par une écriture dans les registres comptables de l'entreprise. L'enregistrement des opérations ne peut toutefois pas se faire seulement à l'aide du grand livre général. Par exemple, si une entreprise emprunte 5 000 $ à la banque, il faudra débiter (augmenter) le compte encaisse de 5 000 $ et créditer (augmenter) l'emprunt bancaire de 5 000 $. Si l'enregistrement se fait directement dans le grand livre général, toute l'opération sera comptabilisée, mais il sera quasi impossible de la retrouver précisément parmi les nombreuses opérations de l'entreprise. Voilà pourquoi les entreprises ont au moins besoin d'un autre registre comptable, appelé « journal général » (JG). Le journal général pourrait ressembler à ce qui suit :

Journal général

				Page 1
Date	**Comptes et explications**	**Réf.**	**Débit**	**Crédit**

L'enregistrement d'une opération dans le journal général se traduit par une écriture de journal. Voici les étapes à suivre pour faire une écriture au journal général.

1. Inscrire la date de l'opération.
2. Dans la section Comptes et explications, inscrire le nom du compte à débiter et le montant correspondant dans la colonne Débit.
3. Dans la section Comptes et explications, inscrire le nom du compte à créditer sur la ligne suivante (un peu en retrait) et le montant correspondant dans la colonne Crédit.
4. Faire suivre l'écriture d'une courte explication et des renvois à certains documents, le cas échéant.
5. Laisser un espace entre les écritures pour les distinguer.
6. Ne rien inscrire dans la colonne référence (Réf.) tant qu'il n'y a pas report au GLG (numéro du compte).

Si nous reprenons les exemples de la section 2.1, après l'enregistrement des écritures, le journal général serait représenté de la façon suivante (aux fins d'illustration, les dates ont été remplacées par des numéros).

Journal général   Page 1

Date	Comptes et explications	Réf.	Débit	Crédit
1	Encaisse		1 000	
	Mobilier		10 000	
	Emprunt bancaire			8 000
	Capital-actions			3 000
	(pour enregistrer l'acquisition du mobilier de bureau,			
	financée en partie par un emprunt bancaire)			
2	Encaisse		20 000	
	Emprunt bancaire			20 000
	(pour enregistrer un emprunt bancaire additionnel)			
3	Matériel informatique		7 000	
	Encaisse			7 000
	(pour enregistrer l'acquisition au comptant d'un ordinateur)			
4	Emprunt bancaire		5 000	
	Encaisse			5 000
	(pour enregistrer le remboursement partiel de			
	l'emprunt bancaire)			
5	Encaisse		30 000	
	Honoraires de consultation (produits)			30 000
	(pour enregistrer l'encaissement des honoraires			
	de consultation pour services rendus)			
6	Fournitures diverses		800	
	Intérêt bancaire		1 500	
	Salaire adjointe		1 000	
	Salaire président		3 800	
	Encaisse			7 100
	(pour enregistrer le paiement de charges diverses)			
7	Placement disponible à la vente		5 000	
	Encaisse			5 000
	(pour enregistrer l'acquisition du placement)			
8	Perte latente sur placement disponible à la vente		1 000	
	Placement disponible à la vente			1 000
	(pour enregistrer la perte de valeur boursière du placement)			
9	Dividendes		15 000	
	Encaisse			15 000
	(pour enregistrer le paiement de dividendes à l'actionnaire)			

L'enregistrement des opérations au journal général a comme inconvénient de ne pas donner le solde des comptes après la comptabilisation des opérations. Pour connaître ce solde, il faut reporter ces écritures au grand livre général. À cette fin, on doit suivre les étapes suivantes, en commençant d'abord par les écritures de la colonne Débit :

1. Dans le GLG, localiser le compte où l'on reportera le débit de l'écriture de journal.

2. Inscrire la date de l'opération dans le compte du GLG.

3. Inscrire au débit du compte le montant qui figure dans la colonne débit du JG et calculer le nouveau solde.

4. Inscrire dans la colonne Référence du GLG le nom du JG et le numéro de la page où se trouve l'écriture.

5. Revenir au JG et inscrire dans la colonne Référence le numéro du compte du GLG dans lequel on a fait le report.

Il faut répéter les étapes 1 à 5 avec les écritures de la colonne Crédit.

Voici un extrait du grand livre général après les reports (les dates des opérations ont été remplacées par des numéros) :

Nom : Encaisse   Compte_____

Date	Réf.	Description	Débit	Crédit	Solde
1	JG-1		1 000		1 000 dt
2	JG-1		20 000		21 000 dt
3	JG-1			7 000	14 000 dt
4	JG-1			5 000	9 000 dt
5	JG-1		30 000		39 000 dt
6	JG-1			7 100	31 900 dt
7	JG-1			5 000	26 900 dt
9	JG-1			15 000	11 900 dt

Nom : Mobilier   Compte_____

Date	Réf.	Description	Débit	Crédit	Solde
1	JG-1		10 000		10 000 dt

Nom : Matériel informatique   Compte_____

Date	Réf.	Description	Débit	Crédit	Solde
3	JG-1		7 000		7 000 dt

Nom : Placement disponible à la vente				Compte_____	
Date	**Réf.**	**Description**	**Débit**	**Crédit**	**Solde**
7	JG-1		5 000		5 000 dt
8	JG-1			1 000	4 000 dt

Nom : Emprunt bancaire				Compte_____	
Date	**Réf.**	**Description**	**Débit**	**Crédit**	**Solde**
1	JG-1			8 000	8 000 ct
2	JG-1			20 000	28 000 ct
4	JG-1		5 000		23 000 ct

Nom : Capital-actions				Compte_____	
Date	**Réf.**	**Description**	**Débit**	**Crédit**	**Solde**
1	JG-1			3 000	3 000 ct

Nom : Honoraires de consultation (produits)				Compte_____	
Date	**Réf.**	**Description**	**Débit**	**Crédit**	**Solde**
5	JG-1			30 000	30 000 ct

Nom : Fournitures diverses				Compte_____	
Date	**Réf.**	**Description**	**Débit**	**Crédit**	**Solde**
6	JG-1		800		800 dt

Nom : Intérêt bancaire				Compte_____	
Date	**Réf.**	**Description**	**Débit**	**Crédit**	**Solde**
6	JG-1		1 500		1 500 dt

Nom : Salaire adjointe				Compte_____	
Date	**Réf.**	**Description**	**Débit**	**Crédit**	**Solde**
6	JG-1		1 000		1 000 dt

Nom : Salaire président				Compte_____	
Date	**Réf.**	**Description**	**Débit**	**Crédit**	**Solde**
6	JG-1		3 800		3 800 dt

Nom : Perte latente sur placement disponible à la vente				Compte_____	
Date	**Réf.**	**Description**	**Débit**	**Crédit**	**Solde**
8	JG-1		1 000		1 000 dt

Nom : Dividendes				Compte_____	
Date	**Réf.**	**Description**	**Débit**	**Crédit**	**Solde**
7	JG-1		15 000		15 000 dt

Après le report au GLG, il faut établir une balance de vérification. Celle-ci, en deux colonnes, contient la liste complète des comptes de l'entreprise avec leur solde (souvent par ordre numérique). Une colonne est attribuée aux soldes débiteurs, et une aux soldes créditeurs. Le total de la colonne Débit doit être égal au total de la colonne Crédit. La balance de vérification permet de vérifier que l'équilibre de l'identité comptable fondamentale a été préservé malgré l'enregistrement de toutes ces opérations. Il est inutile d'établir des états financiers si l'équilibre n'est pas préservé, puisque dans ce cas il y a évidemment erreur.

Voici la balance de vérification de l'entreprise :

	Débit	Crédit
Placement disponible à la vente	4 000 $	
Mobilier	10 000	
Matériel informatique	7 000	
Encaisse	11 900 $	
Capital-actions		3 000 $
Emprunt bancaire		23 000
Honoraires de consultation (produits)		30 000
Fournitures diverses utilisées	800	
Intérêt bancaire	1 500	
Salaire adjointe	1 000	
Salaire président	3 800	
Perte latente sur placement disponible à la vente	1 000	
Dividendes	15 000	–
Total	56 000 $	56 000 $

Comme la balance de vérification est en équilibre, on prépare ensuite les états financiers. Notons que l'état de la situation financière figure à la section 2.1 (après l'exemple 9, p. 37), et l'état du résultat global, à la section 2.1.2, p. 38.

A.3 LES JOURNAUX SPÉCIALISÉS

Si les entreprises enregistraient toutes les opérations uniquement à l'aide du journal général, le travail de tenue de livres serait long et fastidieux. Les entreprises possèdent donc d'autres registres comptables pour enregistrer les opérations récurrentes. Ce sont des journaux spécialisés (ou auxiliaires), qui sont généralement subdivisés en modules. Les logiciels comptables suivent la même logique, mais en utilisant des écrans de saisie qui reprennent essentiellement les mêmes informations, tout en les présentant différemment. Voici ces modules.

A.3.1 Le journal des ventes

Il existe un journal des ventes, qui regroupe toutes les opérations relatives à la vente et à la facturation des clients. On pourrait illustrer le journal des ventes de la façon suivante :

Journal des ventes

Date	N° de facture	Nom du client	Réf.	Banque Dt	Clients Dt	Ventes Ct	TPS à payer Ct	TVQ à payer Ct

Ainsi, l'écriture d'une vente à crédit serait enregistrée de la façon suivante dans le journal des ventes :

Journal des ventes

Date	N° de facture	Nom du client	Réf.	Banque Dt	Clients Dt	Ventes Ct	TPS à payer Ct	TVQ à payer Ct
10-10-09	V-136	Jean Cousineau			112,88		5,00	7,88

Chaque ligne représente une écriture. Toutefois, dans ce type de journal, c'est l'intitulé de la colonne qui nous indique le débit et le crédit. À la fin du mois, il faut faire le total des colonnes et reporter chacun des totaux au grand livre général. On y inscrit la référence dans la colonne appropriée (ex. : JV-12), tandis qu'au journal des ventes on inscrit le numéro de compte du grand livre général sous le total de la colonne où le report a été fait (système à double renvoi). Il faut s'assurer que le total des colonnes Débit est égal au total des colonnes Crédit. Avec un logiciel comptable, le mécanisme de report se fait automatiquement, ce qui permet d'économiser du temps et d'éviter des erreurs de nature arithmétique.

A.3.2 Le journal des achats

Il existe également un journal des achats, qui comprend les opérations d'achats de marchandises et d'autres opérations connexes. Ce journal pourrait être représenté comme suit :

Journal des achats

Date	Fournisseur	Réf.	Achats Dt	TPS à recevoir Dt	TVQ à recevoir Dt	Fournisseurs Ct	DIVERS Nom du compte	Réf.	Montant Ct ou Dt
10-10-09	Louis Faucher		100,00	5,00	7,88	112,88			
11-10-09	Mobilex			20,00	31,50	451,50	Mobilier		400,00 dt

Dans ce journal, on peut enregistrer les achats autres que des marchandises. Nous trouvons une colonne Divers pour indiquer le débit du compte alors affecté. Dans cet exemple, il s'agit de l'acquisition de mobilier de bureau fait à crédit le 11 octobre 2009. Nous ne pouvons faire le report en bloc du montant total de la colonne Divers au grand livre général puisqu'il s'agira de comptes différents. Par contre, pour les autres colonnes, le fonctionnement est le même que celui du journal des ventes. Les mêmes remarques s'appliquent quand on utilise un logiciel comptable.

A.3.3 Le journal des encaissements

On utilise aussi le journal des encaissements pour comptabiliser toutes les opérations qui font augmenter le compte Encaisse. En voici un exemple :

Journal des encaissements

Date	Nom du client	Réf.	Encaisse Dt	Clients Ct	DIVERS		
					Nom du compte	Réf.	Montant Ct ou Dt
11-10-09	Yvon Dupuis	V-12	1 128,75	1 128,75			

Cette opération représente l'encaissement d'un compte client.

A.3.4 Le journal des décaissements

Les débours sont aussi des opérations récurrentes, pour lesquelles il existe un journal. On trouve dans le journal des décaissements toutes les opérations qui diminuent le compte Encaisse, donc toutes les opérations où le compte Encaisse est crédité. Ce journal est utilisé pour enregistrer le paiement des fournisseurs et tous les autres débours de l'entreprise. On peut l'illustrer de la façon suivante :

Journal des décaissements

Date	Nom du fournisseur	N° du chèque	Encaisse Ct	Fournisseurs Dt	DIVERS		
					Nom du compte	Réf.	Montant Dt ou Ct
10-12-09	Gilles Gagnon	035	112,88	112,88			
10-12-09	Po. Prio	036	451,50		Loyer		451,50 dt

Dans cet exemple, il s'agit du remboursement du fournisseur Gilles Gagnon et du paiement du loyer d'octobre à Po. Prio.

A.3.5 **Le journal des salaires**

Comme son nom l'indique, le journal des salaires réunit l'information afférente aux salaires, aux retenues à la source ainsi qu'aux charges sociales assumées par l'entreprise. Le journal des salaires pourrait être représenté de la façon suivante :

Journal des salaires

Période	Employé	Salaire brut Dt	RETENUES À LA SOURCE (DAS)				TOTAL DAS	Salaire net à payer Ct
			Impôt fédéral à payer Ct	Impôt provincial à payer Ct	RRQ à payer Ct	A.E. à payer Ct		

Les logiciels comptables utilisent l'information ci-dessus et calculent également les heures, les taux horaires, etc. Habituellement, les retenues à la source y sont aussi calculées automatiquement.

Les opérations qui ne sont pas spécifiquement couvertes par les journaux spécialisés qu'utilise l'entreprise sont comptabilisées dans le journal général. On y trouve par exemple les écritures relatives à la vente d'immobilisations ou de placements, à la correction d'une opération ayant mal été enregistrée, ainsi que les écritures de régularisation de fin de période. L'entreprise qui utilise tous les journaux spécialisés décrits précédemment ne se sert du journal général que pour les écritures non routinières.

Les opérations sont d'abord comptabilisées dans un de ces journaux, puis reportées dans les comptes du grand livre général. À partir des soldes de chacun des comptes du grand livre général, on établit une balance de vérification. C'est d'après cette balance de vérification que sont ensuite établis les états financiers.

A.4 **LES GRANDS LIVRES AUXILIAIRES**

Outre le grand livre général, d'autres registres comptables facilitent la gestion de l'entreprise. Parmi les plus utilisés, on trouve le grand livre des clients et le grand livre des fournisseurs. Ceux-ci sont en fait des livres auxiliaires qui renferment respectivement les comptes individuels des clients et ceux des fournisseurs d'une entité et auxquels correspondent les comptes collectifs Clients et Fournisseurs du grand livre général.

A.4.1 **Le grand livre des clients**

Le grand livre des clients est un registre contenant le compte individuel de chaque client, montrant le nom de ce dernier ainsi que le montant qu'il doit. Ce registre est habituellement classé par ordre alphabétique de clients. Un numéro est attribué à chacun d'entre eux.

Au grand livre général figure le compte général ou collectif Clients. Ce compte correspond au total des comptes individuels des clients. Ce montant, qu'on retrouve dans la balance de vérification, est utilisé pour préparer l'état de la situation financière.

Le grand livre des clients est établi de la même façon que le compte Clients. Lorsque le client achète des marchandises à crédit, le poste Clients est débité. Dans le grand livre des clients, son compte est également débité, et le solde exigible est mis à jour. Lorsque le client règle son compte, le poste Clients est crédité. Son compte est alors crédité dans le grand livre des clients, et le solde y est mis à jour.

Le grand livre des clients sert donc à connaître le montant à recevoir de chaque client et permet d'établir les états de compte mensuels. Ce registre sert aussi de moyen de contrôle, car il permet d'établir mensuellement la liste des comptes clients, d'en faire le total et de voir si ce total correspond au solde figurant au grand livre général.

Voici à quoi ressemble le grand livre des clients :

Grand livre des clients

Nom du client : Marcel Faucher					Numéro : 180	
Date	Détails	Réf.	Débit	Crédit	Dt ou Ct	Solde
31-05-09					dt	14 500,28
03-06-09	Facture n° 1080, 2/10, n/30	JV-6	8 300,23		dt	22 800,51
14-06-09	Facture n° 1148, n/30	JV-6	2 400,00		dt	25 200,51
26-06-09		JR-8		14 500,28	dt	10 700,23
30-06-09	Facture n° 1184	JV-6	8 914,00		dt	19 614,23

Il est à noter que, quel que soit le livre comptable utilisé pour enregistrer les opérations, chaque fois qu'une opération touche le compte Clients, il faut immédiatement mettre à jour le compte du client en question dans le grand livre des clients.

A.4.2 Le grand livre des fournisseurs

Le grand livre des fournisseurs contient le compte individuel de chaque fournisseur, qui porte le nom du fournisseur et le montant qui lui est dû. Ce registre est habituellement classé par ordre alphabétique de fournisseurs. Un numéro est attribué à chacun d'entre eux.

Au grand livre général figure un compte général ou collectif Fournisseurs. Ce compte correspond au montant total des comptes individuels des fournisseurs. Ce montant, qu'on retrouve dans la balance de vérification, est utilisé pour préparer l'état de la situation financière.

Le grand livre des fournisseurs est établi de la même façon que le compte Fournisseurs. Quand l'entreprise achète des marchandises à crédit, le poste Fournisseurs est crédité. Dans le grand livre des fournisseurs, son compte est alors crédité, et le solde qu'on lui doit est mis à jour. Lorsque l'entreprise règle son compte, le poste Fournisseurs est débité. Son compte est alors débité dans le grand livre des fournisseurs, et le solde est mis à jour.

La mise à jour quotidienne des comptes individuels est nécessaire pour contrôler les montants payables aux fournisseurs et les dates de paiement. Les comptes individuels permettent de vérifier l'exactitude des relevés de comptes reçus des fournisseurs. La somme des comptes individuels correspond au total du solde du compte collectif figurant au grand livre général. Le grand livre des fournisseurs permet d'établir la liste des comptes fournisseurs. Voici un exemple de ce qu'on peut trouver dans ce registre.

Grand livre des fournisseurs

Nom du fournisseur : Louis Bélanger				Numéro : 50		
Date	Détails	Réf.	Débit	Crédit	Dt ou Ct	Solde
31-05-09					Ct	29 000,56
03-06-09		JA-6		16 600,46	Ct	45 601,02
14-06-09		JA-6		4 800,00	Ct	50 401,02
26-06-09		JD-8	29 000,56		Ct	21 400,46
30-06-09		JA-6		17 828,00	Ct	39 228,46

Comme dans le cas du grand livre des clients, quel que soit le livre comptable utilisé pour enregistrer les opérations, chaque fois qu'une opération touche le compte Fournisseurs, il faut immédiatement mettre à jour le compte du fournisseur en question dans le grand livre des fournisseurs.

INDEX

La lettre f *signale un renvoi à une figure ; la lettre* t *signale un renvoi à un tableau.*

A

Achat(s)s
  à crédit, 82
  de marchandises, 54
  flux de trésorerie, 165
  journal, 250

Acte de fiducie, 82, 83

Actif(s), 28, 28t, 31
  analyse, 211-220
  corporel, 68
  courant, 45, 46-59
    autre, 59
    clients et autres débiteurs, 48-52
    stocks, 52-59
    trésorerie, 46-48
  degré de liquidité, 43
  et passifs, 145
  financiers, 39, 45, 46
    catégories, 61t
  incorporel, 73, 74
  juste valeur, 39
  nature, 45
  net, 32
  non courant, 45, 60-73
    dépréciation à long terme, 74-76
    immobilisations corporelles, 66-72
    immobilisations incorporelles, 73, 74
    placements, 60-66
  non financiers, 45
    immobilisations corporelles, 45
    immobilisation incorporelles, 45
    stocks, 45
  rendement, 211
  rendement brut, 226-228
  rotation, 212, 213
  structure, 213

Action(s)
  à valeur nominale, 84
  certificat, 83
  émission, 33, 84, 93, 174
  option d'achat, 119, 120
  rachat, 83, 84, 180
  résultat, 222
  sociétés, 2, 4, 15-19
  valeur comptable, 223

Actionnaire, 16t, 17, 19
  avoir, 31, 32
  dividendes, 79
  dons reçus, 84
  minoritaires, 114

Activité(s)
  abandonnées, 92
  d'exploitation, 175-180, 192
    flux de trésorerie, 161-169
  d'investissement, 193
  économique, 20
    nature, 21, 22
    secteurs, 20, 21t

Administrateur, 5, 11, 17, 18, 83, 84

Améliorations locatives, 68

Aménagement, 68

Amortissement, 65, 67, 68, 75
  calcul, 69, 71
  charge, 76t
  comptable, 102, 103t
  cumul, 67
  cumulé, 73, 143
  d'actifs corporels, 123
  d'actifs incorporels, 123
  d'un actif immobilisé,
  des immobilisations, 102, 165
  fiscal, 102, 103t

nature, 88
périodes, 68

Analyse(s)
de l'actif, 211-220
de la liste des comptes clients, 50
des états financiers
approfondie, 204-233
démarche, 190, 191
horizontale et verticale, 199, 200
interrogations, 184, 185t, 186
sources d'informations, 186, 186t-190
des flux de trésorerie, 228, 229
des résultats, 208-210
effets sur les ratios, 210
marge bénéficiaire brute, 209
marge bénéficiaire d'exploitation, 209,
210
marge bénéficiaire nette, 208, 209
structure des postes du compte de résultat,
210
du financement, 220-228
limites, 234
spécialisées, 186t, 190

Articles de journaux, 186t, 190

Associé, 15t, 16, 19

Assurance, 91, 150
prime, 59
-vie, 108

Audit, 11-12
comité, 9

Auditeur, 6, 12, 190
externe, 9, 10f
rapport, 186t

Autorités canadiennes des valeurs mobilières, 10,
187

Autorités fiscales, 106

Autres
actifs, 59, 90
charges, 88, 89t, 166-168
produits, 89t, 89

Avantages
du personnel, 107-111
prestations de retraite, 108-111
sociaux, 91

Avoir(s)
de l'entreprise, 15, 26
de l'actionnaire, 31, 32

B

Bail, 67, 82, 96, 97, 101
à long terme, 97

Bailleurs de fonds, 9, 14, 97, 101, 192, 211

Balance de vérification, 248

Bases de données statistiques, 189, 189t

Bâtiment, 42, 45

Bénéfice
à court terme, 61t, 62, 72
à payer, 76, 79
avant impôt, 101, 102
comptable, 101
impôts, 81, 82
net, 39

Besoin de fonds de roulement d'exploitation, 219,
220

Bien(s), 2, 18
à crédit, 96
à long terme, 96
approvisionnement, 22
assorties d'une garantie, 80
corporels, 28, 66
de l'entreprise, 16
de production, 20
destination à la vente, 90
endommagés, 90
fonciers, 81
hypothéqués, 81
immobilier, 65
importés, 90
location, 137
matériel, 66, 81
vente, 147

Bilan, 41, 131, 236, 240
d'ouverture, 29

Budget, 4
de caisse, 46

C

Cadre conceptuel international, 130, 131f, 132

Capital
physique, 22
-actions, 172

Capitaux propres, 28, 28*t*, 220-222
    capital-actions, 83
    composants, 83-85
    cumul des autres éléments du résultat global, 85
    intérêts minoritaires, 85
    rendement, 220
    résultats non distribués, 83
    surplus d'apport, 84, 85

C.c.Q. *voir Code civil du Québec*

Certificats d'action, 83

Charge(s), 34, 38*t*, 39
    à payer, 77, 79
    administratives, 88, 91
    d'amortissement, 73, 74, 76*t*, 102
    d'exploitation, 121
    d'impôts, 83, 92, 101
    de distribution, 88
    de publicité, 88
    de retraite, 109
    des ventes, 34
    diverses, 3*t*, 34
    financières, 92
    fonction, 88
    par nature, 88
    payées d'avance, 46, 59
    pour les dépenses, 34
    rattachement des produits aux, 50, 67, 80
    reliées à l'exploitation, 39
    sociales, 91

Chèque, 46, 47, 52, 157
    enregistrement, 47
    signataire, 47

Chiffre d'affaires, 7, 39, 90

Clients, 2, 5*t*
    délai de recouvrement, 218
    dévaluation, 49
    et autres débiteurs, 48-52
    grand livre, 253

CNC *voir* Conseil des normes comptables du Canada

Code civil du Québec (C.c.Q.), 16

Code des professions, 19
    Loi modifiant le Code des professions et d'autres dispositions législatives concernant l'exercice des activités professionnelles au sein d'une société, 19

Coefficient de rotation des stocks, 216

Coentreprise, 63
    placement, 64, 112
    comptabilisation, 115
    quote-part, 92, 94

Coffre-fort, 46

Commanditaire, 17

Commandité, 17

Communiqués, 6
    de presse, 186*t*, 186, 187

Compagnie, 17

Comptabilisation, 7, 22, 144-150
    actifs et passifs, 145
    charges aux produits, 150
    critères généraux, 144
    d'une participation dans des entreprises associées, 112, 113
    d'une participation dans une coentreprise, 115-117
    d'une participation dans une filiale, 113
    jugement et considérations éthiques, 150, 151
    produits, 145-149

Comptabilité, 2
    d'engagement, 131*f*, 133-134, 155, 156
    système d'information financière, 2, 3*f*

Compte(s)
    clients, 50, 77, 91, 118, 140, 218, 253
    créditeurs, 219
    de banque, 46
    de résultat, 87, 92

Concept d'entité, 131*f*, -133

Conseil d'administration, 11, 12

Conseils des normes comptables du Canada (CNC), 2

Continuité d'exploitation, 131*f*, 133
    célérité, 141, 142
    rapport avantage/coût, 142

Contraintes des états financiers, 131*f*, 141, 142

Contrats
    à terme, 9, 65
    d'achat boursier, 65
    d'emprunt, 66, 145*t*
    d'entretien, 50
    d'option, 85

de gestion, 94
de location, 82, 96, 97, 145*t*
   simple, 97
   -financement, 81, 82, 97, 98, 137
de swap, 66
de travail, 108
Conventions des consignations des opérations, 240-243
   deuxième, 242, 243
   première, 241
Conversion des monnaies, 122
Corporate Responsibility for Financial Reports, 10
Cours des monnaies étrangères 117-119
Coût(s)
   actuel, 143
   commerciaux, 91
   d'acquisition, 42
   de la rémunération à base d'options d'achat d'actions, 84
   de main d'œuvre directe, 59
   des actifs, 71
   des marchandise vendues, 163
   des matières premières, 59
   des stocks, 52-59
   des ventes (CV), 53
   des ventes, 90
   historique, 142-142
Couverture du remboursement du capital et des intérêts, 225, 226
Créances
   à risques,
   douteuses, 49-52
   gestion, 52
   recouvrement, 50
Créancier
   hypothécaire, 81
   obligataire, 82
Crédit
   risque, 49
Créditeur, 77, 79
Critères généraux de comptabilisation, 144
Cumul des autres éléments du résultat global, 85
Cycle
   comptable, 27*f*
   d'exploitation, 146
CV *voir* Coût(s) des ventes

D

Débentures, 82
Débiteurs, 48, 81, 218
Décaissements, 155
   journal, 251
Déclarations de la direction, 186*t*, 186, 187
Découvert bancaire, 46-48, 76
Déficit, 83
Délai
   d'écoulement des stocks, 217
   de recouvrement des clients, 218
   de règlement des fournisseurs, 219
Démarche d'analyse, 190, 191
Déontologie, 11
Dépenses
   capitalisée, 71
   d'exploitation, 71
   en capital, 71
   en immobilisation, 71
   immobilisée, 71
Dépôt, 47
   à la banque, 52
   à terme, 176
   à vue, 155, 174
Dépréciation, 58, 74
   d'actifs à long terme, 74-76
   des immobilisations, 75, 76*t*
Dette, 81
   courante, 45
   bancaire, 77
   d'entreprise, 96
   non courante, 76, 81, 115, 171, 173, 180
Deuxième convention, 242, 243
Devises, 118
   conversion, 39, 117
Directeur
   financier, 10
   général, 10
Direction d'entreprise, 10
Dividendes
   à payer, 79
   à recevoir, 49
Dons reçus des actionnaires, 84, 88*t*
Dotation à l'amortissement, 70

E

Écarts
de change, 118
de conversion, 118
temporels
déductibles, 102
imposables, 102

Écoulement des stocks
délai, 217

Effets à payer, 76, 78

Éléments
hors liquidités du fonds de roulement liés
à l'exploitation, 193
sans effet sur la trésorerie, 178

Emprunts
bancaires, 77
hypothécaires, 81
obligataires, 82

Encaissements, 5, 144-146t, 155
journal, 251

Endettement, 209, 223
ratio, 209, 224

Entité économique, 5f, 132-133

Entreprise(s), 14
à but lucratif, 15
formes économiques, 20, 21t-23
formes juridiques, 15t, 16
coopérative, 18
entités publiques, 14
formes, 14, 16-23
organismes à but non lucratif (OBNL), 14
personnelle, 16
société des personnes, 16, 17
en commandite, 16
en nom collectif (SENC), 16, 19
en participation, 16, 19
société par actions, 17, 18
types, 14, 15

Équipement, 45

Espèces, 46, 173, 174
et quasi espèces, 46, 175, 176

État
de la situation financière, 27-37, 38t, 115
composantes, 41-92
consolidé 115

des variations des capitaux propres, 38t, 40, 41
du résultat global, 38, 38t
consolidé, 114

États financiers, 7-13, 131f-133
analyse, 184-237
aperçu, 26-41
auditeur externe, 12
caractéristiques qualitatives, 131f, 135-137
comparabilité, 131f, 141
fiabilité, 131f, 137, 138
intelligibilité, 131f, 135
pertinence, 131f, 135-137
comité d'audit, 12
comparabilité, 141
comptabilisation, 144-151
conseil d'administration, 11, 12
contraintes, 131f, 141, 142
célérité, 141
rapport avantage/coût, 142-144
conversion en flux de trésorerie, 160
conversion en monnaies étrangères, 119
cycle comptable, 27f
direction, 10, 11
évaluation, 142-143
le coût historique, 142
le coût actuel, 143
la valeur de réalisation, 143
la valeur actuelle, 143
examen, 191-200
flux de trésorerie, 155-173
hypothèse de base, 131f, 133,134
comptabilité d'engagement, 131f, 134
continuité d'exploitation, 131f, 133
incertitude inhérente à la présentation, 234-
237
intermédiaires, 6
intervenants, 9
lecture, 6
limites inhérentes, 234
marchées, 13
notes complémentaires, 93, 161
présentation, 7
publication, 9, 10f
technologie, 13
trimestriels et annuels, 186t, 187, 188
utilité, 7, 9

Éthique, 12, 139

Exercice financier, 27, 45, 156, 160, 184

Exploitation, 229

F

Faillite, 123, 194

Fiabilité des états financiers, 131*f*, 137, 138
  exhaustivité, 140
  image fidèle, 137
  neutralité, 139, 140
  prééminence de la substance sur la forme, 137, 138
  prudence, 140
  vérifiabilité, 138, 139

Financement, 229

Fiscalité, 27, 109, 136

Flux de trésorerie, 26*t*, 114, 116, 131*f*, 134, 155-173
  achats, 165
  analyse, 228, 229
  autres charges, 164
  aux intérêts et aux impôts, 179, 180
  capital-actions, 172
  charges payées d'avance, 164
  composantes du tableau, 160
  composants, 160, 161
  contenu, 173
  conversion des divers états financiers, 160
  créditeurs, 165
  dettes à long terme, 171
  et investissements, 228
  et ventes, 229
  état, 7
  immobilisation, 171
  impôts sur le bénéfice, 166
  intérêts débiteurs, 166
  liés
    aux activités d'exploitation, 161-169
    aux activités d'investissement et de financement, 169
  résultats non distribués, 174
  stocks, 165
  utilité, 173
  tableau, 173-181
    présentation, 175-181

Fonds de roulement, 213
  d'exploitation, 219, 220

Fournisseurs
  délai de règlement, 219
  grand livre, 254
  ou créditeurs, 77

Fourniture
  de biens, 65, 66
  de bureau, 91

Frais, 33
  d'administration, 165
  d'entreposage, 217
  d'intérêts, 166
  d'utilisation, 191
  de dédouanement, 90
  de déplacement, 91
  de financement, 218, 225
  de livraison, 91, 150
  de mise en vente, 58
  de publicité, 91
  de recherche et de développement, 121, 122
  de transport, 55, 90
  de vente, 165
  financiers, 92, 211
  généraux de production, 59
  payés d'avance, 59
  reliés à la garantie, 80

Franchise, 73, 74

Fraude, 47, 52

G

Gain, 39, 60, 84, 90, 119
  en capital, 60, 109
  réalisés à la revente ou annulation d'actions, 84
  réalisés à la vente des immobilisations, 165

Garantie, 5, 46, 80, 81

Gestion
  de l'endettement, 225
  de l'exploitation, 188, 204, 206*t*, 230
  de la trésorerie, 46
  des créances, 52
  des risques, 187*t*
  des stocks, 55, 165, 220
  du fonds de roulement, 219, 232
  rapport, 5, 6

GLG *voir* Grand livre

Goodwill, 73, 76

Grand livre
  des clients, 253
  des fournisseurs, 254
  général (GLG), 243-249

Grands livres auxiliaires, 252-254

H

Honoraires, 34

Hypothèse, 109, 229
    actuarielles, 111
    de base, 131*t*, 132, 133

I

IASB, 8, 129
    IASB Foundation, 129

ICCA *voir* Institut canadien des comptables
    agréées

IFRS *voir* International Financial Reporting
    Standards (IFRS)

Identité fondamentale, 27, 29, 31, 41, 229, 240-242,
    48

Immobilisations, 169
    amortissement, 165
    gain à la vente, 165

Immobilisations corporelles, 45, 66-72
    amortissement, 67-71
        mode dégressif à taux constant, 67, 70
        mode des unités de production, 67, 70
        mode linéaire, 67, 68
    approche par composantes, 71
    dépenses en capital et dépenses d'exploitation,
        71
    modèle
        du coût, 72
        de la réévaluation, 72

Immobilisations incorporelles, 45, 73, 74
    à durée de vie
        finie, 73
        indéterminée, 74

Impôt(s)
    différés, 82, 83, 102
    sur le résultat, 101-106
    sur les bénéfices, 82, 83
    sur les bénéfices à payer, 79

Indemnité, 108

Information financière, 4
    communiqués, 6
    états financiers intermédiaires, 6
    lecture des états financiers, 6

    rapport annuel, 5
    système, 2, 3*f*
    utilisation, 4

Institut canadien des comptables agréées (ICCA),
    2, 8, 9

Intérêts 5, 60
    à payer, 76, 79
    à recevoir, 49
    minoritaires, 85
    revenu, 60
    taux, 65, 66, 78 82

International Accounting Standard Board (IASB),
    8, 129

International Accounting Standards Committee
    Foundation (IASB Foundation), 129

International Financial Reporting Standards
    (IFRS), 2
    raisons d'être, 126-128
    origines, 128-130
    cadre conceptuel, 130-132

J

Journal
    des achats, 250
    des décaissements, 251
    des encaissements, 251
    des salaires, 252
    des ventes, 249, 250
    général, 243-249

Journaux spécialisés, 249-252

Juste valeur, 39, 61*t*, 65, 66, 72, 131*t*, 143

L

L.C.Q. *voir Loi des compagnies du Québec*
L.C.S.A. *voir Loi canadienne sur les sociétés*
    par actions
Lecture des états financiers, 6

Levier financier, 205, 221, 229

Licence de radio-diffusion, 74

Limites
    de l'analyse, 234
    inhérentes aux états financiers, 234
        ajustement apportés au résultat, 235
        classement et le regroupement, 234, 235

conventions comptables, 235, 26
inflation et les valeurs marchandes, 235
nature des états financiers, 236, 237
terminologie, 234

Liquidation, 173

Liquidités, 173, 174, 215, 216

Liquidité-solvabilité, 229

Location simple, 101*t*

Location-financement, 101*t*

Loi canadienne sur les sociétés par actions
(L.C.S.A.), 19

Loi de l'impôt sur le revenu, 102

Loi des compagnies du Québec (L.C.Q.), 19

*Loi modifiant le Code des professions et d'autres
dispositions législatives concernant
l'exercice des activités professionnelles au
sein d'une société*, 19

Loi Sarbanes-Oxley, 10

Loi sur les coopératives du Québec, 18

M

Machine, 66, 81

Main d'œuvre, 2
coût, 59

Marchés financiers, 13

Marge bénéficiaire
brute, 91, 209
d'exploitation, 209, 210
nette, 208, 209

Marque d'autofinancement, 193

Matériel, 22, 28
de bureau, 81
informatique, 67
roulant, 66, 69
utilisé pour l'administration, 66

Matières premières, 88

Mauvaises créances *voir* Créances douteuses

Mesure, 142
coût actuel, 143
coût historique, 142-142
juste valeur, 143

valeur actuelle, 143
valeur de réalisation, 143

Méthode
directe, 160-162, 175-178, 180*t*, 181
indirecte, 162-164, 175, 179, 180*t*
éléments sans effet sur la trésorerie, 178
flux de trésorerie liés aux intérêts et
aux impôts, 179
résultat net, 178
variation nette des éléments hors caisse
du fonds de roulement, 178
de l'inventaire
périodique, 54
permanent, 54, 55
du coût
moyen pondéré, 55, 57
propre, 55, 56
du premier entré, premier sorti (PEPS), 55, 57-
58

Mise sous séquestre, 133

Mobilier, 66

Mondialisation, 8, 23, 126

Monnaies étrangères, 117-119
conversion des états financiers, 119
conversion des transactions, 117-118
variations des cours, 117

Mouvements de l'encaisse, 155

N

Neutralité, 139

Normalisation comptable, 126, 141
dans une coentreprise, 115-117
entreprise associées, 112, 113
filiale, 113, 114

Normes
comptables, 8, 162, 166, 189, 190, 234
internationales, 126-130
origine, 128-130
raisons, 126, 127

Notes complémentaires 7, 8, 84
aux états financiers, 88, 93, 110, 120, 131*t*,
141, 161, 172

0

OBNL *voir* Entreprise
Organisme à but non lucratif *voir* Entreprise
OSBL *voir* Entreprise
Obligation(s), 82
    découlant des contrats de location-financement, 82
Obligation publique à rendre des comptes (OPRC), 2

P

Participation dans d'autres entités, 111-116
Partie courante de la dette à long terme, 81
Passif, 28, 28*t*, 31
Passif courant, 76-81
    découverts bancaires, 76
    dividendes à payer, 79
    effets à payer, 78
    emprunts bancaires, 77
    fournisseurs ou créditeurs à charges à payer, 77
    impôts sur les bénéfices à payer, 79
    intérêts à payer, 79
    partie courante de la dente à long terme, 81
    produits reportés, 79
    provisions, 79-81
Passif non courant, 81-83
    emprunts hypothécaires, 81
    emprunts obligataires, 82
    obligations découlant des contrats de location-financement, 82
    impôts sur les bénéfices, 82, 83
    impôts différés, 82, 83
PEPS *voir* Méthode
Performance générale, 229
Perte
    latente, 39
    nette, 34, 39
    probable, 49, 50
Pertinence des états financiers, 131*f*, 135-137
    importance relative, 136, 137
    valeur prédictive et rétrospective, 136

Placements, 45, 60
    à long terme, 46
    dans des immeubles de placement, 65
    de portefeuille, 60
    détenus à des fins de transaction, 60, 61*t*
    détenus jusqu'à leur échéance, 60, 61 t
    disponibles à la vente 60, 61*t*
    en actions, 49, 60
    en obligation, 60
    temporaires, 46
Plus-value, 187*t*
Postes, 7, 42
    du compte de résultat, 210
Pourcentage des créances à risque, 50
Première convention, 241
Présentation des états financiers, 7
Prestation(s)
    de retraite, 108-111
        régimes à cotisations définies, 108, 109
        régimes à prestations définies, 109-111
    des services, 148
Prêt hypothécaire, 81
Prime
    à l'émission d'actions avec valeur nominale, 84
    d'assurance, 59
Processus comptable, 3*f*
Produits, 4 ,6
    charges, 150
    comptabilisation 145-149
        prestation des services, 148
        vente de biens, 147
    en cours, 59
    finis, 59
    rattachement des charges aux, 50, 67, 80
    reportés, 79
    tirés d'activités connexes, 49
Prospectus, 186*t*, 186, 187
Provisions, 79-81

Q

Qualité de l'information, 12
Quasi-espèces, 173, 174
Quote-part des entreprises associées, 92

R

Rachat d'actions, 83

Rapport
  annuel, 5, 186, 186*t*, 187
  de l'auditeur, 186*t*, 188

Rattachement des charges aux produits, 50, 67, 80

Ratios, 204-233
  cours « bénéfice », 222
  d'endettement à long terme, 225
  d'endettement par rapport aux actifs, 224
  de couverture des intérêts et du
      remboursement du capital, 226
  de couverture des intérêts, 225
  de liquidité immédiate, 215
  de liquidité relative, 215
  de rendement
      brut de l'actif total, 227
      de l'actif, 211
      des capitaux propres, 221
  de rotation
      de l'actif, 212
      du fonds de roulement, 213, 214
  schéma général, 205*f*
  synthèse, 229-233

Recherche et développement
  frais, 121, 122

Régimes
  à cotisations définies, 108, 109
  à prestations définies, 109-111

Rémunération fondée sur des actions, 119

Rendement
  de l'actif, 211
  des capitaux propres, 220-22
      ratio, 221

Rentrée, 47

Résultat global, 85-92
  activités abandonnées, 92
  autres produits, 90
  charges administratives, 91
  charges financières, 92
  composants, 85
  coût des ventes, 90
  coûts commerciaux, 91
  marge brute, 91
  méthode des charges par fonction, 88, 89

  méthode des charges par nature, 88
  net, 92, 178
  non distribués, 172
  par action, 222
  présentation, 85-88
  produits des activités ordinaires, 89, 90
  quote-part des entreprises associées, 92

Revenus, 39
  d'intérêts, 49, 60
  de placement, 60
  imposable, 82, 101-107, 113

Risque de crédit, 49

Rotation
  de l'actif, 212, 213
  des stocks, 216, 217
      coefficient, 216

S

Salaires, 77, 88, 91, 108, 121, 150
  journal, 252

Secteur d'activité, 20

Secteurs opérationnels, 122-124

SENC *voir* Société de personnes

SENCRL *voir* Société de personnes

Services à recevoir, 59

Signataires du chèque, 47

Société de personnes, 16, 17
  en commandite, 16
  en nom collectif (SENC), 16, 19
  en nom collectif à responsabilité limité
      (SENCRL), 19
  en participation, 16, 19
  fermées, 9, 17
  ouvertes, 8, 17
  par actions, 17, 18

Sources d'informations à l'analyse, 186, 186*t*, 190
  analyses spécialisées, 186*t*, 190
  articles de journaux, 186*t*, 190
  bases de données statistiques, 189*t*, 189
  communiques de presse, 186*t*, 186, 187
  déclarations de la direction, 186*t*, 186, 187
  états financiers trimestriels et annuels, 186*t*, 187,
      188

prospectus, 186*t*, 186, 187
rapport
    annuel, 186*t*, 186, 187
    de l'auditeur, 186*t*, 188
Stocks, 45, 59
  coefficient de rotation, 216
  coût des, 55-57
  de matières premières, 59
  de produits en cours, 59
  de produits finis, 59
  délai d'écoulement, 217
  méthode de l'inventaire périodique, 54
  méthode de l'inventaire permanent, 54, 55
  nombre d'articles, 54, 55
  valeur nette de réalisation des stocks, 58, 59
Structure
  de l'actif, 213
  des postes du compte de résultat, 210
Surplus d'apport, 84-85
  coût de la rémunération à base d'options
    d'achat d'actions, 84
  dons reçus des actionnaires, 84
  gains réalisés à la revente ou annulation
    d'actions, 84
  primes à l'émission d'actions avec valeur
    nominale, 84
Swap, 65, 66
Synthèse des ratios, 229-233
  exploitation, 229
  financement, 229
  liquidité-solvabilité, 229
  performance générale, 229

 T

Trésorerie, 46-48, 173-175
  analyse des flux, 228, 229
  gestion, 46
  clients et débiteurs, 48-52
  liée aux intérêts et aux impôts, 179, 180

U

Union européenne, 8, 127*t*

V

Valeur
  actuelle, 143
  comptable d'une action, 222
  de réalisation, 143
  du marché, 65, 140
  juste, 143
  marchande 97
  résiduelle, 97
Variation
  des liquidités, 192
  nette des éléments hors caisse du fonds
    de roulement, 178
Vente
  coût, 165
  de biens, 147
  journal 249, 250
Vérificateur *voir* Auditeur
Vérification *voir* Audit